하나님은 어떻게 악을 이기셨는가

IVP(InterVarsity Press)는
'캠퍼스와 세상 속의 하나님 나라 운동'을 지향하는
IVF(InterVarsity Christian Fellowship)의 출판부로서,
'생각하는 그리스도인'을 위한 문서 운동을 실천합니다.

Spectacular Sins
Copyright © 2008 by Desiring God Foundation
Published by Crossway Books
a publishing ministry of Good News Publishers
Wheaton, Illinois 60187, U. S. A.

This edition published by arrangement
with Good News Publishers
through rMaeng2.
All rights reserved.

Korean Edition © 2010 by Korea InterVarsity Press
156-10 Donggyo-Ro, Mapo-Gu, Seoul 04031, Korea

본 저작물의 한국어판 저작권은 알맹2 에이전시를 통하여
Good News Publishers와 독점 계약한 한국기독학생회출판부에 있습니다.

하나님은 어떻게 악을 이기셨는가

존 파이퍼 | 안정임 옮김

고난과 구원의 삶을 산 뒤에
"당신들은 나를 해하려 하였으나
하나님은 그것을 선으로 바꾸셨습니다"
라고 고백한 요셉에게
이 책을 바친다.

Spectacular Sins **차 례**

머리글	시대가 바뀌고 있다	9
1장	악을 이긴 하나님의 권능	21
2장	만물은 왜 창조되었는가?	35
3장	하나님은 사탄을 왜 살려 두시는가?	47
4장	아담의 불순종을 이긴 예수님의 순종	67
5장	바벨의 교만을 꺾은 하나님의 심판	85
6장	요셉을 구원의 발판 삼은 하나님의 섭리	97
7장	죄로 물든 이스라엘 왕정의 진정한 왕 예수	113
8장	유다의 배반이 이루어낸 하나님의 계획	129
	맺는 기도	143
	감사의 글	149
	주	151
	성구 찾아보기	157
	주제 찾아보기	161

시대가 바뀌고 있다

태초에 하나님과 함께 계셨고 하나님 자신이었던 예수 그리스도가 (요 1:1) 이 세상을 창조하셨다. 예수님은 하나님 아버지와 동등한 존재인 동시에 그분의 대리인으로서 천지를 창조하셨다. "만물이 그로 말미암아 지은 바 되었으니"(요 1:3; 고전 8:6; 히 1:2). 천지를 창조하신 이유는 그분의 영광을 보여 주기 위함이었다. "만물이 그에게서 창조되되…그를 위하여 창조되었고"(골 1:16). 창조는 예수님에 의한 것이었고 예수님을 위한 것이었다. 모든 만물이 예수님에 의해 창조되었고 예수님을 위해 창조되었다. 인간이 되신 하나님의 아들, 신인(神人)이었던 나사렛 예수는 하나님 아버지와 완벽한 조화를 이루었으며 그분의 완전한 영광을 보여 주기 위해 우주 만물을 창조하셨다.

뿐만 아니라 예수님은 우주 만물에 대한 절대적인 권한도 갖고 계시다. "이는 하나님의 영광의 광채시오 그 본체의 형상이시라. 그의 능력의 말씀으로 만물을 붙드시며"(히 1:3). 그리스도의 영광을 나타내기 위해 어떻게 그런 막강한 권능, 즉 우주 만물을 창조하고 붙드는 권능이 발휘되는가 하는 문제는 우리 시대는 물론이고 모든 시대에 걸쳐 다뤄야 할 핵심 주제다.

그리스도의 영광을 가장 적나라하게 보여 주다

예수 그리스도의 영광의 결정판은 그분의 은혜의 영광이다. 예수님은 인간이 마땅히 받아야 할 대우 이상으로 인간에게 무한히 잘해 주신다. 그분은 추악한 죄인들에게 자신을 내어 주는 것을 무한한 기쁨으로 여기신다. 따라서 죄인들에게 예수님은 가장 귀한 보물일 수밖에 없다. 그러한 은혜의 결정판은 기원후 33년에 예루살렘 성 밖에서 일어난 예수님의 처형 사건이었다. 이는 인류 역사상 최고의 가공할 만한 죄악이었다.

인류 역사의 가장 중요한 전환점이 된 이 살인 사건은 오히려 예수님의 위대한 영광을 보여 주었고, 결과적으로 하나님이 우리에게 거저 주신 죄 정복이라는 선물이 실현되게 하였다. 하나님은 단순히 십자가에서 악을 이긴 것이 아니다. 악으로 하여금 악을 이기도록 만들었다. 악이 최악의 범죄를 저지름으로써 스스로 멸망하게 만든 것이다.

그리스도의 영광을 온전히 드러내지 못하도록 방해하는 것은 무엇이든 다 악이다. 그것이 악의 의미다. 어둠의 세력은 예수 그리스도의 죽음을 통해 하나님의 아들의 영광을 말살하려 했다. 악의 절정에 이른 것이다. 하지만 그로 인해 악은 구약의 예언을 성취했고 하나님이 예정하신 역할을 수행했다. 정확히 말하면, 예수님을 죽임으로써 악이 말살하고자 했던 그분의 영광이 오히려 만방에 드러났다. 악의 절정은 예수님의 영광의 절정을 성취시켰다. 아, 은혜의 영광이여….

세상을 다른 시각으로 바라보라

당신이 그 사실을 알게 된다면, 그 놀라운 진리를 깨닫게 된다면, 세상을 바라보는 눈이 바뀔 것이다. 내가 이 책을 쓰는 이유도 미래의 그리스도인들에게 이러한 시각이 필요하겠다는 신념에서였다. 서구의 그리스도인들은 너무 나약하다. 예수님의 이름으로 고난받는 일이 별로 없다. 그래서 성경도 하나님이 고통 속에서 어떻게 승리를 거두셨는지 알고자 하는 간절한 마음으로 읽는 게 아니라 개인의 만족을 위해서 읽는다.

그러다 보니 성경을 골라서 읽게 된다. 필요에 따라 입맛에 맞는 말씀을 골라 읽는 것이다. 그건 마치 모든 사람이 건강해 보인다고 올바른 약을 처방하는 법을 잊어버린 의사와 같다. 그런 의사는 전염병이 코앞에 와 있는지도 모르고 사람들에게 건강 체조나 가르치며 시간을 때운다. 모든 것이 평화로워 보인다고 무기 사용법을 잊어버린 군인도 이와 같다. 그런 군인은 원조물자를 나눠 주면서 아이들에게 게임이나 가르치며 시간을 보낸다.

시대가 바뀌고 있다

그러나 시대가 바뀌고 있다. 그 예로 7천만에 이르는 베이비부머(baby boomer, 미국에서 1946-1965년 사이에 태어난 사람들을 부르는 말—역주)의 삶이 바뀌고 있다. 어느새 세월이 흘러 버렸다. 얼마 전까지만 해도 60년대의 향수를 이야기했건만 이제는 까마득한 옛날이야기가 되었고, 그들은 이제 죽음을 앞둔 세대가 되었다. 각각의 세대는 사건을 해석하고 받아들이는 방식이 다르다.

사람들의 생활만 달라진 게 아니라 이 세계도 현저히 작아졌다. 그리스도인에게 반감을 품고 있는 사람이 주변에 많이 있다. 하나님의 특별한 섭리가 아니었다면 교회는 벌써 폭파되어 없어졌을지 모른다. 다른 나라의 현실이 우리에게도 현실이 되는 것은 시간문제일 뿐이다. 그 와중에 우리는 그들에게 가고, 그들을 사랑하고, 그들을 위해 희생하고, 그들에게 복음을 전하라는 사명을 받았다. 이는 대가가 필요한 일이다. 그것도 아주 값비싼 대가가···.

나약한 서구 세계는 오래지 않아 고통의 소용돌이에 휘말릴 것이다. 그런 일이 일어날 때 과연 누가 하나님의 비전을 붙들 것인가? 전 세계적 고난을 견뎌낼 만한 준비된 그리스도인은 어디에 있는가? 다가올 재앙에 대비해 강인한 정신력과 영혼으로 무장한 그리스도인은 어디에 있는가? 서구의 그리스도인들은 부실한 세계관으로 약해져 있다. 부실한 세계관은 부실한 그리스도인을 만든다. 이제 하나님은 우리 삶에서 존재감이 없다. 두려워 떨 정도로 위엄 있는 분도 아니다. 그분의 전능함은 (기껏해야) 그분의 자비에 이은 부차적인 속성일 뿐이다.

잃어버린 성경

우리가 잃어버린 것은 성경이다. 정확히 말하면 성경 전체다. 피와 살이 있고 죄와 참상이 있는, 그리고 그 모든 것이 하나님의 손으로 다스려지는 온전한 성경 말이다. 하나님은 전능하신 손으로 하늘의 별들을 만들었다. 그 손은 생명을 주기도 하고 거두어 가기도 한다. 그 손은 모든 것을 다스린다. 모든 것을! 우리가 알아야 하는 것은 하나님의 위대함이다. 하나님의 위대함을 아는 사람은 사회적인 혼란과 개인적인 고통 속에서도 흔들리지 않는다.

멍든 가슴과 진통제

이런 이야기가 개인적인 고통과 관계없어 보일까 봐 두렵다. 결혼생활이나 자녀양육, 외로움이나 질병, 우울증같이 하루하루 고통과 싸워야 하는 사람들은 하나님의 위대함을 논하는 것이 그저 멍든 가슴을 진통제 한 알로 달래려는 것과 다름없다고 느낄 수도 있다. 나는 하나님이 온유한 분임을 알고 있고, 그분과의 친교가 달콤하다는 것도 알고 있으며, 그분의 고요한 음성이 상한 심령을 고친다는 것도 알고 있다. 나는 그 사실을 매우 감사하게 생각한다.

예수 그리스도는 참으로 소중한 나의 친구다.

하지만 또 다른 사실도 알고 있다. 만일 아내와 정답게 대화를 나누고 있는데 느닷없이 강도가 침입해 아내와 아이들을 죽이고 도망간다면, 세상을 바라보는 내 시각은 하나님의 온유함의 차원만은 아닐 것이다. 만일 전염병이 우리나라를 강타해 수많은 미국인과 우리 교인 절반의 목숨을 앗아 간다면, 정신적·신앙적으로 생존하기 위해 하나님과의 친밀함 그 이상의 것이 필요하다.

다가오는 재난

나는 하나님에 대한 올바른 관점을 확립하기 위해 이 책을 쓰고 있다. 최악의 상황에서도 믿음을 잃지 않도록 말이다. 내가 말하는 최악이란 정말로 끔찍하고 비참한 상황을 말한다. 어느 누가 앞으로 다가올 고통에 대비하고 있을까?

요즘의 예배와 설교를 보면 우리를 더 응석받이로 만들고 나약하게 만드는 건 아닌지 우려가 된다. 우리의 고민과 어려움을 도와주는 사람들이 잘못되었다는 말이 아니다. 잠언에서도 권장하고 있듯이 이는 좋은 일이며 그리스도인들은 사랑으로 서로 도와야 한다. 나 역시 그런 도움이 필요하고 도움 받기를 원한다. 하늘 아래 모든 것은 다 때가 있는 법이며 때로는 응석을 부려야 할 때도 있다. 그러나 하나님의 말씀을 전하는 데는 그 이상의 목적이 있어야 한다.

세계적 재난과 개인적 고난이 다가오고 있다. 허황된 말이 아니라 성경을 근거로 하는 말이다. "우리가 하나님의 나라에 들어가려면 많은 환난을 겪어야 할 것이라"(행 14:22). "사람들이 나를 박해하였은즉 너희도 박해할 것이요"(요 15:20). "아무도 이 여러 환난 중에 흔들리지 않게 하려 함이라"(살전 3:3). "무릇 그리스도 예수 안에서 경건하게 살고자 하는 자는 박해를 받으리라"(딤후 3:12). "우리가 그[그리스도]와 함께 영광을 받기 위하여 고난도 함께 받아야 할 것이니라"(롬 8:17). "그뿐[피조물뿐] 아니라 또한 우리 곧 성령의 처음 익은 열매를 받은 우리까지도 속으로 탄식하여 양자 될 것 곧 우리 몸의 속량을 기다리느니라"(롬 8:23).

예수의 환난과 나라와 참음에 동참하는 자

나는 목회를 하면서 매우 힘든 시기를 지나왔기 때문에 이제는 무슨 일을 만나도 수월하리라 생각한 적이 있다. 하지만 진짜 어려운 시기가 다가오고 있다. 이미 도래했던 시기가 다시 도래하고 있다. 밧모 섬에서 사도 요한이 했던 말을 우리도 되풀이해야 할 판이다. 우리는 통속극을 보는 것이 아니라 실제로 "너희 형제요 예수의 환난과 나라와 참음에 동참하는 자"(계 1:9)라고 쓴 편지를 주고받게 될 것이다. 지금 서양에서는 이런 편지를 쓰는 사람이 거의 없다. 하지만 앞으로는 있을 것이다.

예전에 그랬던 것처럼 다시 한 번 목자들이 자신의 양 떼를 향해 이렇게 말하는 날이 올 것이다. "너는 장차 받을 고난을 두려워하지 말라. 볼지어다. 마귀가 장차 너희 가운데에서 몇 사람을 옥에 던져 시험을 받게 하리니 너희가 십 일 동안 환난을 받으리라. 네가 죽도록 충성하라. 그리하면 내가 생명의 관을 네게 주리라"(계 2:10). 나는 우리 부부의 결혼생활을 도와준 기독교 상담가들에게 진심으로 감사한다. 하지만 그와 더불어 내게는 이렇게 말해 줄 목자가 필요하다. "마귀가 당신을 죽일지도 모르지만 걱정하지 마세요. 예수님이 생명의 면류관을 주실 것입니다."

짐승이 승리할 것이다…당분간은

내게는 하루를 축복해 주는 격려의 말도 필요하지만 짐승이 승리할 것이라는 엄중한 경고도 필요하다. "[짐승은] 또 권세를 받아 성도들과 싸워 이기게 되고…짐승의 우상에게 경배하지 아니하는 자는 몇이든지 다 죽이게 하더라"(계 13:7, 15). 그와 더불어 바벨론의 큰 음녀가 어느 날 "성도들의 피와 예수의 증인들의 피에 취할"(계 17:6) 것이라는 경고도 필요하다.

이 모든 공포스러운 사건은 전부 성경에 기록된 내용이다. 즉, 하나님의 말씀이다. 이러한 미래에 대비해 하나님의 성도들을 준비시킬 목자는 어디에 있는가? 그는 우리의 질문에 어떻게 대답할 것인가? 어떤 대답이 지금의 느슨하고 마냥 즐거운 분위기를 바꾸어 줄까? 서구 세계의 어느 곳에서 우리는 다음과 같은 대답을 들을 수 있을까? "우리 형제들이 어린양의 피와 자기들이 증언하는 말씀으로써 그를 이겼으니 그들은 죽기까지 자기들의 생명을 아끼지 아니하였도다"(계 12:11).

우리의 현실적인 필요가 바뀌고 있다

현명하고 자애로운 목자는 성도들이 그런 경고를 좋아하지 않는다고 해서 침묵해서는 안 된다. 현재 우리가 피부로 느끼는 필요들이 급격하게 바뀌고 있다. 이럴 때 목회자들이 앞서갈 수 있다면 참으로 고무적인 일이다. 만약 그렇지 못하다면 너무 늦어 버리고 말 것이다. 응석받이로 자란 사람들은 자신의 세계가 무너졌을 때 누구의 말에도 귀를 기울이지 못한다. 그러한 상황을 막지 않은 하나님에 대해 분노하고 혼란스러워하면서 공황 상태에 빠진다. "하나님, 처음부터 이렇게 하실 의향이었다면 왜 진작 말씀해 주지 않으셨나요?"

이 책을 쓴 목적은 현실적인 필요를 채워 주기 위해서가 아니라, 앞으로 필요한 것이 무엇인지를 일깨워서 악이 우세할 때 당신의 믿음을 보존하고 용기를 심어 주기 위해서다. 이는 매우 중요하고도 심각한 문제다. 이제부터 유행병과 전쟁과 개인적 고난이 닥쳐 올 것이다. 틀림없는 사실이다. 진통제 한 알로 멍든 가슴을 치료할 수 없다는 것을 나는 잘 알고 있다. 그러나 차가 당신을 덮쳐 압사시키려고 할 때 조그만 지렛대가 하나 있다면 생명을 구할 수 있을 것이다. 먼 훗날 본향 집에 돌아가 그동안 힘들었던 일들을 털어놓으면 예수님이 흐느끼는 당신을 껴안아 주시지 않겠는가!

하나님의 섭리 아래 성공하는 죄악

나의 목표는 죄악이 아무리 기승을 부리고 위세를 떨친다 해도, 예수님을 높이려는 하나님의 결연한 의지가 꺾이는 일은 절대로 없다는 것을 보여 주는 것이다. 아니, 그 이상이다. 가공할 죄악은 예수님을 영화롭게 하려는 하나님의 목적을 가로막는 데 **실패**할 뿐만 아니라, 하나님의 초월적 섭리에 따라 오히려 하나님의 은혜로운 목적을 성취하는 데 **성공**한다. 이러한 진리는, 앞으로 최악의 재앙을 맞을 하나님의 백성들인 우리가 뼛속 깊이 심어야 할 하나님의 강철이다. 때가 되면 위로의 시간이 올 것이다. 그러나 하나님이 악하거나 존재하지 않는다는 생각으로 믿음의 등뼈가 부러져 있다면 하나님이 우리를 달래 주러 오실 때 누가 그분을 환영하며 맞이할 것인가?

영원한 사랑

결국 나의 목표는 하나님의 영원한 사랑을 믿어야 용기와 힘이 솟아난다는 것을 분명하게 밝히려는 것이다. 그 사랑은 당신의 원수를 비롯한 모든 사람을 향한 사랑이다(마 5:43-44). "[사랑은] 모든 것을 참으며 모든 것을 믿으며 모든 것을 바라며 모든 것을 견디느니라"(고전 13:7). 앞으로 참고 견뎌야 할 일이 많을 것이다. 거대한 악과 멈추지 않는 고통이 그리스도의 통치 아래 다스려지고 있음을 보지 못한다면 우리는 자기연민과 분노로 인해 무너지고 말 것이다. 이는 사랑과 정반대다. 참고 견디고 믿고 바라기 위해 우리는 가공할 죄악들을 하나님의 눈으로 바라볼 줄 알아야 한다.

이 책이 독자들에게 조금이라도 도움이 되기를 바란다. 성경이 들려주는 방식대로 죄악에 대해 이야기하는 것은 섭리에 대한 신학적 개론을 제시하는 것만큼이나 유익하리라 생각한다. 이 성경 이야기들을 제대로 이해한다면 당신은 이후로 많은 책들을 통해 그 이야기들의 의미를 평생토록 배워 갈 수 있다.

창문이 작아도 상관없다

이 책의 분량은 짧다. 하지만 이 책을 위한 내 기도는 방대하다. 눈을 가늘게 뜨고 유심히 바라보기만 한다면 작은 바늘구멍으로도 새로운 세계를 볼 수 있을 것이라 믿는다. 얼마나 많은 것을 볼 수 있느냐는 창문의 크기에 달린 것이 아니다. 창문이 어느 쪽으로 났느냐, 얼마나 가까이에서 보고 있느냐, 창문의 유리가 얼마나 깨끗하냐에 달려 있다. 이 책의 작은 창문은 하나님의 아들, 그리고 역사상 가장 극악무도한 사건을 통해 드러난 그분의 영광스런 승리를 향해 나 있다. 그리고 내가 사용한 창문의 유리는 성경이다. 행여 내가 성경의 내용에 충실하지 못했다면 더 이상 창 밖을 보지 않고 자리를 떠나도 좋다. 하지만 나의 바람은 당신이 창문 앞으로 바짝 다가와서 유리창 너머로 보이는 광경을 온전히 감상하는 것이다.

1장

악을 이긴 하나님의 권능

"왕이 이같이 백성의 말을 듣지 아니하였으니 이 일은 하나님께로 말미암아 난 것이라"(대하 10:15).

"이제 보소서. 여호와께서 거짓말하는 영을 왕의 이 모든 선지자들의 입에 넣으셨고 또 여호와께서 왕에게 대하여 재앙을 말씀하셨나이다"(대하 18:22).

"아마샤가 듣지 아니하였으니 이는 하나님께로 말미암은 것이라. 그들이 에돔 신들에게 구하였으므로 그 대적의 손에 넘기려 하심이더라"(대하 25:20).

이 책을 써야겠다고 처음 생각한 것은 2007년 휴가 때였다. 나는 북캐롤라이나 주 애쉬빌에 있는 우리 집 현관 앞에 앉아 있었다. 한여름이었으니까 역대하를 읽고 있었을 것이다. 1년간 성경 통독표[1]대로 읽기 때문에 해마다 여름이 되면 역대기를 읽게 되었다. 매년 같은 기간에 같은 대목을 읽다 보니 머릿속에 지역과 성경 본문 사이의 재미있는 연관성이 그려졌다. 그해에는 사탄의 사악함과 인간의 죄에 대한 하나님의 주권을 애쉬빌과 연관짓게 되었다.

나는 애쉬빌에서 무엇을 보았나?

그럼 내가 본 것이 무엇인지, 죄에 대한 하나님의 주권이 무엇을 의미하는지 간략하게 설명해 보겠다. 그날 나는 현관에 앉아서 블루릿지(Blue Ridge, 하루 중 어떤 시간에는 정말로 산이 푸른색으로 보인다) 산을 바라보며 성경에서 다음의 내용을 읽고 있었다.

하나님으로 말미암아 빚어진 일

첫째로, 이스라엘의 왕이었던 솔로몬이 죽었다. 그리하여 그의 아들 르호보암이 왕으로 추대되려는 순간이었다. 솔로몬을 대적했다가 애굽으로 쫓겨난 여로보암은 솔로몬 왕이 죽자마자 귀국하여 백성들 뒤에서 실질적인 지도자 노릇을 했다. 그는 사람들을 모아 르호보암을 알현하고, 백성의 짐을 가볍게 해준다면 그를 왕으로 섬기겠노라고 약속했다. "왕의 아버지께서 우리의 멍에를 무겁게 하였으나 왕은 이제 왕의 아버지께서 우리에게 시킨 고역과 메운 무거운 멍에를 가볍게 하소서. 그리하시면 우리가 왕을 섬기겠나이다"(대하 10:4).

그 말을 들은 르호보암은 궁중의 원로들과 상의했고 원로들은 매우 현명한 방안을 제시했다. "왕이 만일 이 백성을 후대하여 기쁘게 하고 선한 말을 하시면 그들이 영원히 왕의 종이 되리이다"(대하 10:7).

하지만 르호보암은 원로들의 충고를 듣는 대신 그 앞에 모시고 있는 자기와 함께 자라난 젊은 신하들과 의논했다. 그들은 매우 어리석은 조언을 해주었다. "왕은 대답하시기를 내 새끼손가락이 내 아버지의 허리보다 굵으니 내 아버지가 너희에게 무거운 멍에를 메게 하였으나 이제 나는 너희의 멍에를 더욱 무겁게 할지라. 내 아버지는 가죽 채찍으로 너희를 치셨으나 나는 전갈 채찍으로 하리라 하소서"(대하 10:10-11).

르호보암은 젊은 신하들의 어리석은 충고를 따랐다. 그 결과 이스라엘은 분단국가가 되었고 열 지파는 북으로, 두 지파는 남으로 갈려 싸움이 그치지 않았다. 왜 르호보암은 그토록 무자비하고 어리석은 대답을 한 것일까? 여러 요인이 있을 수 있지만 역대하를 쓴 저자는 궁극적으로 이런 대답을 하고 있다. "왕이 이같이 백성의 말을 듣지 아니하였으니 이 일은 하나님께로 말미암아 난 것이라"(대하 10:15).

죄에 대한 하나님의 주권이란 바로 이를 의미한다.

하나님이 선지자들의 입에 거짓의 영을 넣다

둘째로, 이스라엘 북부지파의 왕이었던 아합은 남부지파의 왕이었던 여호사밧과 동맹을 맺었다. 그들은 시리아 군대와 싸우기 위해 함께 전쟁에 나갔다. 나가기 전에 두 왕은 하나님의 뜻을 알기 위해 선지자들의 조언을 구했고, 4백 명의 선지자들은 시리아와 맞서 싸우라고 이야기했다. 하나님이 시리아 군을 그들의 손에 넘기셨다는 것이다(대하 18:11).

하지만 그 선지자들은 속고 있었다. 유일하게 진짜 선지자였던 미가야만이 실제로 어떤 일이 일어날지를 올바로 예언했다. 그는 하늘로 난 창문을 그들 앞에 열어 보였다. 하늘의 만군이 여호와의 보좌 앞에 모였는데 그중에 "거짓말하는 영"이 있어서 "내가 나가서 거짓말하는 영이 되어 그의 모든 선지자들의 입에 있겠나이다"라고 말했다고 설명해 주었다(대하 18:21). 그러자 하나님은 "너는 꾀겠고 또 이루리라. 나가서 그리하라"고 허락하셨다. 진정한 선지자였던 미가야는 아합 왕을 향해 "이제 보소서. 여호와께서 거짓말하는 영을 왕의 이 모든 선지자들 입에 넣으셨고 또 여호와께서 왕에게 대하여 재앙을 말씀하셨나이다"라고 말했다(대하 18:22). 왜 다른 선지자들은 아합 왕에게 거짓되고 위험천만한 예언을 해주었던 것일까? 역시 여러 요인이 있을 수 있겠지만 역대하를 기록한 저자는 궁극적으로 이런 대답을 하고 있다. "여호와께서 거짓말하는 영을 왕의 이 모든 선지자들 입에 넣으셨고."

하나님이 하신 일이다

셋째로, 내가 애쉬빌의 현관 앞에서 읽은 말씀 중에서 한 가지 더 예를 들어 보겠다. 일곱 장을 뒤로 넘기면 유다 왕 아마샤가 에돔과의 전쟁에서 승리하고 우쭐대는 장면이 나온다. 자만에 가득 찬 아마샤는 요아스가 다스리는 북왕국까지 자신의 권력을 행사하려 들었다.

요아스는 즉각 반발하면서 아마샤의 교만을 지적했다. "네가 에돔 사람들을 쳤다고 네 마음이 교만하여 자긍하는도다." 그 후에 요아스는 아마샤를 지혜롭게 타일렀다. "네 궁에나 있으라. 어찌하여 화를 자초하여 너와 유다가 함께 망하고자 하느냐"(대하 25:19).

하지만 유다 왕 아마샤는 자신의 교만과 공격성을 뉘우치지 않았다. 그 이유는 무엇이었을까? 역시 여러 요인이 있을 수 있겠지만 역대하를 기록한 저자는 궁극적으로 이런 대답을 하고 있다. "아마샤가 듣지 아니하였으니 이는 하나님께로 말미암은 것이라. 그들이 에돔 신들에게 구하였으므로 그 대적의 손에 넘기려 하심이더라"(대하 25:20).

죄에 대한 하나님의 주권이란 바로 이를 의미한다.[2]

이 책을 쓰게 만든 동기

왜 하나님은 죄에 대한 주권을 알리고자 하시는가?

왜 하나님은 우리가 그 사실을 알게 되길 원하시는가? 왜 하나님은 거듭해서 성경을 통해 그분이 인간에게 (이해할 수 없는 방식으로) 죄를 짓게 하신다는 점을 알려 주시는가? 하나님 자신은 결코 죄를 짓지 않으시며 악한 일이나 거룩하지 않은 일은 어떤 일도 하지 않으신다. 성경에서 명백하게 밝히고 있는 사실이 하나 있다면 그건 하나님이 거룩하시고 죄를 짓지 않으신다는 것이다. "거룩하다 거룩하다 거룩하다 주 하나님 곧 전능하신 이여. 전에도 계셨고 이제도 계시고 장차 오실 이시라"(계 4:8; 사 6:3). "하나님은 빛이시라.

그에게는 어둠이 조금도 없으시다"(요일 1:5). "하나님은 악에게 시험을 받지도 아니하시고 친히 아무도 시험하지 아니하시느니라"(약 1:13). "세상을 심판하시는 이가 정의를 행하실 것이 아니니이까"(창 18:25). 그렇다. 그건 하나님이시기에 가능하다. 그분은 의롭고 거룩하시며 영원히 죄가 없으시다.

그럼 왜 하나님은 우리가 죄짓는 일도 그분의 주권 아래 있다는 사실을 우리에게 알려 주시는가? 정말 영문을 모를 일이다. 왜 우리가 그 사실을 알기를 원하시는가? 분명 그럴 만한 이유가 있을 것이다. 나는 그 이유를 알고 싶다. 그것이 이 책을 쓴 첫 번째 동기다.

왜 하나님은 죄를 더 적극적으로 막지 않으시는가?

이 책을 쓴 두 번째 동기는 이 세상이 너무도 악하기 때문이었다. 어느 해의 어느 달을 들여다보아도 전 세계 방방곡곡을 통틀어 가슴 아픈 사건이 일어나지 않은 적이 없다. 사정을 자세히 들여다보면 우리의 교회들도 마찬가지다. 참혹한 재앙과 역경은 이 세상의 불신자뿐 아니라 하나님의 자녀에게도 날마다 휘몰아치고 있다. 자연재해로 인한 비극도 있고 인간이 인간에게 지은 범죄로 인한 비극도 있다.

어느 도시의 범죄율이 감소하고 있다는 소식을 듣는 즉시 어느 대도시에서는 지난 7년간 살인률이 50퍼센트나 증가했다는 소식이 들려온다. 십대 청소년의 마약 복용이 줄어들고 있다는 반가운

소식 저편에는 청소년들의 살해 방법이 더욱더 잔혹해졌다는 안타까운 이야기가 들려온다. 어느 날에는 광부들이 지하에 갇혀서 그 가족들이 구조를 간절히 기다리고 있다는 소식이 전해진다. 다리가 무너지고, 갓 결혼한 남편이 영원히 집에 돌아오지 못하고, 비행기가 추락하고, 열차가 폭발하고, 사람들은 화염에 휩싸인다. 가장 평화로웠던 국가에 갑자기 유혈 사태가 벌어지고, 신문 머리기사에는 "인종학살"이라는 제목이 큼지막하게 박힌다. 아내에게 앙심을 품은 남편은 자녀들을 다리 밑으로 던져 버리고, 어린 소녀들을 납치해 성노예로 만들고, 소수 민족과 소수 종교에 속한 사람들을 계획적으로 굶겨 죽이고, 온 마을과 교회가 쓰나미에 휩쓸려 사라지고, 강진이 일어나 하룻밤 사이에 3만 명이 매몰되고, 남아시아에서 일어난 홍수로 2천만 명의 이재민이 발생하고, 전 세계에서 해마다 4천6백만의 생명이 낙태로 살해된다.

이 모든 일이 예수 그리스도와 아무 관련이 없다는 말인가? 말 한마디로 파도와 바람을 잠잠하게 하고(눅 8:24-25), 죽은 사람을 살려 내고(요 11:43-44), 나병환자를 깨끗하게 하고 눈먼 자를 보게 하고 귀먼 자를 듣게 하고(마 11:5), 빵 다섯 조각으로 5천 명을 먹이고(막 6:41-44), 천지와 그 안의 만물을 창조하고(요 1:3), "하늘과 땅의 모든 권세를 내게 주셨으니"(마 28:18)라고 말했던 우주의 통치자 예수 그리스도가 그 일과 아무 연관이 없다는 말인가?

정녕 예수님은 쓰나미를 멈추게 할 수도 있고, 폭풍을 불게 해서 비행기를 위험한 항로에서 벗어나게 할 수도 있고, 태아의 목에

감긴 탯줄을 느슨하게 풀어 줄 수도 있고, 고문하는 자의 눈을 멀게 할 수도 있고, 가뭄을 해갈시켜 줄 수도 있다. 예수님은 얼마든지 위험을 막고 재난에서 구조할 수 있는 분이다. 전에도 그런 일을 하셨으며 지금도 하고 계시다. 그러나 좀더 적극적으로 하지 않으시는 이유는 무엇일까? 그것이 이 책을 쓰고 싶게 만든 두 번째 의문이다.

말세에 믿음을 갖고 기쁨을 누리는 길은 무엇인가?

세 번째 동기는, 성경이 세상의 마지막 때가 되면 우리가 극심한 고난과 어려움을 당할 것이라고 이야기하기 때문이다. 수많은 사람이 고통을 당할 것이고 예수님을 따르는 그리스도인들도 예외가 아닐 것이다. 디모데후서 3:1에서 바울은 이렇게 말한다. "너는 이것을 알라. 말세에 고통하는 때가 이르러." 이 말씀은 그리스도인들에게 고난을 경고하는 것이다. 아주 엄청난 고난을….

바울은 그러한 고난의 원인이 죄악의 증가 때문이라고 설명한다. "사람들이 자기를 사랑하며 돈을 사랑하며 자랑하며 교만하며 비방하며 부모를 거역하며 감사하지 아니하며 거룩하지 아니하며 무정하며 원통함을 풀지 아니하며 모함하며 절제하지 못하며 사나우며 선한 것을 좋아하지 아니하며 배신하며 조급하며 자만하며 쾌락을 사랑하기를 하나님 사랑하는 것보다 더하며 경건의 모양은 있으나 경건의 능력은 부인하니 이 같은 자들에게서 네가 돌아서라"(딤후 3:2-5).

인간의 죄성과 아울러, 말세에는 자연재해도 빈번하게 발생할 것이다. 지구 전체가 해산의 고통을 앓는 것처럼 말이다. "민족이 민족을, 나라가 나라를 대적하여 일어나겠고 곳곳에 기근과 지진이 있으리니 이 모든 것은 재난의 시작이니라"(마 24:7-8).

아울러 그리스도인들을 향한 불타는 적개심도 한몫을 할 것이다. "그때에 사람들이 너희를 환난에 넘겨 주겠으며 너희를 죽이리니 너희가 내 이름 때문에 모든 민족에게 미움을 받으리라"(마 24:9). "불법이 성하므로 많은 사람의 사랑이 식어지리라"(마 24:12).

그리스도인들은 재앙과 비극과 엄청난 고통과 극악무도한 죄에 경계를 게을리해서는 안 된다. "사랑하는 자들아. 너희를 연단하려고 오는 불 시험을 이상한 일 당하는 것같이 이상히 여기지 말고"(벧전 4:12). 하나님은 그 모든 사실을 미리 아시고 우리에게 사전 경고를 주셨다. 그러한 일들이 일어날 것이고 그것을 막을 의도가 없음을 알려 주시는 것이다. 따라서 어찌 보면 그런 일들은 하나님의 목적에 부합해서 일어난다고 볼 수 있다.

요한계시록 6:10-11에 보면 하나님은 성도들의 순교에 대해 명확하게 말씀하신다. 이전에 순교한 자들이 하늘에서 이렇게 외치고 있다는 것이다. "거룩하고 참되신 대주재여. 땅에 거하는 자들을 심판하여 우리 피를 갚아 주지 아니하시기를 어느 때까지 하시려 하나이까?" 요한은 그들의 질문에 다음과 같은 대답이 주어졌다고 말한다. "각각 그들에게 흰 두루마기를 주시며 이르시되 아직 잠시 동안 쉬되 그들의 동무 종들과 형제들도 자기처럼 죽임을 당하여 그 수가 차기까지 하라."

이를테면 순교자들의 수가 정해져 있다는 것이다. 하나님은 자신의 자녀들이 몇 명이나 죽임을 당해야 하는지 알고 계시다. 그리고 그 한 사람 한 사람의 생명을 주관하고 계시다. 하나님은 자신의 자녀가 육신적으로 죽는 것을 막지 않으시는 반면 그들을 영원히 구원하신다. "너희 중의 몇을 죽이게 하겠고…너희 머리털 하나도 상하지 아니하리라"(눅 21:16, 18).

목사로서 나는 말세에 교인들을 즐겁게 하는 것이 나의 임무라고 생각하지 않는다. 이 세상 만물이 신음하고 있는데 당신의 기분을 풀어 주는 것이 나의 사명이라고 생각하지 않는다. 내가 할 일은 당신이 탄 배에 모래주머니를 넣어 거대한 파도가 몰려올 때 당신의 배가 뒤집히지 않고 무사히, 비록 깨지고 일그러지겠지만 믿음과 기쁨에 차서, 항구에 도착할 수 있도록 도와주는 것이다. 이것이 내가 이 책을 쓴 세 번째 이유다.

죄악이 가득한 세상에서 예수님을 영화롭게 하는 길은 무엇인가?

이 책을 쓰게 된 네 번째 이유는 내 삶과 목회의 궁극적인 목표 때문이었다. 최근 나는 수십 년 전 현재 시무하는 교회의 목사 후보였을 때 내가 했던 설교를 다시 들어 보았다. 정확히 1980년 1월 27일이었다. 회색빛의 도심 한복판에서 살아가는 교인들을 향해 나는 단 하나의 숭고하고 단순한 목표가 있다고 힘주어 말했다. 그것은 내 아버지에게 물려받고 더 거슬러 올라가면 사도 바울에게 물려받은 목표였다.

나는 예수 그리스도를 영화롭게 하기 위해 존재한다. 그 하나의 궁극적인 목표를 위해 이 세상에 존재한다는 이야기다. 나는 최선을 다해서 예수 그리스도를 존귀하게 만들며 그분을 세상에 알리는 일을 할 것이다. 예수님의 무한한 아름다움과 측량할 수 없는 가치에 합당하도록 그분을 존귀하게 하고 알리는 일을 할 것이다. 당시 내가 했던 주일 설교의 본문은 그러한 열정과 목표를 분명하게 나타내는 빌립보서 1:20이었다. "나의 간절한 기대와 소망을 따라 아무 일에든지 부끄러워하지 아니하고 지금도 전과 같이 온전히 담대하여 살든지 죽든지 내 몸에서 그리스도가 존귀하게 되게 하려 하나니." 바울의 간절한 기대는 자신의 삶과 행동을 통해 그리스도가 본모습 그대로 위대하게 보이도록 하는 것이었다. 그것은 나의 기대이며 소망이기도 하다.

이것이 이 책을 쓰게 된 네 번째 이유다. 지금과 같은 시대에 어떻게 하면 그리스도를 영화롭게 할 수 있는가? 혹은 역대하 2장과 같은 세상에서 어떻게 하면 그리스도를 영화롭게 할 수 있는가? 완벽한 모습에서 타락의 늪으로 떨어진 사탄이 존재하는데, 아담의 범죄 이후 전 인류가 죄와 고통에 휩싸였는데, 바벨탑 이후 인류에게는 무수한 언어가 생겨났는데, 요셉은 애굽에 노예로 팔려갔는데, 이스라엘은 다른 국가들처럼 왕을 요구하며 하나님께 반항했는데, 제자의 입맞춤에 의해 하나님의 아들이 배신을 당했는데, 어떻게 그리스도가 영화롭게 될 수 있다는 말인가?

애통하면서도 항상 기뻐하기

이 책을 집필하기 전에 나는 '그리스도의 영광 안에서 벌어지는 가공할 죄악과 그 의의'라는 제목으로 연속 설교를 한 적이 있다. 베들레헴 침례교회에서 28년째 목회를 맞이하는 기념비적 설교이기도 했다. 그해 봄에도 그랬듯이 가을에도 나는 사랑하는 가족을 잃었다. 우리 아버지와 손녀딸이 세상을 떠난 것이다. 그리고 미시시피 강을 건너는 고속도로의 다리가 붕괴되었다. 어둠은 여전히 젊은이들을 삼키고 있고 지속적인 고통은 그 잔악한 손길을 멈추지 않고 있다. 나는 하나님의 말씀을 피부로 체험하면서 이 책을 썼다. 날마다 나는 누군가의 고통을 체험했다. 때로는 나 자신도 고통을 겪었다. 그리고 누군가의 고통이 부분적으로나마 내 고통이 되었다.

우리는 베들레헴의 희락주의 그리스도인들이다. 다시 말해, 우리가 주님 안에서 최고조로 만족할 때 우리 안에서 하나님이 가장 영화롭게 되신다는 진리를 믿고 따른다. 하지만 우리가 이생에 사는 동안은 슬픔 없이 하나님 안에서 온전하게 기뻐하기란 불가능하다. 절대로 불가능하다. 사랑이 그것을 허락하지 않는다. 우리는 고린도후서 6:10의 "근심하는 자 같으나 항상 기뻐하고"라는 말씀을 슬로건으로 삼아야 한다. 우리 모두는 피가 흥건한 삶을 꿋꿋하게 살아가야 한다. 그리하여 세상과 하나된 동시에 세상과 구별된 삶을 살아야 한다. 우리는 여기에 있지만 여기에 있는 것이 아니다.

사랑은 우리를 세상의 비극에 묶이게 하고 동시에 천국의 보물이신 분께 묶이게 한다. 그리스도인들은 정말 이상하다. 우리의 감정은 정상적인 언어로는 설명이 불가능하다. "우는 자들은 울지 않는 자같이 하며 기쁜 자들은 기쁘지 않은 자같이 하며"(고전 7:30). 우리는 그런 사람들이다. 그리고 그것이 이 책이 말하고 있는 내용이다.

2장
만물은 왜 창조되었는가?

> "그는 보이지 아니하는 하나님의 형상이시오 모든 피조물보다 먼저 나신 이시니 만물이 그에게서 창조되되 하늘과 땅에서 보이는 것들과 보이지 않는 것들과 혹은 왕권들이나 주권들이나 통치자들이나 권세들이나 만물이 다 그로 말미암고 그를 위하여 창조되었고"(골 1:15-16).

하나님은 이 세상에 만연하는 죄와 불행에 대해 명확하게 대답하지 않으셨다. "감추어진 일은 우리 하나님 여호와께 속하였거니와"(신 29:29). 우리는 지금 거울로 보는 것같이 희미한 시기를 살기에 결코 이해할 수 없는 신비한 일들이 있다. 비록 지금은 부분적으로 아나 언젠가는 주께서 우리를 아신 것같이 온전하게 알게 될 것이다(고전 13:12).

그렇다고 하나님이 모든 면에서 완전하게 침묵하시는 것은 아니다. 우리가 알게 되기를 원하시는 일들이 있다. 역사 속 가공할 범죄들로 인해 하나님의 아들의 명예가 위험에 처해 있다. 골로새서 1:9-20에서 사도 바울이 한 이야기를 들어 보자.

그리스도의 영광에 대한 가장 농축된 묘사

사도 바울은 골로새 교인들을 위해 이렇게 기도했다. "너희로 하여금 모든 신령한 지혜와 총명에 하나님의 뜻을 아는 것으로 채우게 하시고 주께 합당하게 행하여 범사에 기쁘시게 하고 모든 선한 일에 열매를 맺게 하시며 하나님을 아는 것에 자라게 하시고"(골 1:9-10). 14절부터 바울은 예수 그리스도에 관한 놀라운 사실들을 이야기한다. 아마도 성경 전체를 통틀어 예수님의 영광에 관한 가장 농축된 묘사일 것이다. 우선 그 열다섯 가지 사실을 나열한 후에 내가 말하고자 하는 요점으로 돌아가겠다.

1. 예수님 안에서 우리가 속량 곧 죄사함을 얻었다(14절).
2. 예수님은 보이지 아니하는 하나님의 형상이다(15절).
3. 예수님은 모든 피조물보다 먼저 나셨다. 다시 말해 모든 피조물보다 앞선 하나님의 독생자이며 특별하게 경외해야 할 분이다(15절).
4. 예수님에 의해 만물이 창조되었다. 하늘과 땅에 속한 보이는 것들과 보이지 않는 것들과 왕권들과 주권들과 통치자들과 권세들이 예수님에 의해 창조되었다(16절).
5. 만물이 다 예수님으로 말미암아 창조되었다(16절).
6. 만물이 다 예수님을 위해 창조되었다(16절).

7. 예수님이 만물보다 먼저 계셨다(17절).

8. 예수님 안에서 만물이 함께 섰다(17절).

9. 예수님은 교회의 머리시다(18절).

10. 예수님은 근본이시다(18절).

11. 예수님은 죽은 자들 가운데서 먼저 나신 이시다(18절).

12. 예수님은 만물의 으뜸이시다(18절).

13. 예수님 안에 하나님의 모든 충만함이 거한다(19절).

14. 땅에 있는 것들이나 하늘에 있는 것들이 예수님으로 말미암아 자기와 화목하게 되었다(20절).

15. 예수님은 십자가의 피로 화평을 이루셨다(20절).

위의 말씀은 외워 두는 게 좋다. 마음이 흔들리고 차가워질 때마다 이 말씀을 기억하면 도움이 될 것이다. 이 영광의 기도를 외우고 하나님께 무한하게 아름답고 측량할 수 없는 그 위대함을 전할 수 있는 애정을 달라고 구하라. 만일 어떤 사람, 어떤 권세, 어떤 지혜, 어떤 사랑이 우리에게 감탄과 놀라움과 기쁨을 일깨울 수 있다면, 그것이 가장 위대하고 가장 권세 있고 가장 지혜로운 분, 바로 예수 그리스도가 되게 하라.

만물이 예수님에 의해, 예수님으로 말미암아, 예수님을 위해 창조되었다

논의를 계속하기 위해 16절 말씀으로 돌아가 보자. 이 구절에 나오는 세 가지 전치사에 유의하기 바란다. "만물이 그에게서(by) 창조되되…만물이 다 그로 말미암고(through) 그를 위하여(for) 창조되었고." 사도 바울은 예수 그리스도가 만물을 창조했다고 말했다. 즉, 그분으로 말미암아 창조되었고 아울러 그분을 위해 창조되었다는 것이다.

이 세상에 존재하는 모든 것은 예수님을 위해 존재한다. 모든 것이 예수님의 위대함을 보여 주기 위해 존재한다는 것이다. 우주 만물 중 그 어느 것도 자신을 위해 존재하는 것은 없다! 이 세상에 존재하는 모든 것ㅡ바닷속 심연에서부터 산꼭대기까지, 극소의 미립자에서 거대한 행성까지, 가장 따분한 학문에서 가장 흥미로운 과학까지, 징그러운 바퀴벌레에서 가장 아름다운 인간까지, 가장 위대한 성자에서 가장 사악한 독재자까지ㅡ이 세상에 존재하는 모든 것은 예수 그리스도의 위대함을 온전히 드러내기 위해 존재한다. 그 안에는 당신과 당신을 가장 힘들게 하는 사람도 포함된다.

심지어 사악한 초월적 권세까지

그러나 모든 것들, 예수님이 창조하시고 그분의 영광을 위해 존재하는 수많은 것 중에서 사도 바울은 왕권들과 주권들과 통치자들과 권세들을 언급했다. "만물이 그에게서 창조되되 하늘과 땅에서 보이는 것들과 보이지 않는 것들과 혹은 왕권들이나 주권들이나 통치자들이나 권세들이나 만물이 다 그로 말미암고 그를 위하여 창조되었고"(16절).

사도 바울은 '통치자들'과 '권세들'에 악한 초월적 권세가 포함되어 있음을 알고 있었다. 다음 장에 보면 그 사실이 나와 있다. 골로새서 2:15에서 바울은 예수님의 십자가 승리를 이렇게 기뻐했다. "통치자들과 권세들을 무력화하여 드러내어 구경거리로 삼으시고 십자가로 그들을 이기셨느니라." 바울은 골로새서 1:16에서 언급했던 통치자들과 권세들을 다시 한 번 언급했다. 이들은 사악한 존재들이며 예수님은 그들을 무력화시켰다.

똑같은 표현이 에베소서 6:12에도 등장한다. "우리의 씨름은 혈과 육을 상대하는 것이 아니요 통치자들과 권세들과 이 어둠의 세상 주관자들과 하늘에 있는 악의 영들을 상대함이라." 그들은 인류를 속이고 멸망시키려는 사악한 영적 세력들이다.

골로새서 2:15에 의하면 예수님이 그들을 십자가 위에서 무력화시켰고 결정적인 패배를 안겨 주었기 때문에 믿는 자들이 안전하게 되었다. 그럼에도 불구하고 그들은 여전히 이 세상에 엄청난 피해를 입히고 있다. 그 이유 중 하나는 이 세상 모든 사람이 그리스도인이 아니기 때문이다. 그리고 그리스도인들도, 멸망당하지는 않지만, 그들에 의해 해를 입을 수 있기 때문이다.

그 한 예로 예수님은 서머나 교회를 향해 이렇게 말씀하셨다. "너는 장차 받을 고난을 두려워하지 말라. 볼지어다. 마귀가 장차 너희 가운데에서 몇 사람을 옥에 던져 시험을 받게 하리니 너희가 십 일 동안 환난을 받으리라. 네가 죽도록 충성하라. 그리하면 내가 생명의 관을 네게 주리라"(계 2:10). 마귀는 하나님이 사랑하시는 자들을 옥에 가두고 죽일 수 있다. 그러나 멸망시키지는 못한다. 그것이 바로 통치자들과 권세들이 가진 힘의 실상이다.

예수 그리스도의 영광을 위하여

그렇다면 사악한 영적 권세들은 어디에서 생겨났으며 왜 존재하고 있는가? 골로새서 1:16은 그에 대한 결정적인 대답을 주고 있다. 완벽한 대답은 아니지만 우리가 알아야 할 부분을 충분히 말해 주고 있다. 즉, 그런 권세들은 예수님에 의해 생겨났다는 것이다. "만물이 그[하나님의 아들 그리스도!]에게서 창조되되 하늘과 땅에서 보이는 것들과 보이지 않는 것들과 혹은 왕권들이나 주권들이나 통치자들이나 권세들이나 만물이 다 그로 말미암고." 그들이 생겨난 곳은 바로 그곳이었다. 그러니까 예수 그리스도에 의해 창조되었다는 말이다. 그럼 그들은 왜 존재하는 것일까? 다시 한 번 16절을 보자. "만물이 다 그로 말미암고 그를 위하여 창조되었고." 그들은 예수님을 위해 존재한다. 그분의 영광을 드러내기 위해 존재한다. 그분의 무한한 아름다움과 측량할 수 없는 가치를 널리 알리기 위해 존재한다는 말이다.

하지만 애초부터 그들을 악하게 창조했다고는 말하지 않는다. 사실 신약의 가장 작은 책 유다서에 보면 "자기 지위를 지키지 아니하고 자기 처소를 떠난 천사들"이라는 구절이 있다(유 1:6). 그들은 선하게 창조되었지만 하나님을 거역했던 것이다.

사도 바울은 그것을 알고 있었다. 그들이 애초에 어떠했고 나중에 어떻게 되었는지를 말이다. 사도 바울이 그 외에 무엇을 더 알고 있었는지는 뒤에 자세히 이야기하겠다. 그들이 타락하기 전부터 예수님은 그들이 타락하리라는 사실을 알았다. 그들이 죄를 짓고 거역하고 사악해지리라는 사실을 이미 알고 계셨다. 하나님과 예수님은 무한한 지혜로써 그 모든 사실을 염두에 두고 구원의 역사를 구상하시고 갈보리 승리를 계획하셨다.

결국 사도 바울이 '통치자들과 권세들'이라고 말하는 자들은 그리스도에 의해 창조되고 그리스도를 위해 창조된 존재들이다. 다시 말해 예수님은 그들이 장차 어떻게 될 것이고 그들의 악역으로 인해 예수님이 어떻게 영화롭게 되실 것인가를 미리 알고 그들을 창조했다.

하나님 중심의 삶을 불타오르게 하는 연료

그렇다면 사도 바울은 왜 그 사실을 성경에 밝히고 있을까? 그것을 아는 게 무슨 도움이 될까? 바울은 도움이 된다고 생각했던 모양이다. 그는 그리스도로 말미암아 창조되고 그리스도를 위해 창조된 것들의 예를 들면서 '통치자들과 권세들'을 언급하고 있다. 다른 것들을 얼마든지 언급할 수 있었을 텐데 굳이 악한 권세들을 언급한 것을 보면 그 사실을 꼭 알려 주고 싶었던 것 같다. 왜 그랬을까? 왜 그것을 아는 것이 유익하다고 생각했을까? 이 책은 바로 그 점을 다루고 있다.

이 책의 목표는 정보를 제공해 지식을 쌓게 하는 것이 아니라 삶 속에 진리를 적용하도록 돕는 것이다. 사도 바울이 디모데에게 보낸 두 번째 서신처럼 디모데를 생각하는 마음으로 나는 이 책을 쓰고 있다. 사도 바울은 디모데에게 가장 현실적이고 수치스럽기까지 한 부분을 예리하게 지적하면서 그를 심오하고도 엄격한 성경적 진리로 인도하고 있다. 디모데는 걱정 근심이 많은 사람이었다. 작은 일에도 쉽게 위축되고 때로는 겁을 내기도 했다. 그런 소심한 성격이 그의 사역에까지 악영향을 미치고 있었던 것이다.

바울은 디모데가 두려움을 극복하고 용기 있는 사람이 되기를 바랐기에 이런 충고를 남겼다. "너는 내가 우리 주를 증언함과 또는 주를 위하여 갇힌 자 된 나를 부끄러워하지 말고 오직 하나님의 능력을 따라 복음과 함께 고난을 받으라"(딤후 1:8). 사실 이 정도는 누구나 예상할 수 있는 말이다. 그러나 바울은 한 발 더 나아가서 심오한 신학으로 그를 이끌었다.

다음 구절에서 바울이 하나님을 어떻게 묘사하는지 보라. "하나님이 우리를 구원하사 거룩하신 소명으로 부르심은 우리의 행위대로 하심이 아니요 오직 자기의 뜻과 영원 전부터 그리스도 예수 안에서 우리에게 주신 은혜대로 하심이라." 바울은 인간의 죄가 생기기도 전에, 아담이 범죄하기도 전에, 세상이 존재하기도 전에 하나님이 이미 예수 그리스도의 구원으로 디모데에게 은혜를 베푸셨다고 이야기한다. 하나님은 인간의 죄나 죄책감이 생기기 훨씬 전부터 디모데를 보고 계셨고, 예수 그리스도를 보고 계셨고, 은혜를 베푸셨다는 것이다. 참으로 심오한 진리가 아닐 수 없다.

그럼 바울이 왜 그런 말을 한 걸까? 그 이유는 디모데가 소심하기 때문이었다. 소심한 그리스도인들을 위한 사도 바울의 처방은 심오한 진리를 알게 하는 것이었다. 바울은 심오한 진리가 순종의 삶으로 인도한다고 굳게 믿었다. 이 책의 핵심이 지식을 위한 정보가 아니라 삶의 적용이라고 말한 것도 그 때문이다. 이 책에는 진리가 담겨 있다. 디모데후서 1:9에서 바울이 디모데에게 밝혔던 것처럼 이 책에도 그런 심오한 진리가 담겨 있다. 진리를 깨닫는 목적은 사랑과 공의와 순결과 자비와 용기를 위해서다. 그리고 결국에 가서는 예수 그리스도의 무한한 아름다움과 가치가 고스란히 드러나서 존귀하게 되기를 바라기 때문이다. 위대한 성경적 진리는 헌신적인 삶을 활활 불타오르게 만드는 연료다.

왜 그리스도의 주권을 논하는가?

앞으로 남은 장에서 밝힐 내용을 기대하면서 일단 여기서는 '통치자들과 권세들'에게 그리스도가 주권을 행사한다는 사실을 왜 알아야 하는지, 이 세상의 가장 가공할 죄악에 그들이 연관되어 있음을 아는 것이 왜 중요한지 다섯 가지로 요약하면서 마무리하겠다. 다음의 다섯 가지 이유로 하나님은 자신이 죄에 대한 주권을 행사하신다는 사실을 우리가 반드시 알기를 원하신다.

첫째로, 이는 단순한 의견이나 인간의 생각이 아니라 객관적인 사실이기 때문이다. 이것은 절대적인 사실이다. 당신이 지금 앉아 있는 의자가 실제로 존재하는 것처럼, 당신이 서 있는 방바닥이 존재하는 것처럼, 당신이 누워 있는 침대가 존재하는 것처럼, 이 역시 실제적인 진실이다. 진실은 중요하다. 바울은 사람들이 진리를 알지 못하고 진리를 사랑하지 않아서 멸망한다고 말했다. "그들이 진리의 사랑을 받지 아니하여 구원함을 받지 못함이라"(살후 2:10).

둘째로, '통치자들과 권세들'이 아니라 그리스도만이 경배를 받으실 것이기 때문이다. 골로새의 어떤 교인들은 하나님께로 나아가는 방법의 일환으로 '천사 숭배'를 거론했다(골 2:18). 그러나 바울은 천사들이 사람들이 생각하는 것만큼 위대한 존재가 아니라고, 그리스도로 말미암아 그리고 그리스도를 위해 창조된 존재들이라고 (일부는 선하고 일부는 악하다고) 말했다. 그렇기 때문에 천사들을 경배해서는 안 되고 오로지 그들을 만드신 이를 경배해야 한다.

셋째로, 우리의 시대는 바울의 시대와 같지 않기 때문이다. 바울은 골로새의 다원주의적이고 지적인 분위기로 인해 골로새 그리스도인들이 고상하게 들리는 이단에 사로잡힐까 봐 염려했다. "누가 철학과 헛된 속임수로 너희를 사로잡을까 주의하라. 이것은 사람의 전통과 세상의 초등학문을 따름이요 그리스도를 따름이 아니니라"(골 2:8). 예수 그리스도의 권능이 죄와 악을 주관한다는 사실을 아는 것은 우리가 타고 있는 배의 모래주머니 역할을 한다. 바울은 그것이 인간 문화라는 바다에서 사정없이 몰아치는 파도에 배가 전복되지 않도록 지켜 준다고 믿었다. 이 진리를 확실하게 알고 있어야 그리스도의 주권을 인정하지 않는 세상 철학과 이론에 말려들지 않는다. 당신도 이런 진리를 알고 있으면 인간 중심의 문화나 이론에 쉽게 휩쓸리지 않을 것이다.

넷째로, 우리를 완전히 압도할 것처럼 보이는 거대한 세력 앞에서도 용기를 잃지 않기 위해서다. 그리스도인들은 (비록 자신을 보잘것없고 연약하다고 생각하더라도) 적개심에 불타는 "왕권들과 주권들과 통치자들과 권세들" 앞에 섰을 때, 예수 그리스도가 모든 권세를 가지고 있다는 사실을 결코 잊어서는 안 된다. 바울은 그 적대적인 세력들이 하나님의 허락 없이는 아무것도 할 수 없음을 명심하라고 당부했다(욥 1:12; 눅 22:31-32).

마지막으로, 그리스도 안에서 우리의 구원이 정복당할 수 없다는 사실을 알기를 원하시기 때문이다. 예수님은 우리 죄를 위해 죽으시고 부활하심으로써 "통치자들과 권세들을 무력화"시켰다(골 2:15). 예수님을 믿는 사람에게 어떤 일이 일어나는지 골로새서 3:3-4은 이렇게 말한다. "이는 너희가 죽었고 너희 생명이 그리스도와 함께 하나님 안에 감추어졌음이라. 우리 생명이신 그리스도께서 나타나실 그때에 너희도 그와 함께 영광 중에 나타나리라." 우리는 예수님 안에서 영원히 안전하다. 그 어느 것도, 최고로 강력한 영의 권세도 우리를 주님에게서 떼어놓을 수 없다(롬 8:38-39).

만물이 주님의 영광과 우리의 기쁨을 위해 존재한다

만물이 그에게서 창조되었고 그로 말미암았고 그를 위하여 창조되었다. 만물에는 사탄, 마귀, 원수들도 포함된다. 최후에 십자가 위에서 수치를 당할 대상은 그리스도가 아니라 바로 그들이다 (골 2:15). 결국은 모든 사람과 모든 것이 우리 주 예수를 영화롭게 하고 그분의 백성을 기쁘게 하는 역할을 수행할 것이다.

3장

하나님은 사탄을 왜 살려 두시는가?

"하나님이 범죄한 천사들을 용서하지 아니하시고 지옥에 던져 어두운 구덩이에 두어 심판 때까지 지키게 하셨으며"(벧후 2:4).

"내가 너로 여자와 원수가 되게 하고 네 후손도 여자의 후손과 원수가 되게 하리니 여자의 후손은 네 머리를 상하게 할 것이요 너는 그의 발꿈치를 상하게 할 것이니라"(창 3:15).

"또 그들을 미혹하는 마귀가 불과 유황 못에 던져지니 거기는 그 짐승과 거짓 선지자도 있어 세세토록 밤낮 괴로움을 받으리라"(계 20:10).

이 세상 최고의 가공할 죄악은 한때 거룩했던 천사들이 하나님보다 자신을 더 영화롭게 하겠다고 욕심을 부린 사건이었다. 그건 아무리 생각해도 불가사의한 일이다. 의로운 존재가 어느 날 반항적으로 돌변해 버린 그 사건에 대해 성경은 자세히 설명하지 않는다. 거룩한 존재의 영혼에 어떻게 죄가 자리잡게 되었는지 그 근본적인 원인에 대해 우리는 알 길이 없다. 그러나 하나님이 그 사실을 알고 경악하셨는지, 혹은 그 때문에 그분의 모든 계획을 수정하셨는지에 대해서는 성경이 확실하게 대답하고 있다. 성경은 우리를 영원이라는 거실 한가운데로 인도해 입이 떡 벌어질 만한 현장을 엿보게 해준다. 이는 단지 하나님이 우리를 놀라게 하려는 의도가 아니라, 죄와 불행 속에서 우리로 하여금 그분을 경배하게 만들고 주 안에서 견고하게 서게 하기 위함이다.

창세기 1장과 2장을 거쳐 3장에 이르기 전까지는 모든 것이 순조로워 보인다. 창세기 1:31은 "하나님이 지으신 그 모든 것을 보시니 보시기에 심히 좋았더라"고 말한다. 하나님은 나쁘고 악한 것은 창조하지 않으셨다. 모든 것이 정말로 좋았다.

그런데 3장으로 넘어가자마자 갑자기 그 악명 높은 뱀이 등장한다. 뱀은 아주 사악한 녀석이었다. 그가 하나님 말씀에 어떤 식으로 의문을 제기했는지 보라. "하나님이 참으로 너희에게 동산 모든 나무의 열매를 먹지 말라 하시더냐?"(1절) 얼마나 교활하고 비열한 존재인가! 하나님은 창세기 2:17에서 이렇게 말씀하셨다. "선악을 알게 하는 나무의 열매는 먹지 말라. 네가 먹는 날에는 반드시 죽으리라." 하지만 뱀은 3:4-5에서 이렇게 말한다. "너희가 결코 죽지 아니하리라. 너희가 그것을 먹는 날에는 너희 눈이 밝아져 하나님과 같이 되어 선악을 알 줄 하나님이 아심이니라."

그렇기 때문에 예수님은 요한복음 8:44에서 사탄을 가리켜 거짓말쟁이요 살인자라고 부르신 것이다. "그는 처음부터 살인한 자요 진리가 그 속에 없으므로 진리에 서지 못하고 거짓을 말할 때마다 제 것으로 말하나니 이는 그가 거짓말쟁이요 거짓의 아비가 되었음이라."

사탄, 옛 뱀

뱀은 누구인가? 요한계시록 12:9에 속 시원한 답변이 나와 있다. "큰 용이 내쫓기니 옛 뱀 곧 마귀라고도 하고 사탄이라고도 하며 온 천하를 꾀는 자라. 그가 땅으로 내쫓기니 그의 사자들도 그와 함께 내쫓기니라." 에덴동산에 있던 뱀은 이 세상의 마귀('중상모략자'라는 뜻), 사탄('비방자'라는 뜻), 거짓말쟁이였던 것이다.

예수님은 그를 '악한 자'(마 13:19), '이 세상의 임금'(요 12:31; 14:30; 16:11)이라고 부르셨다. 바리새인들은 그를 '귀신의 왕 바알세불'(마 12:24)이라고 했고, 사도 바울은 '이 세상의 신'(고후 4:4), '공중의 권세 잡은 자'(엡 2:2)라고 불렀다.

바로 그가 창세기 3장에 등장하는 뱀이다. 에덴동산에 모습을 드러냈을 때 그는 이미 사악했고 속임수에 능했으며 살인자였다. 뱀이 아담과 하와로 하여금 죄를 짓게 만들자 창세기 3:15에서 하나님은 뱀을 향해 다음과 같은 벌을 내리셨다. "내가 너로 여자와 원수가 되게 하고 네 후손도 여자의 후손과 원수가 되게 하리니 여자의 후손은 네 머리를 상하게 할 것이요 너는 그의 발꿈치를 상하게 할 것이니라."

언뜻 보기에 이 말씀은 '네 후손과 여자의 후손'이라는 두 후손간의 싸움을 말하는 것처럼 보인다. 그러나 이어지는 말이 상당히 의외다. "여자의 후손은 네 머리를 상하게 할 것이요" 누가 머리를 상하게 하는가? 여자의 후손이다. 그럼 '네 머리'는 누구의 머리를 뜻하는가? 뱀의 후손이 아니라 뱀 자신의 머리를 말한다. 이는 매우 중요한 대목이다.

십자가에서 사탄을 박살내다

하나님은 뱀이(뱀의 후손이 아니라) 이 세상에서 패하고 제거될 날이 오고 있다고 말씀하신다. 뱀은 여자의 후손의 발꿈치를 상하게 할 것이다. 그래서 하나님의 아들이 인간이 되신 것이다. 사탄을 박살내는 것은 여자의 후손인 인간이다.

히브리서 2:14에서는 예수님의 인성과 사탄의 멸망 사이의 연관성을 이렇게 묘사하고 있다. "자녀들은 혈과 육에 속하였으매 그도 또한 같은 모양으로 혈과 육을 함께 지니심은 죽음을 통하여 죽음의 세력을 잡은 자 곧 마귀를 멸하시며." 완벽한 여자의 후손이었던 예수 그리스도가 십자가 위에서 죽으심으로 사탄은 결정타를 맞았다. 하나님의 아들이 인간이 되어야 했던 이유 중 하나는 바로 그것이었다. 즉 사탄을 박살내는 장본인은 여자의 후손이어야 했던 것이다. "하나님의 아들이 나타나신 것은 마귀의 일을 멸하려 하심이라"(요일 3:8). 하나님은 자신의 아들이 뱀을 이긴 승리자의 영광을 취하기를 바라셨다.

골로새서 2:14-15은 예수님이 십자가에서 돌아가셨을 때 하나님이 마귀들에게 어떻게 하셨는지 설명한다. "우리를 거스르고 불리하게 하는 법조문으로 쓴 증서를 지우시고 제하여 버리사 십자가에 못박으시고 통치자들과 권세들을 무력화하여 드러내어 구경거리로 삼으시고 십자가로 그들을 이기셨느니라." 예수님이 우리의 죄를 위해 돌아가셨을 때 사탄은 무력화되었고 패배했다. 사탄이 가졌던 영원한 무기가 그의 손에서 제거된 것이다. 다시 말해, 하나님 앞에서 우리를 죄인이라고 고소하며 자신과 함께 멸망당할 존재라고 말했던 고소가 사라진 것이다. 예수님이 우리를 위해 죽으신 순간, 그러한 고소는 취하되었다.

예수 그리스도를 믿는 사람은 그 누구도 멸망당하지 않는다. 믿는 자를 향해서는 어떤 고소나 비방도 제기될 수 없다. 사탄은 절대로 우리를 그리스도 안에 있는 하나님의 사랑에서 끊을 수 없다 (롬 8:37-39).

사탄의 반란

하지만 여전히 묻고 싶은 질문이 많다. 도대체 사탄은 어디에서 생겨났을까? 왜 하나님은 사탄의 살인 행위를 그냥 방관하시는 걸까? 창세기 3장에 보면 느닷없이 사탄이 등장한다. 하나님은 모든 것을 선하고 좋게 창조하셨는데 분명 무슨 일이 일어났던 모양이다. 왜 그토록 선했던 피조물이 타락한 걸까?

신약의 유다서와 베드로후서는 무슨 일이 일어났는지에 대한 일말의 단서를 제공한다. "또 자기 지위를 지키지 아니하고 자기 처소를 떠난 천사들을 큰 날의 심판까지 영원한 결박으로 흑암에 가두셨으며"(유 1:6). "하나님이 범죄한 천사들을 용서하지 아니하시고 지옥에 던져 어두운 구덩이에 두어 심판 때까지 지키게 하셨으며"(벧후 2:4).

어쩌면 이 구절들은 사탄의 타락과 그의 거역에 대한 말씀이 아닐 수도 있다. 개중에는 창세기 6:1-4에 나오는 천사들('하나님의 아들들')의 죄에 대한 말씀이라고 주장하는 학자들도 있다. 어쨌든 그 구절들은 사탄과 그의 추종자들이 어떻게 타락했는지를 가장 신빙성 있게 보여 주는 말씀이다.[1]

처음에는 거룩한 천사들의 무리가 있었던 것 같다. 그런데 사탄을 포함한 그중의 일부가 죄를 지었다. 유다서 6절의 표현대로 "자기 지위를 지키지 아니하고 자기 처소를 떠난" 것이다. 다시 말해 그들이 범한 죄는 일종의 반란이었다. 하나님에 의해서, 그리고 하나님 아래에서 그들이 가졌던 권력과 지위보다 더 큰 권력과 더 큰 지위를 노렸던 것이다.

사탄은 다른 천사들과 마찬가지로 하나님에 의해 창조된 존재였지만 하나님을 향해 반란을 일으켰다. 하나님이 나무랄 데 없는 왕이고 기쁨이라는 사실을 부인하고 스스로 높이며 독자노선을 걷겠다고 나선 것이다. 그들은 하나님을 경외하고 찬양하고 기뻐했던 마음을 상실한 채, 하나님보다 자기 자신을 더 추앙하고 독자적인 권한을 행사하고 싶어 했다.

사탄이 범한 죄의 기원

그럼 우리는 '대체 왜 그랬을까? 어떻게 그런 일이 일어났을까?'라고 묻지 않을 수 없다. 그 질문에 대답하기란 쉽지 않다. 사실 성경에서 대답을 찾아보아야 궁금증만 더 증폭될 뿐이다. 어차피 우리는 이 세상에 사는 동안 부분적으로만 알 뿐이고(고전 13:12) 속 시원한 대답을 듣기는 힘들 것이다.

어떤 학자들은 천사들이 하나님을 사랑하지 않는 마음을 갖거나 하나님께 충성하지 않겠다고 결정해도, 하나님이 그들의 자유의지를 존중하여 그 결정을 꺾지 않으셨을 거라고 말한다. 하지만 나는 그 주장이 신빙성이 없어 보인다. 왜 완벽하게 거룩했던 천사들이 자신의 자유의지를 사용해 무한하게 선하고 아름다운 하나님을 갑자기 미워하게 되었단 말인가?

죄 없던 천사들의 독자적인 자유의지를 존중해서 하나님이 그들의 반역을 막지 못했다는 주장은 문제의 해답이 될 수 없다. 왜 완벽하게 거룩했던 존재가 자신이 창조되었을 때 그토록 사랑하고 좋아했던 하나님을 어느 날 갑자기 자신의 자유의지를 사용해 경멸하기로 결정했는지 아무런 설명도 해주지 못하기 때문이다. 더욱이 하나님이 사탄과 마귀를 다스리신다고 말하는 다른 성경 말씀에도 들어맞지 않는다. 이 상황에서 자유의지라는 말은 단순히 불가사의하다는 말의 또 다른 표현일 뿐이다. 그건 성경에서 말하는 내용과 다르다.

사탄의 죄가 어디에서 기인했는지 알아내기 위해서는 '하나님은 사탄의 타락에 어떻게 반응하셨는가?'라는 질문을 가지고 성경 전체를 읽어 보아야 한다. 하나님은 사탄과 마귀의 반란을 무력하게 바라만 보셨는가? 하나님은 마귀의 자유의지를 존중하셔서 그들에게 아무 간섭도 하지 않으셨는가? 하나님에게 영향을 미치는 외부 세력이 있어서 마귀를 다스리는 그분의 통치력이 제한을 받으셨는가? 아니면 성경 전체에서 하나님이 아무 때나 사탄의 권세를 제압할 권리와 능력을 가진 분으로 묘사되었는가? 만일 하나님이 그런 권능을 갖고 있다면 왜 더 자주 사용하지 않는 걸까? 아니, 왜 사탄과 마귀를 아예 제거해 버리고 모조리 멸망시켜 버리지 않는 걸까?

나는 성경을 읽으면서 몇 가지 특이한 점을 발견했다. 하나님은 분명 사탄을 다스리는 권능을 갖고 계셨지만, 사탄에게 어느 정도는 자유를 허락해 주셨음을 엿보게 해주는 대목들이 있었다.

하나님의 권능이 사탄을 지배하다

1. 사탄은 '이 세상의 임금'(요 12:31)이라고 불렸다. 다니엘 4:17은 "지극히 높으신 이가 사람의 나라를 다스리시며 자기의 뜻대로 그것을 누구에게든지 주시며"라고 말한다. 아울러 시편 33:10-11

은 이렇게 말한다. "여호와께서 나라들의 계획을 폐하시며 민족들의 사상을 무효하게 하시도다. 여호와의 계획은 영원히 서고 그의 생각은 대대에 이르리로다." 그렇다. 사탄은 종속적인 의미에서 '이 세상의 임금'이다. 하나님은 사탄에게 이 세상에 죄와 불행을 주입시킬 수 있는 권한을 허용하셨다. 사탄은 이 세상의 막강한 통치자이기는 하지만 궁극적인 통치자는 아니다. 결국은 하나님이 그를 손아귀에 쥐고 계시다.

2. 사악한 영들이 거짓과 살인을 일삼으며 천하를 돌아다니고 있지만 예수님은 그들을 다스릴 수 있는 모든 권한을 갖고 계시다. 마가복음 1:27을 읽어 보라. "더러운 귀신들에게 명한즉 순종하는도다." 예수님이 귀신에게 명령하시면 귀신은 순종해야 한다. 다만 명령의 차이점에 대한 의문이 떠오른다. 십계명에 기록된 하나님의 명령과 예수님이 귀신에게 하신 명령, 그리고 우주를 존재하게 만든 창조의 명령 간의 차이점은 무엇인가? 두말할 나위 없이 하나님의 십계명은 그분의 절대적 권위의 행사를 의미한다. 그분이 지은 모든 피조물은 사탄까지도 그분의 명령에 복종해야 한다.

그럼에도 불구하고 사탄은 그 십계명을 날마다 어기고 있다. 마가복음 1:27에서 "더러운 귀신들에게 명한즉 순종하는도다"라고 했던 예수님의 명령은 십계명의 명령과는 그 성격이 다른 것이다. 예수님의 명령은 절대적인 동시에 유효 명령이었다. 그러한 명령은 말하는 대로 반드시 이루어져야 한다. 하나님은 얼마든지 사탄에게 원하는 바를 명령하실 수 있다.

그런 권위는 십계명처럼 문서화된 법을 통해 하나님이 행사하는 권위와는 다른 것이다. 즉, 그런 권위는 사탄에 대한 전권을 행사하는 것이다. 예수님은 언제든 사탄의 뜻과 의지를 제어할 수 있다. 뒤집어 말하면 마귀들은 예수님의 직접적인 명령을 받지 않은 상태에서는 얼마든지 끔찍한 짓을 저지를 수 있다. 예수님이 직접 명령을 내리지 않고 그들이 원하는 대로 하도록 허용했다면 분명 그 나름의 이유가 있을 것이다.

3. 사탄은 잡아먹을 대상을 찾아 여기저기를 어슬렁거리는 사자와 같다. "너희는 믿음을 굳건하게 하여 그를 대적하라. 이는 세상에 있는 너희 형제들도 동일한 고난을 당하는 줄을 앎이라"(벧전 5:8-9). 여기서 '고난'은 사탄이 성도들을 삼키려고 달려드는 모습이라 할 수 있다. 하지만 베드로는 베드로전서 3:17에서 이렇게 충고한다. "선을 행함으로 고난받는 것이 하나님의 뜻일진대 악을 행함으로 고난을 받는 것보다 나으니라." 하나님의 뜻이라면… 우리가 고난을 받아야 하는지(사자의 이빨에 다리와 목을 물어 뜯겨야 하는지) 아니면 고난을 받지 않아도 되는지는 결국 하나님이 결정하기 나름이라는 얘기다. 하나님이 원하시면 우리는 고난을 받게 될 것이고, 원치 않으시면 고난을 받지 않게 될 것이다. 하나님이 원하시면 사탄은 고난을 주라는 허락을 받게 될 것이고, 하나님이 원치 않으시면 허락을 받지 못할 것이다. 사자의 입은 오직 하나님의 뜻에 의해서만 벌어지거나 닫힐 것이다. 사탄이 아니라 하나님이 최종 결정권을 갖고 계시기 때문이다.

4. 예수님은 사탄이 처음부터 살인자였다고 말씀하셨다(요 8:44). 그렇다면 사탄은 생사에 대한 권한을 창조주에게서 빼앗아갔단 말인가? 아니다. 신명기 32:39을 읽어 보라. "이제는 나 곧 내가 그인 줄 알라. 나 외에는 신이 없도다. 나는 죽이기도 하며 살리기도 하며 상하게도 하며 낫게도 하나니 내 손에서 능히 빼앗을 자가 없도다." 생사에 대한 최종 권한은 하나님만이 쥐고 계시다.

야고보서 4:15에서도 같은 이야기를 하고 있다. "너희가 도리어 말하기를 주의 뜻이면 우리가 살기도 하고 이것이나 저것을 하리라 할 것이거늘." 야고보는 결코 '사탄의 뜻이면' 우리가 살 것이라고 말하지 않았다. '주의 뜻이면 우리가 살기도 하고'라고 말했다. 생명은 하나님이 주시고 하나님이 취하시는 것이다. 그렇기 때문에 여호와의 이름을 찬양해야 한다(욥 1:21). 사탄은 살인자다. 그러나 누구를 살인할 것인가의 문제에 있어 생명을 주신 하나님은 절대 방관자가 아니다. 누가 살고 누가 죽을지에 대해 하나님은 최종 결정권을 갖고 계시다. 사탄은 절대적인 존재가 아니다. 하나님만이 절대적인 분이시다.

5. 사탄이 욥을 불행에 몰아넣고 그가 하나님을 존귀하게 여기지 않음을 증명하려고 했을 때, 사탄은 먼저 하나님의 허락을 받고 그 후에 욥의 재산과 가족과 그의 몸을 상하게 할 수 있었다. 욥기 1:12에 보면 하나님은 사탄에게 "내가 그의 소유물을 다 네 손에 맡기노라. 다만 그의 몸에는 네 손을 대지 말지니라"고 말씀하셨다. 다시 말해 "너에게 욥을 해칠 수 있는 권한은 허용하지만 내가 정

한 선을 넘어가면 안 된다"는 말씀이었다.

  욥기 2:6에서 하나님은 사탄에게 또다시 선을 넘지 말라고 말씀하신다. "여호와께서 사탄에게 이르시되 내가 그를 네 손에 맡기노라. 다만 그의 생명은 해하지 말지니라." 그러나 욥의 이야기가 종결되고 그동안 일어났던 모든 일을 기록한 욥기의 저자는 그 뒤에 사탄에 대해서는 일언반구도 하지 않는다. 그는 사탄이 일으킨 불행 속에서 오직 하나님의 전능한 손만을 보았을 뿐이다. "이에 그의 모든 형제와 자매와 이전에 알던 이들이 다 와서 그의 집에서 그와 함께 음식을 먹고 여호와께서 그에게 내리신 모든 재앙에 관하여 그를 위하여 슬퍼하며 위로하고"(욥 42:11). 사탄으로 인해 온갖 고난을 겪었던 욥이지만 결코 그것이 다가 아니었다. 그렇기 때문에 욥기의 저자는 사탄의 존재를 무시해 버리고 하나님이 그 모든 일을 최종적으로 결정하셨다고 말하는 것이다. 사탄은 최종 결정권자가 아니다. 하나님만이 최종 결정권자다.

  6. 사탄은 유혹의 천재다. 그는 우리가 죄를 짓기를 바란다. 누가는 베드로가 예수님을 부인한 배후에 사탄이 개입되어 있다고 말한다. 사탄이 베드로를 유혹해서 예수님을 부인하게 만들었다는 것이다. 하지만 하나님의 허락이 없었다면 과연 사탄이 그 일을 할 수 있었을까? 누가복음 22:31-32에서 예수님이 베드로에게 하신 말씀을 읽어 보라. 욥기에 나오는 사탄과 하나님의 대화가 생각나지 않는가? "시몬아, 시몬아. 보라, 사탄이 너희를 밀 까부르듯 하려고 요구하였으나 그러나 내가 너를 위하여 네 믿음이 떨어지지

않기를 기도하였노니 너는 돌이킨 후에 네 형제를 굳게 하라."

사탄은 하나님의 허락 없이 함부로 베드로를 유혹할 수 없었다. 또한 하나님은 허락을 하실 때에도 욥의 경우처럼 명확한 선을 그으셨다. "너는 베드로를 해치면 안 된다. 베드로가 오늘 밤만 걸려 넘어지도록 하라." 그래서 예수님이 "너는 돌이킨 후에 네 형제를 굳게 하라"고 말씀하신 것이다. 예수님은 '만일 네가 돌이키게 되면'이라는 가정법을 사용하지 않으셨다. 사탄이 아니라 예수님이 한 수 위에 계시다. 사탄은 오직 허용된 범위 내에서만 인간을 해칠 수 있다.

7. 고린도후서 4:4에서 바울은 "이 세상의 신이 믿지 아니하는 자들의 마음을 혼미하게 하여"라고 말했다. 그렇다면 사람들의 마음을 혼미하게 하는 이 세상의 신이 과연 최고 권세자란 말인가? 하나님이 그 권세를 대적하고 무력화할 수 있으신가? 물론 할 수 있으시다. 두 구절 뒤에서 바울은 그 이유를 설명한다. "어두운 데에 빛이 비치라 말씀하셨던 그 하나님께서 예수 그리스도의 얼굴에 있는 하나님의 영광을 아는 빛을 우리 마음에 비추셨느니라." 다른 말로 하면 사탄이 혼미하게 했기 때문에 하나님이 "빛이 비치라"고 하시면서 그분의 빛을 우리에게 비춰 주셨다는 뜻이다.

하나님은 사탄의 모든 움직임을 포착하신다

그럼 사탄의 죄가 어떻게 시작되었는지 처음 질문으로 돌아가

보자. 이 세상의 마귀들을 좌지우지하는 하나님이 자신이 창조한 천사들은 어찌할 수 없었단 말인가? "더러운 귀신들에게 명한즉 순종하는도다." 하나님 이외에 다른 신이 있어서 천사들에 대한 통솔력을 제한했단 말인가? 내가 결론적으로 말할 수 있는 것은 성경을 처음부터 끝까지 아무리 읽어 보아도 하나님이 사탄과 마귀들을 지배하신다는 말밖에 없다는 사실이다. 하나님은 자신이 원한다면 언제든지 그들의 권한과 세력을 통제할 수 있으시다. 한마디로 그들은 주님의 손아귀에 잡혀 있는 것이다. 하나님이 악한 영들에게 명령을 내리시면 그들은 순종해야 한다. 성경을 읽어 보면 그 외에 다른 결론은 내릴 수가 없다.

따라서 나는 하나님이 천사들의 타락을 허락은 하셨지만 그것을 제지할 능력이 없어서가 아니라 무언가 목적이 있어서 그렇게 하셨다는 결론에 도달했다. 하나님은 절대 무심코 일하시는 분이 아니기에 그분이 허락을 하셨다면 분명한 목적이 있어서일 것이다. 하나님이 무엇을 하도록 허락하셨다면 거기에는 항상 그럴 만한 이유가 있다. 무한하게 지혜로운 분이시니 그 이유 또한 지혜로울 것이다.

어떻게 해서 사탄이 마음속에 죄를 품게 되었는지는 알 수 없다. 성경은 그것까지 말하지 않는다. 다만 우리가 아는 것은 하나님이 사탄을 지배하신다는 사실과 사탄이 하나님의 허락 없이는 마음대로 행동할 수 없다는 사실이다. 그러므로 사탄의 움직임 하나하나는 하나님의 전체적인 계획과 목적의 일부이며, 하나님은 결코 죄를 짓지 않으신다는 대전제와도 어긋나지 않는다. 하나님은 무한히 거룩하시고 무한히 강력한 분이다. 사탄은 악하지만 하나님의 통치와 무한한 지혜 아래에서만 움직일 뿐이다.

왜 사탄을 제거하지 않으시는가?

하나님은 왜 사탄을 간단히 제거해 버리지 않으시는가? 분명히 그렇게 할 만한 권한과 능력이 있지 않으신가? 요한계시록 20:10에 보면 언젠가는 하나님이 그들을 제거하실 것이라고 나와 있다. "또 그들을 미혹하는 마귀가 불과 유황 못에 던져지니 거기는 그 짐승과 거짓 선지자도 있어 세세토록 밤낮 괴로움을 받으리라." 왜 하나님은 천사들이 타락했던 그다음 날 그들을 불과 유황 못에 던져 버리지 않으셨을까? 왜 그들이 수세기 동안 인간 세상에서 날뛰며 죄를 짓도록 하셨을까?

사탄은 하나님을 거역한 그 순간에 불 못에 던져져야 마땅했다. 영원히 존귀하신 분을 대적하는 것은 영원히 용서받을 수 없는 극악무도한 죄였다. 죄를 짓는 그 순간에 사탄은 불 못에 떨어졌어야 했다. 하나님을 대적한 뒤 정해진 죄악의 숫자를 채워야만 불 못에 들어가는 것도 아니고, 천 년의 범죄 기간을 채워야 불 못에 들어가는 것도 아니다. 하나님은 그가 죄를 짓는 순간 즉시 그를 제거해 버릴 수 있는 권한과 능력을 갖고 계셨다. 따라서 하나님이 그렇게 하지 않으셨다는 것은 뭔가 그럴 만한 이유가 있다는 점을 시사한다. 대체 그 이유가 무엇일까?

그리스도의 영광을 충만하게 드러내기 위해

앞 장에서 보았듯이 만물은 예수님에 의해 창조되었고 예수님을 위해 창조되었다(골 1:16). 만일 사탄을 창조해서 그가 반역하도록 허용을 한다면 그 뒤에 어떤 일이 일어날지를 하나님은 미리 알고 계셨다. 그래도 하나님이 그를 창조하기로 결정하신 것은 그 모든 죄악까지 하나님의 계획, 즉 만물을 위한 그분의 계획에 포함시키려는 것이었다. 하나님이 이 세상 만물을 창조하신 목적은 그분의 아들을 영화롭게 하기 위해서였다. 사탄과 그의 추종자들을 포함해서 모든 만물은 바로 그런 목적으로 창조되었다. 하나님은 만물이 어떻게 될지를 미리 알고서 창조하셨고 그것을 바탕으로 천사들(후에 타락해서 사탄과 마귀가 된 자들)까지 창조하셨다. 말하자면 이 세상에서 사탄이 하는 악한 행위들은 하나님의 위대한 목적이 성취되는 과정의 일부인 셈이다.

사탄의 타락, 그리고 그가 지금도 살아서 활동하는 것은 결과적으로 예수 그리스도의 영광을 위해서다. 하나님의 아들 예수님은 마지막 날에 더 큰 사랑과 감사와 경배를 받게 될 것이다. 마침내 사탄을 심판하는 것이기 때문이다. 그가 범죄한 즉시 처벌하신 게 아니라 수천 년 동안 고통과 인내와 겸손과 고난의 시기를 지나 최종적으로 그를 심판하시기 때문에, 주님을 향한 감사와 사랑은 더욱 깊어질 수밖에 없다. 사탄이 타락하자마자 즉시 주님의 권능이 발휘되었다 해도 그분의 능력과 의로움은 영광스럽게 드러났을 것이다. 그러나 하나님 아버지와 그 아들 예수 그리스도의 영광이 온전히 충만한 데까지 드러나지는 못했을 것이다. 무한한 지혜로우신 하나님은 사탄이 타락하여 수천 년간 죄를 범하도록 허용하여 아버지와 아들의 영광이 더 온전하게 빛나도록 계획하셨다.

예수님이 십자가 위에서 희생 제물이 됨으로써 사탄을 이기고 승리하셨을 때 예수님의 영광은 최고조에 이르렀다(골 2:15). 주님은 돌아가시기 전에 이런 말씀을 하셨다. "지금 인자가 영광을 받았고 하나님도 인자로 말미암아 영광을 받으셨도다"(요 13:31). 사도 요한은 예수님의 십자가 죽음이야말로 그분의 지혜와 권능이 가장 영광스럽게 드러난 사건이라고 말했다. "우리는 십자가에 못박힌 그리스도를 전하니…그리스도는 하나님의 능력이요 하나님의 지혜니라"(고전 1:23-24).

바울의 가시에 대해 예수님은 바울에게 이렇게 말씀하셨다. "내 능력이 약한 데서 온전하여짐이라"(고후 12:9). 사탄과 그로 인한 모든 고통은 결국 예수 그리스도의 능력과 지혜와 사랑과 은혜와 자비와 인내와 분노를 극대화하는 역할을 하게 된다. 예수님이 십자가 위에서 사탄을 패배시키지 않으셨다면 우리는 결코 그분의 영광을 온전하게 알지 못했을 것이다.

어떻게 악에 대처해야 할까?

이제 매우 현실적인 질문으로 이 장을 마치고자 한다. 우리는 과연 어떻게 악에 대처해야 하는가? 사탄으로 말미암은 악에 대해 어떻게 생각하고 느끼고 행동해야 할까? 투견에 물려 목숨을 잃은 어린 소년, 동료를 구하려다 숨진 세 명의 용감한 광부들, 페루의 지진으로 사망한 5백 명의 시민들…. 내가 이 책의 내용을 설교하던 주간에도 뉴스를 통해 그런 가슴 아픈 사건 사고 소식이 전해졌다. 그 외에도 우리가 살면서 당하는 역경과 고통이 얼마나 많은가? 이러한 질문에 요약하여 대답하자면 다음과 같다.

악과 관련해서 우리가 해야 할 여덟 가지

1. 악의 존재를 염두에 두라. "너희를 연단하려고 오는 불 시험을 이상한 일 당하는 것같이 이상히 여기지 말고"(벧전 4:12).

2. 악으로 인한 고난을 참고 견디라. "모든 것을 참으며 모든 것을 믿으며 모든 것을 바라며 모든 것을 견디느니라"(참고. 고전 13:7; 막 13:13).

3. 악의 존재가 당신을 정결하게 만든다는 것에 감사하라. "범사에 우리 주 예수 그리스도의 이름으로 항상 아버지 하나님께 감사하며"(참고. 엡 5:20; 살전 5:18). "우리가 환난 중에도 즐거워하나니 이는 환난은 인내를…"(롬 5:3-5).

4. 악을 미워하라. "사랑에는 거짓이 없나니 악을 미워하고 선

에 속하라"(롬 12:9).

5. 악에서 피할 수 있게 해 달라고 기도하라. "우리를 시험에 들게 하지 마시옵고 다만 악에서 구하시옵소서"(마 6:13).

6. 악을 폭로하라. "너희는 열매 없는 어둠의 일에 참여하지 말고 도리어 책망하라"(엡 5:11).

7. 악을 선으로 이기라. "악에게 지지 말고 선으로 악을 이기라"(롬 12:21).

8. 악을 대적하라. "마귀를 대적하라. 그리하면 너희를 피하리라"(약 4:7).

악과 관련해서 우리가 하지 말아야 할 네 가지

1. 이 악한 세상이 하나님의 다스림에서 벗어났다는 식으로 절망하지 말라. "모든 일을 그의 뜻의 결정대로 일하시는 이의 계획을 따라"(엡 1:11).

2. 악이 판치는 듯 보인다고 해서 인생이 부당하거나 의미 없다는 식으로 자포자기하지 말라. "깊도다. 하나님의 지혜와 지식의 풍성함이여!… 이는 만물이 주에게서 나오고 주로 말미암고 주에게로 돌아감이라. 그에게 영광이 세세에 있을지어다"(롬 11:33, 36).

3. 하나님이 이 세상을 불공평하고 불의하게 다스리신다는 생각은 절대로 하지 말라. "여호와께서는 그 모든 행위에 의로우시며"(시 145:17).

4. 하나님이 그리스도 안에서 당신을 전적으로 위하며 사랑한

다는 사실을 절대로 의심하지 말라. 우리가 예수님을 믿으면 우리는 영원히 예수님 안에 거하는 것이다. 아무리 악이 기승을 부려도, 심지어 당신의 목숨을 앗아 가도, 그것이 하나님이 당신을 사랑하고 정결하게 하고 구원하고 훈육하는 것임을 절대로 의심하지 말라. 그것은 하나님이 진노해서 당신을 벌하시는 증거가 아니다. 하나님의 진노는 우리를 대신해서 예수 그리스도가 받아 주셨다(갈 3:13; 롬 8:3). 예수님을 믿어 하나님의 자녀가 된 사람은 진노가 아니라 그분의 자비만 받게 된다. "주께서 그 사랑하시는 자를 징계하시고 그가 받아들이시는 아들마다 채찍질하심이라"(히 12:6).

우리가 사탄의 유혹을 뿌리치고 예수 그리스도의 승리로 드러난 하나님의 지혜와 선함과 능력을 신뢰한다면, 이로써 사탄을 조금 더 살게 놔두시는 하나님의 목적은 성취되는 것이고 영원 무궁히 존귀하신 예수님이 영화롭게 되는 것이다. 나는 당신에게 하나님을 신뢰하라고, 그리고 한 번의 위대한 희생으로 사탄을 박살내고 당신을 구원한 그분의 사랑에 감사와 경의를 표하라고 권하고 싶다.

4장

아담의 불순종을 이긴 예수님의 순종

> "그러나 아담으로부터 모세까지 아담의 범죄와 같은 죄를 짓지 아니한 자들까지도 사망이 왕 노릇 하였나니 아담은 오실 자의 모형이라"(롬 5:14).
>
> "한 사람의 범죄로 말미암아 사망이 그 한 사람을 통하여 왕 노릇 하였은즉 더욱 은혜와 의의 선물을 넘치게 받는 자들은 한 분 예수 그리스도를 통하여 생명 안에서 왕 노릇 하리로다"(롬 5:17).

이 책을 쓴 목적 가운데 하나는 온 우주에서 예수 그리스도만이 가장 중요한 분이라는 사실을 독자들의 뇌리에 각인시키기 위해서다. 물론 예수님이 하나님 아버지나 성령님보다 더 중요하다는 (혹은 덜 중요하다는) 이야기가 아니다. 예수님은 아름다움, 지혜, 의로움, 사랑, 능력 면에서 그분들과 동등하다. 그러나 이 세상의 모든 피조물(천사나 마귀나 왕이나 권세자나 과학자나 예술가나 철학자나 운동선수나 음악가나 배우)보다 훨씬 귀하고 중요한 분이다. 지금까지 세상에 살았던 존재들, 현재 세상에 살고 있는 존재들, 앞으로 세상에 살아갈 존재들 중에서 예수 그리스도는 단연 최고의 분이다.

악을 포함한 만물이 그리스도를 위해 존재하다

　무한하게 거룩하고 완벽하게 지혜로운 하나님은 세상의 모든 것, 악을 포함한 모든 만물이 예수님의 영광을 더욱 밝게 빛내도록 정하셨다. 이 책을 쓴 목적도 그 사실도 보여 주고 싶어서다. '정하셨다'는 표현이 특이하다는 것을 나도 안다. 그러나 의미를 좀더 명확하게 하고 싶어서 일부러 그 단어를 선택했다. 나는 하나님과 악의 관계에 대해 애매모호하게 이야기하고 싶지 않다. 다만 성경이 말하는 바에 대해서는 신중하게 전달하고 싶다. '정하셨다'는 의미는 하나님이 어떤 지혜로운 목적을 위해 무언가를 직접적으로 발생하게 하시거나 허락하셨다는 뜻이다. 허락했다는 것은 간접적으로 그것을 발생시켰다는 의미이기도 하다. 사실 하나님은 모든 일을 알고 계시며 그 영향이 어떠할지, 그 결과를 어떻게 하면 막을 수 있는지 알고 계시다. 하나님의 허락은, 말하자면 직접적인 발생이 아니라 일종의 부차적인 발생이라고 할 수 있다.[1] 두 가지를 구별하는 이유는 하나님이 특정 사건에 어떻게 개입되어 있는지를 설명하는 성경의 다양한 방법에 맞추기 위해서다.
　성경에는 하나님이 어떤 사건을 발생시키고 또한 허용하신다는 두 가지 측면이 다 기록되어 있다. 예를 들면 마가복음 5:12-13에서 귀신들은 돼지들에게 들어가게 해 달라고 애걸했고 예수님은 그것을 허락하셨다. 고린도전서 16:7에서 바울은 "만일 주께서 허락하시면 얼마 동안 너희와 함께 머물기를 바람이라"고 말했다. 히브리서 6:1-3에 보면 성도들에게 "그리스도의 도의 초보를 버리고…완전한 데로 나아갈지니라"고 권면한 뒤에 "하나님께서 허락하시면 우리가 이것을 하리라"고 말했다.

성경에는 하나님이 악과 관련된 사건에 직접적으로 개입하시는 모습이 기록되어 있다. 그 한 예가 요셉의 형제들이 요셉을 노예로 팔아 버린 일이다. 그 같은 악행으로 요셉은 애굽으로 가게 되었고 나중에 높은 직위에 올라 자신을 미워했던 형제들을 구하게 된다. 자, 요셉이 한 말을 들어 보라. "하나님이 큰 구원으로 당신들의 생명을 보존하고 당신들의 후손을 세상에 두시려고 나를 당신들보다 먼저 보내셨나니"(창 45:7).

출애굽기에도 하나님이 바로 왕의 마음을 완악하게 하시고 애굽인들이 이스라엘 백성을 미워하게 만들었다는 내용이 등장한다. "내가 그의 마음을 완악하게 한즉 그가 백성을 보내 주지 아니하리니"(출 4:21). "그 대적들의 마음이 변하게 하여 그의 백성을 미워하게 하시며 그의 종들에게 교활하게 행하게 하셨도다"(시 105:25).

성경에는 하나님이 재앙(영적이든 육적이든)을 보내셨다는 말이 여러 군데 나온다. "내가 기근과 사나운 짐승을 너희에게 보내 외롭게 하고"(겔 5:17). "내가 기근을 땅에 보내리니 양식이 없어 주림이 아니며 물이 없어 갈함이 아니요 여호와의 말씀을 듣지 못한 기갈이라"(암 8:11).

무한하게 거룩하고 완벽하게 지혜로운 하나님이 악을 포함한 세상의 모든 것을 예수님의 영광을 더욱 드러내기 위해 존재하게 하셨다는 말은, 결국 어느 쪽으로든 모든 것이 하나님의 아들을 영화롭게 하도록 만든다는 뜻이다. 하나님이 원인을 제공했든 그냥 허락을 했든 목적이 있어서 그렇게 하시는 것이다. 무한하게 지혜롭고 모든 것을 아시는 하나님이기에 원인 제공이든 허락이든 분명한 목적을 갖고 계시다. 그것들은 모두가 하나님이 완성하고자 하시는 큰 그림의 일부인 것이다.

정해진 목적을 위해 악이 존재하다

성경은 하나님의 지혜로운 목적을 위해 악이 존재한다고 명백하게 말하고 있다. 그 한 예로써 잠언 16:4은 이렇게 말한다. "여호와께서 온갖 것을 그 쓰임에 적당하게 지으셨나니 악인도 악한 날에 적당하게 하셨느니라." 그렇다고 해서 악한 자가 져야 할 책임이 없어지는 것도 아니고 하나님의 완전무결함에 흠이 가는 것도 아니다. 우리로서는 이해할 수 없는 수수께끼 같은 일이다. 어떻게 그런 일이 가능한지 설명할 수 없기에 우리는 그저 겸허하게 그 사실을 받아들인다. 우리로서는 그렇다는 사실만 알 뿐이다. 성경에서 명백하게 밝히지 않은 것을 함부로 추정하거나 결론내리면 안 된다. 그렇게 하면 하나님의 말씀이 무가치해진다.

앞서 2장에서 만물이 그리스도로 말미암아 그리스도를 위해 창조되었다고 이야기했다(골 1:16). 그 만물 중에는 예수님의 십자가 위에서 패배한 "왕권들이나 주권들이나 통치자들이나 권세들"이 모두 속한다는 사실도 밝혔다. 바꿔 말하면 잠언 16:4이 말하는 '악한 날'을 위해 그들이 창조되었다는 것이다. 하나님이 그들을 창조하셨을 때부터 그들이 어떻게 될지 알고 계셨고, 그들의 악행마저 계산에 넣고 인류 구원의 큰 틀을 마련하기로 작정하셨다. 예수님이 돌아가시고 악이 패배했던 성 금요일에 예수님의 능력과 공의와 진노와 사랑이 만천하에 드러났다. 머지않아 예수님을 향한 모든 반역은 패망할 뿐 아니라 오히려 예수님을 영화롭게 하는 역할을 하게 될 것이다.

거기 계시는 하나님

기독교가 신에 의해서든 인간에 의해서든 인간의 정신적 행복을 위해 만들어진 이념이나 의식, 감정이 아니라는 사실을 확고히 하는 것도 이 책을 쓴 목적 중 하나다. 기독교는 결코 그런 것이 아니다. 기독교는 인간이 아닌 하나님이라는 존재가 하나의 객관적인 실체로 존재한다는 것에서 출발한다. 인간이 하나님이라는 존재를 상상하고 생각해서 만들어 낸 것이 아니다. 프랜시스 쉐퍼(Francis Schaeffer)는 하나님을 '거기 계시는 하나님'이라고 묘사했다. 우리가 하나님을 만들어 내는 게 아니라 하나님이 우리를 만드신다. 하나님이 어떤 분이어야 하는지는 우리가 결정하는 게 아니다.

그분이 우리가 어떠해야 하는지를 결정하신다. 하나님이 우주 만물을 창조하셨고 그것에 의미를 부여하신 것이지 우리가 의미를 부여하는 게 아니다. 만일 하나님과 상관없이 다른 의미를 부여한다면 우리는 어리석은 바보이며 결국 비극적인 최후를 맞게 될 것이다.

기독교는 게임도 아니고 정신 요법도 아니다. 기독교의 모든 교리는 하나님이라는 존재와 그분이 인류 역사 속에서 행하신 일들에서 비롯된다. 기독교 교리는 엄연한 사실들을 말해 주는 것이다. 기독교는 객관적 사실 그 이상의 것이지 그 이하의 것이 아니다. 기독교에는 믿음과 소망과 사랑이 있다. 하지만 그것은 그저 허공에 떠다니는 개념이 아니다. 하나님의 진리라는 반석 위에서 거대한 삼나무가 자라듯 그렇게 자라난다.

내가 그 점을 이 책의 목적 중 하나로 삼은 이유는, 그러한 진리를 우리 믿음의 심장부에 아로새길 때에만 우리가 영원히 거룩할 수 있고 기뻐할 수 있다고 믿기 때문이다. 부실한 세계관은 부실한 그리스도인을 만든다. 그리고 부실한 그리스도인은 앞으로 다가올 고난 가운데 살아남지 못한다. 기독교를 하나의 정신 치료법인 양 취급하는 근거 없는 감상주의는 마지막 때에 모조리 쓸려 나갈 것이다. 끝까지 굳건하게 살아남는 자는 자신의 집을 반석 위에 지은 자들, 예수 그리스도가 모든 것의 근원이고 중심이고 목표라는 객관적 진리 위에 집을 지은 자들이다.

아담의 죄 안에 예수 그리스도의 영광이 계획되어 있다

이번 장의 초점은 인류 최초의 인간이었던 아담의 가공할 만한 죄악이다. 그리고 아담의 죄가 예수 그리스도의 더욱 놀라운 반격에 어떤 식으로 발판을 마련해 놓는가이다. 먼저 로마서 5:12-21을 읽어 보자.[2]

아담의 죄로 인한 인류의 타락을 허용한 하나님의 주된 목적은 예수 그리스도를 영화롭게 하기 위함이었다. 하나님의 허용에 대해 앞서 논의했던 내용을 상기해 보라. 무엇이든 하나님이 허용을 하신다면 그것은 하나님 나름의 이유가 있기 때문이다. 그리고 그 이유는 언제나 무한하게 지혜롭고 숭고한 목적을 갖고 있다. 사실 하나님은 사탄과 아담의 타락을 허락하지 않을 수도 있었다. 얼마든지 막을 수 있는 분이었다.

그러나 그들의 타락을 막지 않으신 걸 보면 분명 나름의 이유와 목적이 있었을 것이다. 하나님은 일이 진행되는 것을 봐 가면서 계획을 세우는 분이 아니다. 하나님이 지혜롭다는 말은 언제나 영원히 지혜롭다는 말이다. 그러므로 아담의 죄와 인류의 타락은 하나님이 부지불식간에 당한 불행이 결코 아니다. 예수 그리스도의 영광을 충만하게 드러내려는 하나님의 원대한 목적 속에 모두가 포함되어 있는 것이다.

성경에 그 사실을 분명하게 보여 주는 대목이 있는데, 예수님의 십자가 희생이 창세 전부터 하나님의 생각 속에 있었다는 내용의 구절들이다.

예를 들면 요한계시록 13:8에서 요한은 이렇게 이야기하고 있다. "죽임을 당한 어린양의 생명책에 창세 이후로 이름이 기록되지 못하고 이 땅에 사는 자들은 다 그 짐승에게 경배하리라." 그러니까 창세 전부터 "죽임을 당한 어린양의 생명책"이 있었다는 이야기다. 세상을 창조하기 전부터 하나님은 이미 자신의 아들이 양처럼 죽임당하는 것을 통해 그 책에 기록된 모든 사람을 구원할 계획을 세우고 계셨다.

디모데후서 1:9의 말씀도 숙고해 보라. "하나님이 우리를 구원하사 거룩하신 소명으로 부르심은 우리의 행위대로 하심이 아니요 오직 자기의 뜻과 영원 전부터 그리스도 예수 안에서 우리에게 주신 은혜대로 하심이라." 구원의 은혜는 영원 전부터 우리에게 주어졌다. 즉, 구원이 필요한 인간의 죄가 하나도 없을 때부터 그런 은혜가 우리에게 주어졌다는 말이다. 은혜는 인간의 죄가 존재하기 이전부터 계획된 것이다. 그 말은 곧 은혜를 통해 인간을 구원하려는 하나님의 계획이 인간의 범죄 이후에 나온 대응책이 아니라는 뜻이다. 구원의 은혜가 미리 계획되었기에 죄는 필연적이었다. 하나님은 이 세상에서 죄를 발견할 수 없었던 그때에 죄를 용서할 해결책을 만드셨다. 세상이 생겨나기도 전에 계획을 세우셨고 그 계획은 예수 그리스도의 죽음으로 죄를 정복하는 은혜의 영광을 위해서였다.

에베소서 1:4-6을 보면 그 사실은 더욱 분명해진다. "곧 창세

전에 그리스도 안에서 우리를 택하사 우리로 사랑 안에서 그 앞에 거룩하고 흠이 없게 하시려고 그 기쁘신 뜻대로 우리를 예정하사 예수 그리스도로 말미암아 자기의 아들들이 되게 하셨으니 이는 그가 사랑하시는 자 안에서 우리에게 거저 주시는 바 그의 은혜의 영광을 찬송하게 하려는 것이라." 하나님이 우리 죄인들을 자녀 삼기로 예정하신 목적은 무엇인가? 그분의 은혜의 영광을 찬송하게 하려는 것이다. 창세 전에 계획을 세우셨던 것은 바로 그런 이유에서였다. 하나님 계획의 궁극적인 목표는 그 은혜의 영광을 가능한 극대화해서 최고의 찬송을 받으시려는 것이다. 그 영광의 절정은 바로 예수님의 죽음이었다. 그렇기 때문에 예수님이 죄인을 위해 죽으셨다는 복음을 "그리스도의 영광의 복음의 광채"라고 말하는 것이며 "그리스도는 하나님의 형상이니라"(고후 4:4)고 하는 것이다.

그러므로 예수님의 고난과 죽음은 아담이 실제로 죄를 범한 이후에 계획된 것이 아니라 그 전에 계획되었다는 것이 성경적 관점이다. 아담이 죄를 지었을 때 하나님은 놀라지 않으셨다. 이미 그것은 하나님 계획의 일부로 계산되어 있었다. 그 계획이란, 구속의 역사를 통해 하나님의 인내와 은혜와 공의와 진노를 드러내시고 그 후에는 점진적으로 하나님 아들의 위대함을 드러내셔서, 두 번째 아담인 예수님이 첫 번째 아담보다 모든 면에서 월등하다는 사실을 증명하는 것이었다.

그럼, 아담의 죄가 하나님의 계획을 좌절시킨 것이 아니라 오히려 그 계획을 성취시켰다는 점을 기억하면서 로마서 5:12-21을 살펴보도록 하자. 자, 여기서 우리가 주목할 점은 다음과 같다. 먼저 이 구절에는 예수 그리스도가 다섯 차례 언급되어 있다. 그중의 하나는 사도 바울이 그리스도와 아담을 어떻게 연관지어 생각하는지를 말해 준다. 그리고 나머지 네 차례는 그리스도가 왜 아담보다 위대한지를 말해 준다. 그 네 차례 중 두 번은 내용이 매우 비슷하기 때문에 하나로 묶어서, 그리스도의 우월성에 대한 총 세 가지 측면을 살펴보기로 하겠다.

오실 자, 예수

14절에서 그리스도가 어떻게 묘사되었는지를 유심히 읽어 보라. 먼저 12-13절은 그 상황을 설정해 주고 있다. "그러므로 한 사람으로 말미암아 죄가 세상에 들어오고 죄로 말미암아 사망이 들어왔나니 이와 같이 모든 사람이 죄를 지었으므로 사망이 모든 사람에게 이르렀느니라. 죄가 율법이 있기 전에도 세상에 있었으나 율법이 없었을 때에는 죄를 죄로 여기지 아니하였느니라. 그러나 아담으로부터 모세까지 아담의 범죄와 같은 죄를 짓지 아니한 자들까지도 사망이 왕노릇 하였나니 아담은 오실 자의 모형이라." 14절에서는 그리스도를 '오실 자'라고 말한다.

이 구절은 나머지 구절에서 바울이 왜 그런 생각을 했는지 설명해 준다. 먼저 가장 눈에 띄는 대목부터 살펴보자. 그리스도는 '오실 자'였다. 태초부터 그리스도는 '오실 자'였다. 그리스도가 하나의 개정안이 아니었음을 바울은 보여 주는 것이다. 바울은 그리스도가 아담의 복사판으로 고안된 분이라고 하지 않았다. 아담이 그리스도의 모형이었다고 말했다. 하나님의 아들을 영화롭게 하려는 계획에 들어맞는 모형으로써 아담을 대하셨던 것이다. 모형이란 나중에 만드는 실물의 본보기를 말한다. 따라서 실물이 더 좋은 것이다. 하나님은 아담이 그리스도의 모형이 되게끔 아담을 대하고 다루셨다. 그리스도에 대한 계획은 하나님이 아담을 대하기 이전에 생겨났다.

사도 바울이 자신의 생각을 풀어 가는 가운데 어디에서 아담을 그리스도의 모형이라고 하는지 유심히 찾아보라. "그러나 아담으로부터 모세까지 아담의 범죄와 같은 죄를 짓지 아니한 자들까지도 사망이 왕노릇 하였나니 아담은 오실 자의 모형이라"(14절). 아담의 범죄와 같은 죄를 짓지 않은 사람들까지도 아담의 범죄와 같은 처벌을 받을 것이라고 말한 바로 뒤에 아담이 그리스도의 모형이라고 사도 바울은 말했다. 왜 바울은 그 시점에서 아담이 그리스도의 모형이라고 이야기한 걸까?

새로운 인류의 대표자, 예수

그가 이전에 말했던 대목은 그리스도와 아담이 어떤 면에서 비슷하고 어떤 면에서 다른지를 보여 주는 핵심 대목이라고 할 수 있다. 자, 다음의 비교를 참고하라. 아담과 같은 죄를 범하지 않은 사람들도 아담처럼 죽었다. 왜 그런가? 아담과 연결되었기 때문이다. 아담은 인류를 대표하는 사람이었고 그의 죄는 인류의 죄로 간주되었다. 모두가 아담과 연결되었던 까닭이다. 아담이 그리스도의 모형으로 불리는 이유가 바로 그것이다. 우리의 순종은 그리스도의 순종과 같지 않았지만 그럼에도 우리는 그리스도와 함께 영생을 얻었다. 그 이유는 우리가 믿음으로 그리스도와 연결되었기 때문이다(롬 6:5). 예수님은 새로운 인류를 대표하는 분이었고 그분의 의로움은 우리의 의로움으로 간주되었다.

아담을 그리스도의 모형이라고 부르는 유사성은 다음과 같다.

아담→아담의 죄→인류가 아담 안에서 정죄를 받음→영원한 죽음
그리스도→그리스도의 의로움→새 인류가 그분 안에서 의롭게 됨→영생

그 뒤에 이어진 구절에서는 그리스도와 그분의 구속의 역사가 아담과 그의 멸망에 이른 행위보다 얼마나 더 위대한지를 보여 준다. 이번 장의 첫 부분에서 말했던 내용을 상기해 보라. 우리는 여기에서 하나님이 이 세상에 있는 모든 사람의 실상을 공개하는 것을 보게 된다. 인류는 그 말씀에서 한 명도 예외가 될 수 없다. 아담이 모든 사람의 조상이기 때문이다. 그러므로 당신이 만나는 사람들은 누구나 어떤 민족에 속했든지와 상관없이 로마서의 말씀이 적용된다. 아담 안에서는 죽음이요 그리스도 안에서는 생명이다.

이는 인류 전체에 해당하는 말씀이다. 절대로 잊으면 안 된다. 당신이 만나는 사람 한 명 한 명에게 다 해당되는 사항이다. 부실한 세계관은 부실한 그리스도인을 만든다. 그러나 이것은 부실한 세계관이 아니다. 전 인류 역사와 전 세계를 아우르는 말씀이다. 이 세상 모든 사람에게 해당하고 모든 뉴스의 머리기사를 장식할 만한 소식이다.

그리스도의 위대함

그리스도와 그분이 이루신 일이 아담과 그가 한 일보다 얼마나 위대한지를 보여 주는 바울의 세 가지 요점을 정리해 보자. (1) 은혜의 풍성함 (2) 순종의 완벽함 (3) 생명의 왕노릇 함.

은혜의 풍성함

첫 번째로 15절에 나오는 은혜의 풍성함에 대해 살펴보자. "그러나 이 은사는 그 범죄와 같지 아니하니 곧 한 사람의 범죄를 인하여 많은 사람이 죽었은즉 더욱 하나님의 은혜와 또한 한 사람 예수 그리스도의 은혜로 말미암은 선물은 많은 사람에게 넘쳤느니라." 이 말씀의 요점은 하나님의 은혜가 아담의 범죄보다 더 강력하다는 것이다. '더욱'이라는 단어는 그런 의미를 담고 있다. "더욱 하나님의 은혜와…많은 사람에게 넘쳤느니라." 인간의 범죄가 죽음을 불러왔다면 하나님의 은혜는 얼마나 더 강력하겠는가!

하지만 바울은 그 사실을 좀더 구체적으로 이야기한다. 하나님의 은혜는 "한 사람 예수 그리스도의 은혜"라는 것이다. "더욱 하나님의 은혜와 또한 한 사람 예수 그리스도의 은혜로 말미암은 선물은 많은 사람에게 넘쳤느니라." 그것은 두 가지 다른 은혜를 말하는 게 아니다. "한 사람 예수 그리스도의 은혜"는 하나님 은혜의 성육신이다. 사도 바울은 그렇게 이야기한다. 예를 들어 디도서 2:11에 보면 "모든 사람에게 구원을 주시는 하나님의 은혜가 나타나[예수님 안에서]"라고 말한다. 디모데후서 1:9에도 "그리스도 예수 안에서 우리에게 주신 은혜대로 하심이라"고 했다. 따라서 예수님 안에 있는 은혜는 곧 하나님의 은혜인 것이다.

이 은혜는 전능한 은혜다. 은혜는 가는 길에 놓인 모든 것을 점령해 버린다. 뒤에 가서 그 은혜가 우주의 왕의 권능을 갖고 있다는 사실을 보게 될 것이다. 점령하는 은혜…그것은 그리스도가 아담보다 우월하다는 것을 보여 주는 첫 번째 증거다. 한 사람 아담의 범죄가 한 사람 예수 그리스도의 은혜를 만났을 때 아담과 그의 범죄는 패배했다. 그리스도와 그분의 은혜가 이긴 것이다. 이는 그리스도에게 속한 모든 자에게 참으로 기쁜 소식이 아닐 수 없다.

순종의 완벽함

둘째로, 그리스도의 은혜가 아담의 죄와 죽음을 점령한 방법, 즉 그리스도의 순종의 완벽함에 대해 바울은 이야기한다. "한 사람[아담]이 순종하지 아니함으로 많은 사람이 죄인 된 것같이 한 사람

[그리스도]이 순종하심으로 많은 사람이 의인이 되리라"(19절). 한 사람 예수 그리스도의 은혜가 예수님 자신을 죄짓지 않도록 도와주었고 심지어 십자가 위에서 죽기까지 순종하도록 해주었다. 믿음으로 그리스도와 연결된 자들을 위해 하나님 아버지께 흠 없이 완벽하게 순종하셨던 것이다. 그리스도는 완벽하게 성공하셨다. 아담은 죄와 사망의 근원이 되었고 예수 그리스도는 순종과 생명의 근원이 되었다.

그리스도의 모형이었던 아담은 그리스도와 닮은 점이 많다. 두 사람 모두 구인류와 신인류의 대표자다. 하나님은 아담의 잘못을 인류에게 돌렸고 그리스도의 성공 역시 인류에게 돌렸다. 그리스도가 더 우월한 이유는 완벽한 순종으로 성공을 해서가 아니라 그 순종으로 수많은 사람이 의롭게 되었기 때문이다. 당신은 오직 아담에게만 연결된 사람인가? 아니면 그리스도에게도 연결되어 신인류에 속하고 영생을 얻은 사람인가?

생명의 왕노릇 함

셋째로, 바울은 그리스도의 은혜의 풍성함과 순종의 완벽함만이 아니라 그리스도를 통해 생명이 왕노릇 함을 이야기한다. 은혜는 그리스도의 순종을 통해 영생의 승리로 이끌었다. "이는 죄가 사망 안에서 왕노릇 한 것같이 은혜도 또한 의로 말미암아 왕노릇 하여 우리 주 예수 그리스도로 말미암아 영생에 이르게 하려 함이라"(21절). 은혜는 의(즉, 그리스도의 완벽한 의로움)로 말미암아 왕노릇 하여 영생이라는 절정에 도달한다. 그리고 그 모든 것이 "우리 주 예수 그리스도로 말미암아" 이루어진 것이다.

17절에서도 역시 같은 이야기를 하고 있다. "한 사람의 범죄로 말미암아 사망이 그 한 사람을 통하여 왕노릇 하였은즉 더욱 은혜와 의의 선물을 넘치게 받는 자들은 한 분 예수 그리스도를 통하여 생명 안에서 왕노릇 하리로다." 여기에서도 같은 형태가 반복된다. 은혜와 의의 선물이 생명의 승리로 이끌었고 그 모든 것은 예수 그리스도로 말미암아 이루어졌다.

이 말씀에서 언급된 그리스도 안에서의 하나님 은혜는 전능한 은혜라고 앞에서 이야기했다. '왕노릇'이라는 단어에서 그 사실을 확인할 수 있다. 사망은 인간을 점령했고 모든 것 위에 군림했다. 그래서 모든 것이 죽는다. 그러나 은혜는 죄와 사망을 이겼다. 은혜는 생명으로 군림하며 심지어 한 번 죽었던 자들 위에도 군림한다. 이것이 전능한 은혜다.

예수님의 놀라운 순종

이것이 그리스도의 위대한 영광이다. 그분은 첫 번째 인간이었던 아담을 훨씬 능가했다. 아담의 가공할 죄악은 그리스도의 놀라운 은혜와 순종, 그리고 영생의 선물에 비하면 아무것도 아니었다. 사실상 태초부터 하나님의 계획은 인류의 대표였던 아담을 그리스도의 모형이 되게 하고 그리스도를 새로운 인류의 대표자가 되게 하는 것이었다. 두 대표자가 대조를 이룸으로써 그리스도의 영광을 더 밝게 빛내려는 것이 하나님의 계획이었다.

17절은 그 사실을 개인에게 적용하라고 촉구한다. "한 사람의 범죄로 말미암아 사망이 그 한 사람을 통하여 왕노릇 하였은즉 더욱 은혜와 의의 선물을 넘치게 받는 자들은 한 분 예수 그리스도를 통하여 생명 안에서 왕노릇 하리로다." 다음 구절을 각자의 마음에 새기면서 다시 한 번 주의 깊게 읽어 보기 바란다. '더욱 은혜와 의의 선물을 넘치게 받는 자들은."

죄인을 향한 소중한 말씀

나와 당신 같은 죄인들에게 이 말씀은 참으로 소중한 말씀이 아닐 수 없다. 은혜도 거저요, 선물도 거저요, 그리스도의 의로움도 거저 얻은 것이다. 그렇다면 우리는 자신에게 이렇게 질문해야 한다. 나는 그것을 내 삶의 소망과 보물로 받아들일 것인가? 받아들이면 우리는 "한 분 예수 그리스도를 통하여 생명 안에서 왕노릇" 할 것이다. 영원히 왕노릇 하는 중에 아담의 가공할 죄악보다 더욱 찬란하게 빛나는 예수 그리스도의 영광과 그분의 아름다움을 영원히 누리게 될 것이다. 로마서 5:12-21의 요점은 그리스도의 구속의 역사를 아담의 가공할 죄악이라는 관점에서 이해하고 감사하자는 것이다. 결국 아담의 범죄는 우연한 사건이 아니었고 창세 전부터 하나님의 계획에 들어 있었다.

5장

바벨의 교만을 꺾은 하나님의 심판

"자, 성읍과 탑을 건설하여 그 탑 꼭대기를 하늘에 닿게 하여 우리 이름을 내고 온 지면에 흩어짐을 면하자"(창 11:4).

"여호와께서 거기서 그들을 온 지면에 흩으셨으므로 그들이 그 도시를 건설하기를 그쳤더라. 그러므로 그 이름을 바벨이라 하니 이는 여호와께서 거기서 온 땅의 언어를 혼잡하게 하셨음이니라"(창 11:8-9).

이 책의 원제는 '가공할 죄악 그리고 그리스도의 영광에 속한 포괄적인 목표'(Spectacular Sins and Their Global Purpose in the Glory of Christ)이다. 이번 장에서는 바벨탑을 건설하는 가공할 죄악에 대해 다루도록 하겠다. 바벨탑 사건이 현대인에게 무관한 이야기라고 생각되지 않도록 스스로 이런 질문을 해 보기 바란다. 이 세상의 모든 언어와 민족은 어떻게 생겨났을까? 죄를 지은 결과로 생겨난 것일까? 언어와 민족의 다양성으로 인해 그리스도의 영광을 드러내고 하나님 백성으로서 기쁨을 만끽할 수 있을까? 정치적으로 독립된 국가로 나뉘어 있는 것이 좋은 걸까, 나쁜 걸까? 전 세계적 단일 국가를 형성하는 것에 대해 하나님은 어떻게 생각하실까? 반대하실까, 아니면 찬성하실까? 전 세계는 분열된 채 종말을 맞게 될까? 나 자신의 뿌리 깊은 죄는 무엇이며 하나님은 그것에 대해 어떻게 생각하실까? 하나님은 나를 그 죄에서 구하기 위해 무엇을 하셨는가? 자, 그럼 지금부터 이 문제들을 하나하나 짚어 보기로 하자.

수수께끼를 풀다

한 가지 수수께끼 같은 성경 말씀부터 짚고 넘어가 보자. 창세기 11:1-9에 보면 언어의 기원을 말해 주는 내용이 나온다. 하지만 창세기를 주의 깊게 읽어 보면 11장에서 바벨탑 사건이 일어나기 전에 10장에서 이미 민족과 언어가 나뉘어 있는 모습을 보게 된다.

그 한 예로 창세기 10:5을 보라. "이들로부터 여러 나라 백성으로 나뉘어서 각기 언어와 종족과 나라대로 바닷가의 땅에 머물렀더라." 그런데 창세기 11:1에는 "온 땅의 언어가 하나요 말이 하나였더라"고 한다. 창세기 기자가 그 사실을 모를 리 없었을 것이다. 불과 몇 단락 전인 10:5, 20, 31에서 했던 말을 잊어버리고 11:1을 기록했을 리가 없다.

이는 창세기 기자가 그 두 가지 사건을 발생한 시간 순으로 기록한 것이 아니라는 데에서 실마리를 찾을 수 있다. 창세기 기자는 먼저 민족과 언어의 파생을 10장에 기록한 뒤 11:1-9에서 그 원인을 자세히 기록하고 있다. 가끔 우리도 충격적인 사건을 겪게 되면 왜 그 사건이 발생했는지를 처음에 이야기할 때도 있고 잠시 기다렸다가 나중에 이야기할 때도 있지 않은가?

노아의 홍수 후, 창세기 9:1에서 하나님은 노아에게 "생육하고 번성하여 땅에 충만하라"고 말씀하셨다. 10장은 바로 그 사실을 설명하는 것이다. 세상에는 민족과 언어들이 번성했고 증가했다. 언뜻 생각하면 하나님의 축복이 모두 이루어진 것처럼, 인간들이 하나님의 명령에 순종한 것처럼 보인다. 그러나 창세기 11:1-9은 그 생각에 폭탄을 떨어뜨린다. 그것은 전혀 순종이 아니었다. 사람들은 생육하고 번성하여 땅에 충만하려고 하지 않고 오히려 한군데로 모여들었다. 하나님은 그들의 불순종을 처벌하시고 다시는 한 곳에 모여 있지 못하게 만드셨다. 언어를 다르게 해서 한 인류를 여러 종족과 언어로 나눈 것이다.

두 가지 극악무도한 죄가 드러나다

그렇다면 어떻게 그 일이 그리스도의 영광에 일조했는지 묻기 전에, 대체 어떤 죄를 지었고 하나님의 심판이 무엇이었는지부터 잠시 살펴보기로 하자. 창세기 11:1-4은 이렇게 말한다.

온 땅의 언어가 하나요 말이 하나였더라. 이에 그들이 동방으로 옮기다가 시날 평지를 만나 거기 거류하며 서로 말하되 자, 벽돌을 만들어

견고히 굽자 하고 이에 벽돌로 돌을 대신하며 역청으로 진흙을 대신하고 또 말하되 자, 성읍과 탑을 건설하여 그 탑 꼭대기를 하늘에 닿게 하여 우리 이름을 내고 온 지면에 흩어짐을 면하자 하였더니.

여기에서 핵심이 되는 내용은 4절에 있다. (1) 그들은 성읍을 건설하려고 했다. (2) 그들은 하늘에 닿을 만한 탑을 그 성읍에 건설하려고 했다. (3) 그들은 자신의 이름을 드러내려고 했다. (4) 그들은 온 지면에 흩어지지 않으려고 했다. 처음의 두 가지 사항은 뒤의 두 가지 사항과 연결된다.

성읍을 건설하는 것은 온 땅에 흩어지지 않기 위한 방편이었다. 그리고 하늘에 닿을 만한 탑을 건설하는 것은 자신의 이름을 널리 알리겠다는 의도였다. 따라서 성읍과 탑은 그들이 품고 있는 내면적 죄의 외면적 표출이었던 셈이다. 두 가지 죄라는 것은 결국 찬사를 받고 싶은 욕심(자신의 이름을 드러내려 함)과 안전에 대한 욕심(성읍을 건설해서 위험한 다른 지역으로 퍼지지 않으려 함)이다.

하나님은 우리가 사람들의 찬사를 받는 것에서가 아니라 하나님을 알고 찬양하는 것에서 기쁨을 발견하기 원하신다. 그분의 뜻은 우리가 성읍을 지어서 안심하는 게 아니라 하나님 안에서 순종하며 안심하는 것이다. 대홍수는 노아와 그 자손들에게 죄를 짓지 말라는 엄중한 경고였지만 그들은 홍수가 끝난 뒤에도 가공할 죄악을 저지르고 말았다. 결국 인간은 홍수 전에나 홍수 후에나 달라진 게 아무것도 없었다. 인간의 마음가짐은 아담과 하와의 상태 그대로였다. 자신의 행복은 자신이 챙기겠다고 나섰고 심지어 하나님의 자리까지 넘보았다. 하나님의 구속의 은혜를 거부하는 것, 이것이 태초부터 지금까지 이어져 내려온 인류의 역사다.

아담의 죄가 재생되다

5절에서는 두 가지 사실이 두드러진다. "여호와께서 사람들이 건설하는 그 성읍과 탑을 보려고 내려오셨더라." 첫째로 하나님이 그들을 "사람들"[영어 성경에서는 the children of man(사람들의 자손들)이라고 되어 있음–역주]이라고 한 점에 주목하라. 바꿔 말하면 그들은 "아담의 자손들"인 것이다. 성읍과 탑의 건설도 아담이 선악과를 따 먹어 하나님께 거역한 일과 매우 흡사하다. 아담의 범죄 성향이 그대로 그의 자손들(나와 당신을 포함해서)에게 대물림된 것이다.

하나님의 비웃음

두 번째로 5절에서는 "여호와께서 사람들이 건설하는 그 성읍과 탑을 보려고 내려오셨더라"고 말한다. 다분히 조롱조의 표현이라고 할 수 있다. 창세기 기자는 하나님이 탑을 보기 위해 하늘에서 내려오셔야 했다는 말로 그 탑을 비웃고 있다. 하늘에 닿기에는 턱없이 낮아서 하나님 눈에는 도저히 보이지 않았던 것이다! 물론 하나님은 전 우주의 모든 것을 볼 수 있으시다. 하지만 자신의 보잘것없는 성취로 하나님을 우습게 여기려 했던 인간의 그 어리석은 모습을 익살스럽게 묘사하며, 꼭대기가 하늘에 닿았다는 그 위대한 탑을 보기 위해 하나님이 천하를 두리번거려야 했다고 이야기한 것이다.

야심찬 계획에 제동이 걸리다

하나님의 영광으로 온 지면을 채우려고 하기는커녕 성읍을 지어 자신의 생명을 보존하고 스스로 하나님 자리에 올라가려 한 인간의 가공할 죄악 앞에서 하나님은 과연 어떻게 대응하셨는가? 창세기 11:6-8을 읽어 보라.

여호와께서 이르시되 이 무리가 한 족속이요 언어도 하나이므로 이같이 시작하였으니 이 후로는 그 하고자 하는 일을 막을 수 없으리로다. 자, 우리가 내려가서 거기서 그들의 언어를 혼잡하게 하여 그들이 서로 알아듣지 못하게 하자 하시고 여호와께서 거기서 그들을 온 지면에 흩으셨으므로 그들이 그 도시를 건설하기를 그쳤더라.

6절에서 하나님이 무슨 말씀을 하셨는지에 주목하라. "이 무리가 한 족속이요 언어도 하나이므로" 그 말은 곧 하나님이 언어를 다르게 하실 뿐만 아니라 언어로 인해 한 민족을 여러 민족으로 나누려 하신다는 뜻임을 짐작할 수 있다. 말하자면 언어와 민족을 배가시키려는 것이다. 하나님은 7절에서 "자, 우리가 내려가서 거기서 그들의 언어를 혼잡하게 하여 그들이 서로 알아듣지 못하게 하자"고 말씀하셨다. 그런 방법을 사용해 하나님은 그들을 온 지면에 흩으셨던 것이다.

결국 인간의 교만과 허영에 대한 하나님의 대응책은 인간들끼리의 의사소통을 어렵게 만들어 하나님을 얕잡아 보는 야심찬 계획을 막는 것이었다. 이는 한 민족의 교만을 다른 민족이 제어할 수 있도록 하나의 체계를 구축하신 것이다. 하나님의 형상으로 창조된 인간이 얼마나 무한한 가능성을 갖고 있는지는 하나님 자신이 누구보다 잘 알고 계셨다. 하나님은 인간에게 스스로 높일 수 있는 자유와 하나님을 신뢰하지 않고 자주적인 안전장치를 고안할 수 있는 파격적인 자유를 허락하셨다. 하지만 그 자유에도 한계는 있었다. 이 세상의 수천 개의 언어와 수천 개의 종족은 거만한 인류의 야심찬 포부에 제동을 걸고 있다.

그리스도를 영화롭게 하기 위한 방편인가?

그럼 이제는 그리스도의 영광을 위한 하나님의 전 세계적인 계획에 의문을 가져 보자. 지금까지 되풀이해서 보았던 원칙 하나를 되새겨 보라. 하나님이 무언가를 허용하실 때는 다 그만한 이유가 있다. 그 이유는 하나님이 구상하고 있는 계획을 이루기 위해서다. 하나님은 결코 변덕스럽게 목적 없이 되는 대로 일하지 않으신다.

하나님이 시날 평지에서의 교만과 허영과 거역의 죄를 허용하셨다면 하나님 나름의 이유가 있을 것이고 그에 대한 대책도 분명 세워져 있었을 것이다. 민족과 언어의 파생은 결코 우연이 아니다. 이는 죄에 대한 하나님의 심판이었지만 동시에 예수 그리스도의 영광을 위해 미리 계획된 일이었다.

그렇다면 다시 한 번 묻지 않을 수 없다. 어떻게 바벨탑 사건의 죄와 그 결과가 예수 그리스도를 영화롭게 했단 말인가? 대답은 다섯 가지로 들 수 있다.

그리스도인들을 보호함

언어와 민족을 나눔으로써 하나님은 전 세계에 반기독교적인 단일 국가가 형성되는 일을 막으셨다. 만약 그런 국가가 형성된다면 전 세계 그리스도인들을 간단히 제거해 버릴 수도 있을 것이다. 우리는 다양한 언어와 문화와 민족과 국가가 있다는 사실이 세계 복음화에 걸림돌이 된다고 생각해 왔다. 그러나 하나님의 관점은 다르다. 하나님은 인류의 다양성이 갖는 어려움보다는 인류의 획일성이 갖는 위험에 더 크게 우려하고 계시다. 우리 인간은 하나의 언어나 하나의 정부로 통일될 때 훨씬 더 사악해질 가능성이 있다. 그리스도의 복음은 6천5백 개의 언어 때문에(언어에도 '불구하고'가 아니라) 더 잘 전파되고 더 잘 부흥하는 것이다.

교만을 물리침

바벨탑 사건이 그리스도를 영화롭게 만든 두 번째 이유는 이렇다. 자, 만일 누군가 이런 의문을 제기한다고 생각해 보자. "말세에는 거대한 통일 정부가 들어서고 그리스도인들이 전 세계에서 핍박을 받을 거라고 하지 않았나요?" 그렇다. 말세에는 악을 붙잡고 있는 하나님의 손이 느슨해질 것이다. 바울이 '불법의 사람'(살후 2:3)이라 불렀고 요한은 '짐승'(계 13:3)이라고 부른 적그리스도가 나타나 전 세계를 미혹할 것이고 그리스도인을 향한 큰 핍박이 시작될 것이다. 여기서 시날 평지에서의 죄악과 연결되는 것이 하나 있다. 그들이 건설한 탑의 이름이 바벨이었다는 것이다(창 11:9).

바벨이라는 히브리어 단어는 구약 전체를 통틀어 2백 번 이상 등장하는데 몇 차례를 제외하고는 전부 다 바벨론을 의미했다. 창세기 11:9에서 "그러므로 그 이름을 바벨이라 하니 이는 여호와께서 거기서 온 땅의 언어를 혼잡하게 하셨음이니라"고 했을 때 바벨은 바벨론이라는 대도시를 가리키는 것이었다. 즉, 성읍과 성벽과 정원과 우상으로 들어찬 바벨론 시를 말하는 것이며 하나님의 창조와 비교하면 애처로운 노력의 결과물이기도 했다. 요한계시록에서 바벨과 바벨론이라는 이름은 짐승의 도시에 붙여진 이름이었다(계 14:8-9). 잠시 동안 바벨론은 순교자들의 피에 취하겠지만(계 17:6), 바벨탑과 마찬가지로 바벨론도 비참한 최후를 맞음으로써 그리스도의 영광이 빛나게 될 것이다. 그럼 바벨론을 제2의 '바벨탑'이라고 언급한 구절을 살펴보자.

그의 죄는 하늘에 사무쳤으며 하나님은 그의 불의한 일을 기억하신지라.…그가 얼마나 자기를 영화롭게 하였으며 사치하였든지 그만큼 고통과 애통함으로 갚아 주라. 그가 마음에 말하기를 나는 여왕으로 앉은 자요 과부가 아니라 결단코 애통함을 당하지 아니하리라 하니…화 있도다 화 있도다 큰 성 견고한 성 바벨론이여 한 시간에 네 심판이 이르렀다 하리로다(계 18:5, 7, 10).

그렇다. 말세에 하나님은 나라들을 붙잡고 있던 손을 느슨하게 펴실 것이고 그들은 바벨론의 교만에 가득 차서 우쭐거릴 것이다. 그리스도인들은 그 밑에서 고통을 당할 것이다. 그런 후에는 예수님께서 그 무한한 영광 가운데 나타나 불법하는 행악자들을 단박에 처단해 버리실 것이다(살후 2:8). 그때 바벨론은 흔적도 없이 사라지고 인간의 교만은 지구상에서 제거될 것이다. 창세기 11:1-9의 이야기는 바로 그 사실을 암시하는 것이다. 당시의 승리는 곧 말세에 거둘 그리스도의 승리를 말한다.

모든 민족을 제자 삼음

바벨탑의 죄와 하나님의 심판이 그리스도를 영화롭게 만드는 세 번째 이유는 예수님이 모든 종족과 모든 언어를 지배하시기 때문이다. "하늘과 땅의 모든 권세를 내게 주셨으니 그러므로 너희는 가서 모든 민족을 제자로 삼아"(마 28:18-19). 그렇다. 죄에 대한 대응책으로 하나님은 언어와 민족을 갈라놓으셨다. 하지만 결과적으로 이는 그리스도의 권위와 권세를 극대화해 모든 민족이 그분의 제자가 되게 한다. 그분의 능력은 수많은 언어와 민족에게 임할 것이고, 그분의 권세는 그들에게 구원의 은혜를 베풀어 줌으로써 더욱 더 영화롭게 빛날 것이다.[1]

복음의 광채가 빛나다

그리스도의 복음, 즉 예수님의 죽음과 부활, 용서와 의롭게 됨에 대해서도 같은 말을 할 수 있다. 로마서 1:16은 이렇게 말한다. "내가 복음을 부끄러워하지 아니하노니 이 복음은 모든 믿는 자에게 구원을 주시는 하나님의 능력이 됨이라. 먼저는 유대인에게요 그리고 헬라인에게로다." 복음은 어느 한 지역에 국한된 것도 아니고 어느 한 민족에게 제한된 것도 아니다. 모든 언어와 모든 민족을 향한 기쁜 소식이다. 만일 바벨탑 사건으로 언어가 다양해지지 않았다면 그리스도 복음의 영광의 광채는 수천 개의 언어라는 프리즘을 통해 그토록 아름답게 빛나지 못했을 것이다.

예수님이 찬양을 받으시다

마지막으로, 예수님이 이 세상 모든 언어로 들으실 찬양은 한 민족 한 언어로 들으시는 찬양보다 더욱 멋지고 아름다울 것이다. "그들이 새 노래를 불러 이르되 두루마리를 가지시고 그 인봉을 떼기에 합당하시도다. 일찍이 죽임을 당하사 각 족속과 방언과 백성과 나라 가운데에서 사람들을 피로 사서 하나님께 드리시고 그들로 우리 하나님 앞에서 나라와 제사장들을 삼으셨으니 그들이 땅에서 왕노릇 하리로다"(계 5:9-10). "이 일 후에 내가 보니 각 나라와 족속과 백성과 방언에서 아무도 능히 셀 수 없는 큰 무리가 나와 흰 옷을 입고 손에 종려 가지를 들고 보좌 앞과 어린양 앞에 서서 큰소리로 외쳐 이르되 구원하심이 보좌에 앉으신 우리 하나님과 어린양에게 있도다"(계 7:9-10).

시날 평지에서의 가공할 죄악으로 이 세상에 수많은 언어와 민족이 생겨났지만 결국은 세상의 모든 언어로 그리스도를 찬양하는 가장 영광스러운 장면이 연출되었다. 모든 언어와 족속은 여호와를 찬양할지어다! 호흡이 있는 자마다 여호와를 찬양할지어다!

6장

요셉을 구원의 발판 삼은 하나님의 섭리

> "하나님이 큰 구원으로 당신들의 생명을 보존하고 당신들의 후손을 세상에 두시려고 나를 당신들보다 먼저 보내셨나니"(창 45:7).
>
> "당신들은 나를 해하려 하였으나 하나님은 그것을 선으로 바꾸사 오늘과 같이 많은 백성의 생명을 구원하게 하시려 하셨나니"(창 50:20).
>
> "규가 유다를 떠나지 아니하며 통치자의 지팡이가 그 발 사이에서 떠나지 아니하기를 실로가 오시기까지 이르리니 그에게 모든 백성이 복종하리로다"(창 49:10).

형들에 의해 노예로 팔려 간 요셉 이야기를 읽다 보면 인생의 우회로에서 역사하시는 하나님의 전능한 손길이 느껴진다. 성경의 명언 중 하나가 바로 요셉 이야기에 등장한다. 요셉 이야기가 수많은 비극적 사건에 주는 위안은 또 어떠한가! '당신은 나를 해하려 하였으나 하나님은 그것을 선으로 바꾸셨다!' 이 문장에 나오는 '당신'에 진짜 당신을 해하려 했던 (마귀를 포함해서) 사람의 이름을 넣어 보라. 요셉 이야기에서 우리가 궁극적으로 깨닫게 되는 것은 이 세상 어느 누구보다 더 악랄하고 처참한 방법으로 원수에게 해를 당했던 한 분, 그리고 그것을 무한한 선으로 바꾸신 하나님의 아픔과 고통이다.

언약의 백성 이스라엘

형들의 죄악으로 고통당한 요셉의 사연과 세계를 향한 예수 그리스도의 목적을 염두에 두고 우선 창세기 12장부터 살펴보기로 하자. 하나님은 이 세상 모든 사람 중에 특별히 아브라함을 선택하시고 그에게 한량없는 은혜를 베푸셨다. 창세기 12:2-3에서 하나님은 그와 이런 약속을 하셨다. "내가 너로 큰 민족을 이루고 네게 복을 주어 네 이름을 창대하게 하리니 너는 복이 될지라. 너를 축복하는 자에게는 내가 복을 내리고 너를 저주하는 자에게는 내가 저주하리니 땅의 모든 족속이 너로 말미암아 복을 얻을 것이라." 이것이 이스라엘 민족의 시작이었고, 그 민족을 통해 하나님의 아들이자 메시아인 예수 그리스도가 우리를 죄에서 구하기 위해 이 세상에 내려오셨다.

사백 년 동안이나!

창세기 15장에서 하나님은 아브라함과 정식 언약을 맺으시며 상징적인 희생 제사와 함께 깜짝 놀랄 만한 말씀을 하셨다. 창세기

15:13-16에서 하나님이 아브라함에게 하신 말씀을 읽어 보자.

> 너는 반드시 알라. 네 자손이 이방에서 객이 되어 그들을 섬기겠고 그들은 사백 년 동안 네 자손을 괴롭히리니 그들이 섬기는 나라를 내가 징벌할지며 그 후에 네 자손이 큰 재물을 이끌고 나오리라.…네 자손은 사대 만에 이 땅으로 돌아오리니 이는 아모리 족속의 죄악이 아직 가득 차지 아니함이니라.

그러니까 하나님은 그분이 선택한 백성과 언약을 맺으시는 초기부터 그들이 애굽에서 사백 년간을 머물다가 다시 약속의 땅으로 돌아올 것을 예견하셨다. "그들은 사백 년 동안 네 자손을 괴롭히리니." 이스라엘 백성이 지금 사는 땅을 유업으로 받지 못하고 사백 년 동안이나(생각해 보라! 4세기 동안이나!) 떠나 있어야 하는 것은 희한하게도 "아모리 족속의 죄악이 아직 가득 차지 아니함이니라"가 그 이유였다.

사백 년이 지나서 여호수아의 지휘 아래 그 땅을 도로 차지하기 위해 돌아왔을 때, 이스라엘 백성은 하나님의 명령에 따라 아모리 족속을 멸망시켰다. 그 사실을 어떻게 해석해야 할까? 하나님은 신명기 9:5에서 그 해답을 주신다. "네가 가서 그 땅을 차지함은 네 공의로 말미암음도 아니요 이 민족들이 악함으로 말미암아 네 하나님 여호와께서 그들을 네 앞에서 쫓아내심이라며…여호와께서 이같이 하심은 네 조상 아브라함과 이삭과 야곱에게 하신 맹세를 이루려 하심이니라." 그렇다면 가나안 땅 정복은 한마디로 수세기에 걸쳐 그 땅에서 행해졌던 죄악의 심판이었던 셈이다.

하나님의 백성이 많은 환난을 당하다

한편으로 하나님은 이스라엘 백성에게 남의 땅, 즉 애굽에서 객이 될 것이고 사백 년간 괴롭힘을 당할 것이라고 말씀하셨다. 하나님의 백성이 남의 땅에서 객이 되어 섬기는 모습은 우리가 천국 본향에 이르기까지 이 땅에서 순례자로 살아가는 모습의 거울이다. 하나님이 그의 백성에게 사백 년간의 고난(창 15:13)을 허락한 이후에 약속의 땅에 들어가게 하셨다면, 하나님이 우리에게 "하나님의 나라에 들어가려면 많은 환난을 겪어야 할 것이라"고 하셔도 놀랄 이유가 없다(행 14:22).

가공할 죄악을 통해 예언이 이루어지다

이런 질문을 해 보자. 하나님의 백성은 어떤 경로로 애굽에 오게 되었는가? 요셉 이야기는 하나님의 뜻과 하나님의 아들에 대해 어떤 사실을 가르쳐 주는가? 요셉 이야기의 결론은 하나님이 가공할 죄악을 통해 그분의 예언을 성취하셨다는 것이다. 요셉으로 인해 언약 백성인 이스라엘이 살아남았다. 장차 유다의 사자가 되어 인류를 구하고 다스릴 분의 조상들의 목숨을 구해 주셨다는 사실을 기억해야 한다. 사실 요셉이 아니었다면 인류 역사에 아찔한 상황이 연출되었을지도 모른다.

꿈꾸는 자를 없애 버리자

자, 그럼 아브라함과 요셉 이야기로 되돌아가 보자. 아브라함에게는 이삭이라는 외아들이 있었다. 이삭의 아들 야곱(또 다른 이름은 '이스라엘'이었음)에게는 열두 명의 아들이 있었는데 이들은 나중에 이스라엘 열두 지파의 조상이 되었다. 열두 명의 아들 중 한 명이었던 요셉은 어느 날 두 가지 꿈을 꾸었다. 요셉의 부모형제들이 자신에게 절을 하는 꿈이었다. 창세기 37:8에 의하면 형제들은 요셉과 그 꿈을 상당히 싫어했다고 한다. 11절에는 그들이 요셉을 질투했다고 나온다.

그러던 중 마침내 증오와 질투 속에서 요셉을 처단할 수 있는 순간이 찾아왔다. 아버지인 야곱이 요셉을 형제들에게 보내 잘 지내는지 알아오라고 한 것이다(창 37:14). 형제들은 요셉이 오는 것을 보고 "꿈꾸는 자가 오는도다. 자, 그를 죽여 한 구덩이에 던지고 우리가 말하기를 악한 짐승이 그를 잡아먹었다 하자. 그의 꿈이 어떻게 되는지를 우리가 볼 것이니라"고 말했다(창 37:19-20). 요셉을 살려 보려는 르우벤의 노력에도 불구하고 형제들은 요셉을 애굽으로 내려가는 이스마엘 대상들에게 노예로 팔았다(창 37:27-28). 그리고는 요셉의 외투에 짐승의 피를 적셔서 마치 그가 짐승에게 잡아먹힌 것처럼 아버지를 속였다. 형제들은 그것으로 모든 일이 끝났다고 생각했다.

보이지 않는 손이 역사하다

요셉의 형제들은 무슨 일이 벌어지고 있는지 알 턱이 없었다. 그들은 분명 하나님의 보이지 않는 손을 염두에 두지 않았을 것이다. 꿈꾸는 자를 없애 버리려고 했던 자신들의 계획이 오히려 그 꿈을 이루는 수단이 되리라고는 정말 꿈도 꾸했을 것이다. 아, 하나님은 얼마나 아이러니한 방법을 즐겨 사용하시는가! 하나님은 악인의 죄악을 사용해서 악인을 구하는 역사를 일으키신다.

보디발, 감옥, 하나님의 섭리

애굽에 온 요셉은 바로의 친위대장이었던 보디발에게 노예로 팔렸다(창 37:36). 요셉은 하나님의 이해할 수 없는 섭리에 순종해서 보디발을 충성스럽게 섬겼고, 그 결과 보디발의 신뢰를 얻어 온 집안을 관장하는 자리에까지 올랐다. 여기까지 읽은 독자들은 자연스럽게 '의인이 결국 잘되는구나'라며 고개를 끄덕였을 것이다. 하지만 상황은 정반대로 흘러갔다. 보디발의 아내가 요셉을 유혹했고 요셉은 불륜의 죄를 피하기 위해 도망쳤다. 욕정을 채우지 못한 여인은 악녀로 돌변하여 요셉에게 죄를 뒤집어씌웠고 요셉은 아무런 죄가 없음에도 불구하고 감옥에 갇히는 신세가 되었다.

감옥에 온 요셉은 연속되는 불행 속에서 하나님이 어떤 일을 하시는지 전혀 눈치채지 못한 채 또다시 간수장을 충성스럽게 섬겼고, 그의 신뢰를 얻어 감옥의 사무를 맡아 보게 되었다. 요셉은 바로 왕의 술 맡은 관원장과 떡 굽는 관원장의 꿈을 해석해 준 것이 계기가 되어 바로 왕의 꿈을 해석해 주기 위해 옥에서 풀려 나왔다. 요셉의 해석이 옳아 보이고 그의 지혜가 바로 왕보다 출중해 보이자 바로 왕은 그를 애굽의 총리 자리에 앉히고는 "너는 내 집을 다스리라. 내 백성이 다 네 명령에 복종하리니 내가 너보다 높은 것은 내 왕좌뿐이니라"고 말했다(창 41:40).

꿈이 이루어지다

7년간의 대풍년이 끝나자마자 요셉이 말한 대로 7년간의 대기근이 그 땅을 강타했다. 요셉은 7년간의 풍년 동안 거대한 양의 곡식을 비축하여 애굽인들을 굶주림에서 구해 냈다. 마침내 요셉의 형제들은 애굽에 곡식이 있다는 소식을 듣고 곡식을 구하기 위해 애굽으로 길을 떠났다.

요셉의 형제들은 요셉을 알아보지 못했지만 어느 날 요셉이 자신이 누구인지를 직접 형제들 앞에서 밝혔다. 노예로 팔려 갈 때 열일곱 살이었던 요셉이(창 37:2) 이제 서른아홉 살의 총리가 되어 있었던 것이다(창 41:46, 53; 45:6). 바야흐로 22년의 세월이 흐른 뒤였다. 형제들은 놀라서 입을 다물지 못했다. 그들은 꿈꾸는 자를 없애 버리려 했으나 결과적으로 그의 꿈을 이루어 주고 말았다. 형제들은 요셉의 꿈에서 그랬던 것처럼 요셉에게 몸을 굽혀 절했다.

결국 요셉은 형제들을 살리기 위해 애굽에 와서 살라고 권했다. 아브라함의 자손이 애굽에서 사백 년간 종살이를 하게 될 것이라는 오랜 예언이 이루어지는 순간이었다. 자, 그렇다면 다시 한 번 물어보자. 하나님의 백성은 어떤 경로로 애굽에 오게 되었는가? 그 아이러니한 이야기는 하나님의 뜻과 하나님의 아들에 대해 어떤 사실을 가르쳐 주는가?

예언의 성취에 대한 두 번의 언급

하나님의 백성이 어떤 경로로 애굽에 오게 되었느냐는 질문에는 명백한 대답이 기다리고 있다. 살인 미수, 비인간적인 노예 매매, 아버지의 가슴에 비수를 꽂은 속임수, 바로 그 가공할 죄악에 의해 애굽에 오게 되었다. 그러나 성경은 하나님의 예언이 어떻게 성취되었다고 이야기하는가? 답은 두 가지다.

하나님이 생명 보존을 위해 요셉을 보내셨다

첫째로, 창세기 45:5에 보면 요셉은 겁에 질려 떨고 있는 형제들에게 이렇게 말한다. "당신들이 나를 이곳에 팔았다고 해서 근심하지 마소서. 한탄하지 마소서. 하나님이 생명을 구원하시려고 나를 당신들보다 먼저 보내셨나이다." 요셉 형제들의 음모에 대해 성경은 하나님이 요셉을 먼저 애굽으로 보낸 것이라고 이야기한다. 이는 바로 요셉을 죽이려 했던 자들의 생명을 구하기 위해서였다. "나를 당신들보다 먼저 보내셨나이다."

독자들이 이 말을 무심코 넘길까 봐 시편 기자는 105:16-17에서도 똑같은 말을 반복해서 기록했다. 오히려 시편은 당시의 긴박했던 상황을 더 생생하게 묘사하며, 요셉이 애굽으로 팔려 갔던 사건과 더불어 애굽의 기근 역시 하나님이 주관하고 계셨다고 말한다. "그가 또 그 땅에 기근이 들게 하사 그들이 의지하고 있는 양식을 다 끊으셨도다. 그가 한 사람을 앞서 보내셨음이여. 요셉이 종으로 팔렸도다." 따라서 우리는 하나님이 기근을 단순히 예견하셨다거나 사탄이 기근을 오게 했다고 생각하면 안 된다. 하나님이 기근을 일으키셨고, 그 대책을 마련하셨고, 그 모든 것을 가공할 사건을 통해 하셨다는 사실을 명심해야 한다.

인간의 음모가 하나님의 뜻을 이루다

하나님의 백성이 애굽으로 올 것이라는 예언이 이루어진 첫 번째 방법은 하나님이 요셉을 그들보다 앞서 보내시는 것이었다고 성경은 설명한다. 두 번째 방법은 그보다 더 미묘하고 아이러니하다. 창세기 50:19-20에서 요셉은 이렇게 말한다. "두려워하지 마소서. 내가 하나님을 대신하리이까. 당신들은 나를 해하려 하였으나 하나님은 그것을 선으로 바꾸사 오늘과 같이 많은 백성의 생명을 구원하게 하시려 하셨나니."

하나님이 자신의 예언을 성취하신 두 번째 방법에 대해 성경은 이렇게 말하고 있다. 요셉의 형제들이 악을 행하려고 요셉을 팔았지만 하나님은 그것을 선으로 바꾸셨다는 것이다. 성경은 그들이 요셉을 해하려 했을 때 하나님이 그들의 악행을 이용하셨다고 말하지 않는다. 다만 요셉의 형제들의 악행에 두 가지 상반된 의도가 숨어 있었다고 말한다. 즉 그들은 악을 행하려고 의도했고 하나님은 그 악행을 선으로 바꾸려고 의도하셨다는 것이다.

그리스도를 가리키는 요셉 이야기

이는 이미 우리가 앞에서 보았고 앞으로도 계속해서 보게 될 원칙이다. 인간은 혹은 마귀는 악행을 의도하지만 하나님은 언제나 선행을 의도하신다. 그 대표적인 예가 창세기 45:5에 나오는 "생명을 구원하시려고"라는 구절이다. 선택받은 백성의 생명을 보존하셨기에 전 인류의 구세주가 이 땅에 오실 수 있었다.

또 하나 대표적인 구절은 창세기 50:20이다. "오늘과 같이 많은 백성의 생명을 구원하게 하시려." 그 말씀대로 이스라엘 백성을 통해 나중에 메시아가 오셨다. 죄악 가운데서 하나님이 선을 의도하셨다는 그 두 구절이야말로 전 세계를 향한 하나님의 목적이 무엇인지를 구체적으로 보여 주는 말씀이다. 자, 죄로 말미암아 백성의 생명이 보존되었다. 이는 장차 나타날 그리스도의 영광을 예시하고, 살의에 찬 범죄가 오히려 구원의 수단이 되었음을 보여 준 사건이었다.

그럼 요셉 이야기를 통해 그리스도와 그분의 영광에 대한 세 가지 핵심을 짚어 보기로 하자.

죄와 고난을 통해 구원이 임한다

첫째로, 우리는 성경에 거듭 등장하는 하나의 전형적인 틀을 보게 된다. 하나님이 죄와 고난을 통해 백성을 구원하신다는 사실 말이다. 요셉의 형제들은 요셉에게 죄를 지었고 그로 인해 요셉은 고통을 당했다. 하지만 그 모든 죄와 고난 가운데에서도 하나님은 자신의 백성을 구하기 위해 역사하셨다. 인류의 구세주를 죽이려 했던 음모도 마찬가지였다. 그러고 보면 예수님이 그런 식으로 세상을 구원했다는 점은 그리 놀랄 일이 아니다. 예수님이 인류를 구원하는 과정에서 사람들은 그에게 죄를 지었고 고통을 주었다. 그것은 정확하게 성경에서 되풀이되던 형태가 아니고 무엇이겠는가!

요셉의 이야기에 등장하는 형제들의 가공할 죄에는 그리스도의 영광, 즉 자신을 죽이려는 사람들을 살리기 위해 고군분투하셨던 그분의 인내와 겸손과 충성이 암시되어 있다.

나로 인해 고통당하사 나를 위해 죽으신 주.
내가 주를 죽게 했으나 나를 위해 죽으신 주.
놀라운 사랑! 어찌 그럴 수 있을까?

나의 하나님이 나를 위해 죽으셨네.[1]

고난당하는 자가 의롭다

둘째로, 요셉 이야기와 그 형제들의 가공할 죄악은 하나님의 구원 역사의 전형적인 형태만이 아니라, 더 구체적으로 죄악에 희생되어 고통당하는 자가 진정 의로운 자라는 사실을 깨닫게 한다. 요셉은 비록 완벽하지 않은 인간이었지만 누구에게나 진실했고 신의를 지켰다.

그는 비록 억울하게 노예로 팔려 가는 신세가 되었어도 보디발에게 충성했고 감옥의 간수장에게도 충성했다. "간수장이 옥중 죄수를 다 요셉의 손에 맡기므로 그 제반 사무를 요셉이 처리하고"(창 39:22).

하지만 충성의 대가는 무엇이었는가? 보디발의 아내는 그에게 억울한 누명을 뒤집어씌웠고, 감옥에서 꿈을 해석해 준 술 맡은 관원장은 2년 동안이나 요셉의 은혜를 잊고 살았다.

결국 요셉 이야기의 핵심은 죄와 고난이 아니라 하나님이 그의 백성을 구원하기 위해 역사하신다는 사실이다. 더 정확히 말해서 의로운 자가 아무리 오랫동안 부당한 대우를 받아도 결국은 하나님에 의해 결백이 증명되고 보상을 받는다는 것이다. 사람들은 의로운 돌을 버렸지만 하나님은 그를 모퉁이의 머릿돌이 되게 하셨다(참고 마 21:42). 하나님의 역사로 인해 예수님을 핍박하던 자들이 구원을 얻은 것이다.

예수 그리스도야말로 언제 어디서나 머리부터 발끝까지 완벽하게 의로운 분이다(행 7:52; 요일 2:1). 예수님의 생애가 너무나 비극적으로 끝나자 유대인들은 그가 분명 죄인이었다고 단정지었다. 하지만 종국에 가서는 예수님의 모든 억울함이 풀렸고, 완벽한 의로움으로 견뎌낸 모든 고통이 보상받았으며, 그로 인해 우리는 구원을 얻었다. 요셉의 진실함과 인내가 놀랍다면 예수님은 백만 배나 더 놀랍고 대단하다. 왜냐하면 요셉보다 더 고통받으셨고 더 억울한 대접을 받으셨지만, 언제나 완벽하게 진실했고 완벽하게 충성하셨고 완벽하게 의로웠기 때문이다.

규가 유다를 떠나지 않을 것이다

요셉과 예수님의 유사점은 그 외에도 많이 있다. 하지만 이번에는 요셉과 비교할 수 없는 예수님만의 위대한 점, 특히 요셉 이야기에서 예수님과 관련된 매우 중요한 사실 하나를 집중 조명해 보겠다. 그것은 예수님의 탄생에 대한 예언이다. 만일 야곱의 아들들이 기근에 굶어 죽었다면 먼 훗날 예수님의 탄생은 불가능했을 것이다.

요셉 형제들의 가공할 죄악은 결과적으로 유다 족속을 보존하려는 하나님의 뜻을 이루었고, 그로 인해 유다의 사자, 예수 그리스도가 이 세상에 오셔서 인류를 위해 죽임당하고 부활하여 전 세계를 통치하게 되었다. 창세기 49:8-10이 그 사실을 명백하게 보여 준다. 죽음을 앞둔 야곱은 자신의 아들들을 불러 놓고 한 사람

한 사람을 위해 예언이 담긴 축복의 말을 해주었다. 그가 유다를 향해 한 말을 주의 깊게 읽어 보자.

유다야 너는 네 형제의 찬송이 될지라. 네 손이 네 원수의 목을 잡을 것이요 네 아버지의 아들들이 네 앞에 절하리로다. 유다는 사자 새끼로다. 내 아들아 너는 움킨 것을 찢고 올라갔도다. 그가 엎드리고 웅크림이 수사자 같고 암사자 같으니 누가 그를 범할 수 있으랴. 규가 유다를 떠나지 아니하며 통치자의 지팡이가 그 발 사이에서 떠나지 아니하기를 실로가 오시기까지 이르리니 그에게 모든 백성이 복종하리로다.

바로 이 대목이 장차 오실 이스라엘의 왕, 유다의 사자, 메시아에 대한 예언이다. 규, 즉 왕을 상징하는 통치자의 지팡이가 유다 족속을 떠나지 아니한다는 말씀에 주목하라. 그는 평범한 왕이 아니었다. 단지 이스라엘만이 아니라 전 세계 모든 백성이 그에게 복종한다고 했다. "그에게 모든 백성이 복종하리로다."

그 예언을 예수님이 성취하셨다. 사도 요한이 승천하신 예수님을 어떻게 묘사하고 있는지 읽어 보라.

울지 말라. 유대 지파의 사자 다윗의 뿌리가 이겼으니 그 두루마리와 그 일곱 인을 떼시리라.····그들이 새 노래를 불러 이르되 두루마리를 가지시고 그 인봉을 떼기에 합당하시도다. 일찍이 죽임을 당하사 각 족속과 방언과 백성과 나라 가운데에서 사람들을 피로 사서 하나님께

드리시고 그들로 우리 하나님 앞에서 나라와 제사장들을 삼으셨으니 그들이 땅에서 왕노릇 하리로다(계 5:5, 9-10).

유다의 사자는 곧 죽임당한 어린양

야곱의 예언에 나오는 '유다의 사자'와 관련해서 참으로 감격스런 사실이 한 가지 있다. 유다의 사자는 사람들의 죄책감을 이용해 자신에게 복종하도록 유인한 게 아니라, 사람들의 죄를 자신이 담당해서 기쁨으로 자신을 사랑하고 찬양하고 순종할 수 있도록 했다는 사실이다. 유다의 사자는 곧 죽임당한 어린양이다. 그분은 우리의 죄를 용서하고 자기 자신이 먼저 순종함으로써, 그리고 의로운 자로서 완벽하게 순종함으로써 우리를 그분에게 순종하게끔 만들었고 하나님의 자녀로 삼으셨다. 즉, 그분의 고난과 의로움과 죽음과 부활로 인해 주어진 엄청난 기쁨과 측량할 수 없는 은혜 때문에 우리가 기쁘게 자발적으로 순종하게 되었다는 것이다.

요셉 이야기는 억울하게 고난받은 의로운 자로 인해 유다 지파가 생명을 보존했다는 이야기이며, 그로 인해 유다의 사자가 이 세상에 오셔서 어린양처럼 고난과 죽임을 당했고, 마침내 모든 백성이(심지어 그를 죽음으로 몰고 간 백성까지도) 그에게 순종하게 된다는 이야기다.

당신은 지금 그분에게 순종하고 있는가?

7장

죄로 물든 이스라엘 왕정의 진정한 왕 예수

"모든 백성이 사무엘에게 이르되 당신의 종들을 위하여 당신의 하나님 여호와께 기도하여 우리가 죽지 않게 하소서. 우리가 우리의 모든 죄에 왕을 구하는 악을 더하였나이다. 사무엘이 백성에게 이르되 두려워하지 말라. 너희가 과연 이 모든 악을 행하였으나 여호와를 따르는 데에서 돌아서지 말고 오직 너희의 마음을 다하여 여호와를 섬기라"(삼상 12:19-20).

이 장에서는 이스라엘이 왕국으로 가는 과정, 즉 이스라엘에 왕이 생긴 배경에 죄가 한몫했다는 사실을 집중적으로 살펴보고자 한다. 하나님의 백성으로서 자신의 창조주이며 구원자인 하나님을 향해 "우리도 다른 나라들처럼 되고 싶습니다. 하나님이 우리의 왕이기를 원하지 않습니다. 인간 왕을 세워 주십시오"라고 말한 것은 그야말로 배은망덕한 죄악이었다. 사무엘은 17절에서 그것을 큰 죄라고 말했다. 그러나 만일 이스라엘에 왕이 없었다면 예수 그리스도는 이스라엘의 왕으로, 다윗의 자손으로, 왕 중의 왕으로 이 세상에 오실 수 없었을 것이다. 예수님이 이스라엘과 전 세계의 왕이 되신다는 것은 절대로 하나님의 수정안이 아니었다. 이스라엘의 죄에 대한 미봉책이 아니라 원래부터 하나님의 계획 속에 계산되어 있었던 것이다.

왜 그래야 했을까?

그러면 이런 의문이 든다. 하나님이 이스라엘의 죄를 미리 알고 있었고 그로 인해 이스라엘에 왕을 허락하셔서 그리스도를 왕 중의 왕으로 영화롭게 하려고 계획하셨다면, 왜 애초부터 이스라엘에 왕을 세우지 않으셨던 것일까? 모세를 초대 왕으로 등극시키고 그다음에 여호수아를 세우는 식으로 왜 왕정을 설립하지 않으셨을까? 하나님 자신이 이스라엘의 왕이 되셨다가 이후에 백성들의 죄를 통해 이스라엘에 왕정을 허락하신 이유는 무엇이었을까?

아브라함과 왕정

초기의 이야기로 거슬러 올라가 보자. 창세기 12장에서 하나님은 아브라함을 이스라엘 백성의 첫 조상으로 선택하시고 그의 자손을 통해 이 세상 모든 민족이 복을 받게 될 것이라 약속하셨다(창 12:1-3). 그리고 메시아인 예수 그리스도가 그의 후손으로 이 세상에 올 것이라고 하셨다.

그 이후 아브라함은 창세기 14:18에서 멜기세덱이라는 묘한 인물을 만나게 된다. 그는 "지극히 높으신 하나님의 제사장", "살렘 왕"이라고 불리는 사람이었다. 그의 이름 멜기세덱은 '의로운 왕'이라는 뜻이었다. 신약에서 히브리서를 기록한 저자는 멜기세덱을 그리스도의 모형으로 보았다. 그 이유는 시편 110:4에서 메시아는 "멜기세덱의 서열을 따라 영원한 제사장"이라고 했기 때문이다. 히브리서 기자도 "멜기세덱은…지극히 높으신 하나님의 제사장이라.…먼저는 의의 왕이요, 그다음은 살렘 왕이니 곧 평강의 왕이요.…하나님의 아들과 닮아서"라고 이야기했다(히 7:1-3).

한나와 왕정

하나님의 계획 속에는 장차 오실 메시아가 제사장과 같은 왕이 될 거라는 사실이 포함되어 있었다. 메시아가 왕이 된다는 결정은 애초의 계획이 수포로 돌아간 뒤에 나온 불가피한 차선책이 아니었다. 사무엘의 탄생과 헌신의 과정에서도 그와 똑같은 형태를 보게 된다. 사무엘의 어머니 한나는 원래 아이를 낳지 못하는 여인이었다. 그러나 엘리 제사장이 한나에게 아이를 갖게 될 것이라 예언했고 그 예언대로 사무엘이 태어났다. 한나는 사무엘을 성전으로 데리고 가서 그를 여호와 앞에서 섬기게 했다.

한나가 했던 지혜로운 말 중에서 사무엘상 2:10에 나오는 한 대목이 의미심장하다. 그것은 이스라엘에 왕이 세워지기 훨씬 이전에 한 말이라는 사실을 기억하라. (사무엘이 나이가 들어 노인이 되었을 때에 이스라엘 백성은 그에게 왕을 세워 달라고 요구했다. "여호와를 대적하는 자는 산산이 깨어질 것이라. 하늘에서 우레로 그들을 치시리로다. 여호와께서 땅 끝까지 심판을 내리시고 자기 왕에게 힘을 주시며 자기의 기름부음을 받은 자의 뿔을 높이시리로다." 다시 말해 이는 언젠가 이스라엘에 왕이 세워질 것이라는 예언적 기도였다.

모세와 왕정

신명기 17:14-20에 보면 이스라엘이 왕정이 되었을 때를 대비해서 모세가 이스라엘 백성들에게 경고를 주는 장면이 나온다. 이스라엘 백성과 왕이 여호와 하나님의 명령을 거역할 때 그들이 외국으로 붙잡혀 갈 것이라는 예언이 신명기 28:36에 기록되어 있다. "여호와께서 너와 네가 세울 네 임금을 너와 네 조상들이 알지 못하던 나라로 끌어 가시리니 네가 거기서 목석으로 만든 다른 신들을 섬길 것이며."

사무엘상 12장에서 이스라엘 백성이 왕을 요구한 사건은 하나님에게 뜻밖의 일이 아니었다. 하나님은 그들이 그런 가공할 죄를 지을 것을 이미 알고 계셨고, 그들의 요구를 허락할 것도 이미 알고 계셨다. 하나님은 어떤 일을 허락하실 때 매우 지혜롭게 하신다. 결코 어리석게 하시지 않는다. 그러므로 이스라엘 백성의 죄는 이스라엘의 왕정과 예수 그리스도의 영광을 위한 하나님의 웅대한 계획 속에 포함되어 있었다고 봐야 한다.

어떻게 왕이 세워졌는가?

그렇다면 하나님이 왜 그런 식으로 역사하셨는지를 논의하기에 앞서, 이스라엘 왕정이 어떻게 시작되었는지부터 살펴보기로 하자. 왕을 요구하는 것은 사무엘상 8장에서 이미 시작되었지만 여기서는 12:8-11을 보면서 하나님이 이스라엘의 얼마나 완벽한 왕이었는지를 되돌아보자.

> 여호와께서 모세와 아론을 보내사 그 두 사람으로 너희 조상들을 애굽으로 인도해 내어 이곳에 살게 하셨으나 그들이 그들의 하나님 여호와를 잊은지라. 여호와께서 그들을 하솔 군사령관 시스라의 손과 블레셋 사람들의 손과 모압 왕의 손에 넘기셨더니 그들이 저희를 치매 백성이 여호와께 부르짖어 이르되 우리가 여호와를 버리고 바알들과 아스다롯을 섬김으로 범죄하였나이다. 그러하오나 이제 우리를 원수들의 손에서 건져내소서. 그리하시면 우리가 주를 섬기겠나이다 하매 여호와께서 여룹바알과 베단과 입다와 나 사무엘을 보내사 너희를 너희 사방 원수의 손에서 건져내사 너희에게 안전하게 살게 하셨거늘.

사무엘이 이 말을 하는 이유는 하나님이 얼마나 신실하게 왕권을 행사하셨는지 백성들에게 깨닫게 하려는 것이었다. 이스라엘 백성이 하나님께 부르짖을 때 하나님은 그들을 구해 주셨다. 그리고 그들을 안전하게 살게 해주셨다. 사실 그것은 왕이 해야 할 의

무이자 역할이었다. 백성이 안전하게 살도록 해주는 것 말이다. 그러나 이스라엘 백성은 어떻게 행동했는가? "너희가 암몬 자손의 왕 나하스가 너희를 치러 옴을 보고 너희의 하나님 여호와께서는 너희의 왕이 되심에도 불구하고 너희가 내게 이르기를 아니라 우리를 다스릴 왕이 있어야 하겠다 하였도다"(12절).

당시 사무엘의 음성에는 어찌 그럴 수가 있느냐는 통탄이 그대로 배어 있었을 것이다. 말하자면 하나님이 너희의 왕이신데 어찌 너희가 또 왕을 요구할 수 있느냐는 것이다. 과연 사무엘은 어떻게 그 문제를 해결했을까? 하나님은 사무엘상 8:7-9에서 이미 사무엘에게 해결책을 제시하셨다. "백성이 네게 한 말을 다 들으라. 이는 그들이 너를 버림이 아니요 나를 버려 자기들의 왕이 되지 못하게 함이니라.…그들의 말을 듣되 너는 그들에게 엄히 경고하고 그들을 다스릴 왕의 제도를 가르치라."

너희의 죄가 크도다

사무엘은 이스라엘 백성에게 가서 "이제 너희가 구한 왕, 너희가 택한 왕을 보라. 여호와께서 너희 위에 왕을 세우셨느니라"(삼상 12:13)고 말한 후에 우레와 비를 쏟아지게 하면서 그들이 큰 죄를 지었다고 꾸짖었다. "오늘은 밀 베는 때가 아니냐. 내가 여호와께 아뢰리니 여호와께서 우레와 비를 보내사 너희가 왕을 구한 일 곧 여호와의 목전에서 범한 죄악이 큼을 너희에게 밝히 알게 하시리라"(17절).

인간이 죄를 짓는 중에도 하나님의 거룩한 역사는 멈추지 않는다는 점을 기억하기 위해 사도행전 13:20-22을 읽어 보자. 사도 바울은 이스라엘에 왕을 세우신 분이 바로 하나님이었다고 분명하게 말하고 있다. "그 후에 선지자 사무엘 때까지 사사를 주셨더니 그 후에 그들이 왕을 구하거늘 하나님이 베냐민 지파 사람 기스의 아들 사울을 사십 년간 주셨다가 폐하시고 다윗을 왕으로 세우시고." 실제로 우리는 역사 속에서 그와 같은 일을 수도 없이 보아 왔다. 인간은 죄를 범했지만 하나님은 그것을 선으로 바꾸셨다.

우리는 무엇을 배워야 하는가?

내가 묻고 싶은 것은 이것이다. 하나님이 이스라엘의 죄를 미리 알고 계셨고 그로 인해 이스라엘에 왕을 허락하셔서 그리스도를 왕 중의 왕으로 영화롭게 하려는 계획이 있었다면, 왜 애초부터 이스라엘에 왕을 세우지 않으셨던 것일까? 모세를 초대 왕으로 등극시키고 그다음에 여호수아를 세우는 식으로 왜 처음부터 왕정을 설립하지 않으셨을까? 하나님 자신이 이스라엘의 왕이 되셨다가 이후에 백성들의 죄를 통해 이스라엘에 왕정을 허락하신 이유는 무엇이었을까? 우리는 그 사실에서 무엇을 배울 수 있을까?

적어도 여섯 가지를 배울 수 있다.

우리는 목이 곧고 반항적이며 배은망덕한 자들이다

우리는 우리가 얼마나 목이 곧고 반항적이며 배은망덕한 자들인지를 알아야 한다. 그렇기 때문에 사무엘상 12장은 하나님이 그들을 애굽에서 어떻게 구원하셨고, 어떻게 약속의 땅에 들어가게 하셨고, 어떻게 외부의 침략에서 구해 주셨는지, 이스라엘 백성들에게 역설하고 있는 것이다. 그들은 매번 하나님을 잊었고 다른 것을 추구했다.

이는 이스라엘에 국한된 이야기가 아니다. 모든 인류에게 해당하는 이야기다. 나와 당신의 생애부터 들여다보자. 우리는 그리스도인으로서 언제나 하나님을 사랑하며 헌신된 삶을 살아 왔는가? 하나님께 감사할 때도 있었지만 불만을 품었던 적도 많았다. 심지어 감사할 때조차 제대로 감사하지 않았다. 하나님의 성품과 그분이 주신 헤아릴 수 없는 은혜를 진지하게 생각한다면 우리는 얼마나 기뻐하고 감사해야 하겠는가?

하나님은 그 같은 성경 말씀을 통해 우리의 모습을 보여 주신다. 하나님의 백성이 배은망덕한 신성모독의 죄에 빠지는 것을 허락함으로, 모든 변명을 멈추게 하고 온 세상이 하나님의 심판 아래 있음을 알게 하는 것이다(롬 3:19).

하나님은 자기 이름의 명예를 지키신다

우리는 사무엘상의 이야기를 보면서 하나님이 자기 이름의 명예를 얼마나 신실하게 지키시는지 깨닫게 된다. 22절 말씀을 보라.

"여호와께서는 너희를 자기 백성으로 삼으신 것을 기뻐하셨으므로." 하나님의 신실하심의 저변에 무엇이 있는가? 그것은 자기 이름의 명예를 지키는 일이다. 다시 한 번 22절 말씀을 천천히 음미하면서 읽어 보라. "여호와께서는 그의 크신 이름을 위해서라도 자기 백성을 버리지 아니하실 것이요." 성경은 '그들의 이름'이 아니라 '여호와의 이름'을 위해 하나님이 전적으로 신의와 의로움을 지키신다고 말한다. 따라서 사무엘상에 있는 이야기는 하나님이 무한한 지혜로써 자기 이름의 명예를 위해 일하신다는 사실을 가르쳐 준다.

하나님 이름의 명예를 지키기 위해 죄인들에게 은혜를 베푸신다

이스라엘 백성이 왕을 요구한 사건을 보면서 우리가 깨달을 수 있는 한 가지는, 하나님이 자기 이름의 명예를 지키기 위해 우리 같은 죄인들에게 얼마나 놀라운 은혜를 베푸시는가 하는 점이다. 19-22절의 내용을 상기해 보라.

이스라엘 백성은 자신들이 하나님께 얼마나 큰 죄를 지었는지 깨닫고서 두려움에 떨기 시작했다. 19절에서 그들은 사무엘을 향해 "당신의 종들을 위하여 당신의 하나님 여호와께 기도하여 우리가 죽지 않게 하소서. 우리가 우리의 모든 죄에 왕을 구하는 악을 더하였나이다"라고 간청했다. 그 뒤 20절에서 사무엘이 대꾸하는 말은 죄인을 향한 값없는 은혜가 어떠한지를 단적으로 보여 준다. "두려워하지 말라. 너희가 과연 이 모든 악을 행하였으나."

자, 여기에서 잠시 멈추고 놀랄 준비를 하자. "두려워하지 말라. 너희가 과연 이 모든 악을 행하였으나." 혹시 인쇄가 잘못된 것은 아닐까? 정상적이라면 "두려워하라. 너희가 과연 이 모든 악을 행하였다"라고 해야 하지 않을까? 하지만 성경 본문은 분명히 "두려워하지 말라. 너희가 과연 이 모든 악을 행하였으나"라고 기록하고 있다. 그것은 순전히 은혜였다. 우리는 마땅히 "두려워하라. 너희가 과연 이 모든 악을 행하였다"라는 소리를 들어야 했지만 하나님은 "두려워하지 말라. 너희가 과연 이 모든 악을 행하였으나"라고 우리에게 은혜를 베푸신다.

어떻게 그럴 수 있을까? 그 은혜의 근거는 무엇일까? 분명 우리 때문은 아니다. 우리는 악을 행했고 죄를 지은 사람들이다. 그렇다면 무엇일까? 우리는 이미 그 근거를 보았다. "여호와께서는 그의 크신 이름을 위해서라도 자기 백성을 버리지 아니하실 것이요"(22절). 여호와의 이름의 명예가 하나님이 우리를 버리지 않는 근거다. 만일 하나님이 자신의 명예를 저버린다면 우리에게도 은혜를 베풀지 않을 것이다. 만일 하나님의 은혜가 우리의 가치에 달린 것이라면 하나님은 결코 우리에게 은혜를 베풀 수 없었을 것이다.

우리는 목이 곧고 반항적이며 배은망덕한 자들이다. 값없이 주시는 하나님의 은혜가 없다면 우리에게는 아무 소망이 없다. 그리고 그 은혜의 근거는 우리 이름의 가치가 아니라 하나님 이름의 무한한 가치인 것이다. 디모데후서 2:13을 기억해 보라. "우리는 미쁨이 없을지라도 주는 항상 미쁘시니 자기를 부인하실 수 없으시리라." 하나님이 자신의 명예에 충실하신 것이 우리에게 미쁘게 행하시는 이유다. 그렇다면 우리가 구원을 받을 수 있었던 것은 우리가 하나님께 정말로 가치 있는 존재여서라기보다 하나님이 하나님 자신에게 가치 있는 존재이기 때문이고, 이 사실을 이스라엘 백성의 죄를 보면서 새삼 깨닫게 된다.

왕권은 오로지 하나님께 속했다

왕을 세우는 권한이 오직 하나님께 속했다는 사실을 사무엘서의 이스라엘 역사를 보면서 절감하게 된다. 하나님은 이스라엘이라는 국가를 세우며 어느 누구도 왕으로 세우지 않으셨다. 이는 하나님 자신만이 이스라엘의 왕이심을 명백히 하기 위함이었다. 오직 하나님만이 왕이셨다. 이스라엘 백성이 왕을 요구했을 때 그들은 바로 그 사실을 거부한 것이다. 하나님은 사무엘상 8:7에서 그 점을 분명하게 밝히셨다. "나를 버려 자기들의 왕이 되지 못하게 함이니라." 만일 하나님이 모세와 여호수아를 왕으로 세워 이스라엘 역사를 시작하셨다면, 오직 하나님만이 이스라엘의 정당한 왕이 되실 수 있다는 사실이 명료해지지 않았을 것이다. 인간은 하나님의 경쟁자가 될 수 없다.

신인(神人)이 왕이 되어야 한다

하나님이 인간을 왕으로 세우시는 것을 보면서 우리는 그분의 목적이 무엇인지 깨달아야 한다. 하나님은 이스라엘 왕가의 혈통을 이어받은 진짜 왕, 더 정확히 말해 인간이며 동시에 하나님인 진짜 왕이 이 세상에 오기를 바라셨던 것이다. 두 가지 사실이 이를 뒷받침한다. 하나는 이스라엘의 모든 왕들이 죄를 지었다는 것이고 그렇기 때문에 이스라엘의 참된 왕은 하나님밖에 없다는 것이다. 이스라엘에게 인간 왕을 허락하셨다고 해서 하나님이 마음을 바꾸신 것은 아니다. 하나님만이 이스라엘의 진정한 왕이라는 점에는 변함이 없었다. 이스라엘의 왕은 하나님 한 분뿐이고, 그 뒤에 다윗의 자손인 또 다른 왕이 오는데 그분은 인간 왕들처럼 범죄하지 않았다. 그 왕은 여느 죄 있는 인간이 아니었다. 그분은 인간이며 동시에 하나님이었다.

말 한마디로 바리새인의 입을 막을 만큼 예리했던 예수님의 질문은 시편 110:1에서 다윗이 읊은 시에 근거한 것이었다. "여호와께서 내 주에게 말씀하시기를 내가 네 원수들로 네 발판이 되게 하기까지 너는 내 오른쪽에 앉아 있으라 하셨도다." 예수님은 이 말씀을 인용하시면서 자신을 죽이려 하는 자들을 향해 "다윗이 그리스도를 주라 칭하였은즉 어찌 그의 자손이 되겠느냐?"라고 물으셨다(마 22:45).

다시 말해 (들을 귀가 있는 자들에게) 예수님은 자신이 단순한 다윗의 자손이나 단순한 인간 왕이 아니라는 사실을 강조하신 것이었다. "태초에 말씀이 계시니라. 그 말씀이 하나님과 함께 계셨으니 이 말씀은 곧 하나님이시니라.…말씀이 육신이 되어 우리 가운데 거하시매 우리가 그의 영광을 보니 아버지의 독생자의 영광이요"

(요 1:1, 14). 오직 하나님만이 이스라엘의 진정한 왕이시다. 그렇게 시작되었고 그렇게 끝날 것이다. 예수 그리스도는 인간인 동시에 하나님인 왕이었다.

자신의 백성을 위해 왕이 죽다

마지막으로 하나님이 이스라엘에게 왕을 허락하신 것은 인간 왕이 필요했기 때문이라는 점을 알아야 한다. 오로지 하나님만이 이스라엘의 진정한 왕이 되실 수 있다. 하지만 인간 왕도 필요했다. 왜 그런가? 하나님이 죄인인 백성들을 사랑하고 통치하기 위해서는 왕이 백성을 위해 죽어야 했기 때문이다. 그러나 하나님은 죽을 수 없다. 인간만이 죽을 수 있다. 그래서 하나님은 스스로 이스라엘의 진정한 왕이 되셨을 뿐 아니라 그 왕이 백성을 대신해 죽도록 계획하셨다. 하나님이며 동시에 인간인 존재가 이스라엘의 왕이 됨으로써, 그 왕은 하나님이면서 동시에 인간이 되어 죽을 수 있었던 것이다.

사무엘이 "두려워하지 말라. 너희가 과연 이 모든 악을 행하였으나"(삼상 12:20)라고 말했을 때 그 은혜의 근거는 무엇이었을까? 그것은 하나님의 이름이 갖는 가치였다. "그의 크신 이름을 위해서라도 자기 백성을 버리지 아니하실 것이요"(22절). 하나님의 이름의 명예를 지키는 것이 바로 그 은혜의 근거였다.

그렇다면 하나님이 자신의 이름의 명예를 결정적으로 드높인 사건은 무엇이었는가? 그것은 예수님의 십자가 죽음이었다. 로마서 3:25은 이렇게 말한다. "이 예수를 하나님이 그의 피로써 믿음으로 말미암는 화목 제물로 세우셨으니 이는 하나님께서 깊이 참으시는 중에 전에 지은 죄를 간과하심으로 자기의 의로우심을 나타내려 하심이니."

여호와의 이름을 위해 십자가로 향하다

사실상 하나님은 이스라엘 백성의 죄를 눈감아 주셨다. 그들은 왕을 요구하는 순간 즉시 처벌을 받아야 했지만 하나님은 그들을 용서하고 죄를 눈감아 주셨다. 그분의 이름을 위해서였다. 하지만 하나님이 인간의 죄를 이불 밑에 슬쩍 밀어 넣고서 여전히 거룩하고 의로운 이름을 드높인다는 것은 있을 수 없는 일이었다. 죄는 반드시 다루어져야 하고 죄인은 처벌을 받아야 한다. 예수님이 십자가 위에서 돌아가셨을 때 바로 그 일이 이루어진 것이다.

우리 같은 죄인들이 처벌을 받지 않고서도 예수님처럼 영광스럽고 강력하고 선하고 거룩하고 지혜로운 왕을 가질 수 있는 이유는, 하나님이 우리 죄를 위해 그 왕을 죽게 하고 다시 부활하게 하셨기 때문이다. 사복음서를 보면 예수님을 처형하기 전에 빌라도가 "네가 유대인의 왕이냐?"라고 질문하는 내용이 나오는데 예수님은 그 질문에 "네 말이 옳도다"라고 대답하신다(마 27:11; 막 15:2; 눅 23:3; 요 18:33).

만백성의 왕이 오시다

그분은 단지 유대인의 왕이 아니었고 모든 백성, 특히 그분을 신뢰하는 자들의 왕이었다. 예수님은 현재 하나님 아버지 우편에 앉아 계시며, 언젠가 모든 원수를 그분의 발 아래 두게 될 것이다. 그때 그분이 선택한 지구상의 모든 백성은 그분 주위에 모여들 것이다. 그런 후에 이 세상은 종말을 맞을 것이고 예수님은 "많은 사람의 죄를 담당하시려고 단번에 드리신 바 되셨고 구원에 이르게 하기 위하여 죄와 상관없이 자기를 바라는 자들에게 두 번째 나타나시리라"(히 9:28). 그리고 "그 옷과 그 다리에 이름을 쓴 것이 있으니" 그것은 단지 유대인의 왕이 아니라 "만왕의 왕이요 만주의 주라 하였더라"(계 19:16). 아멘. 오소서, 왕이신 예수여!

8장

유다의 배반이 이루어낸 하나님의 계획

> "열둘 중의 하나인 가룟인이라 부르는 유다에게 사탄이 들어가니 이에 유다가 대제사장들과 성전 경비대장들에게 가서 예수를 넘겨줄 방도를 의논하매 그들이 기뻐하여 돈을 주기로 언약하는지라. 유다가 허락하고 예수를 무리가 없을 때에 넘겨줄 기회를 찾더라"(눅 22:3-6).

이 책에서 거듭 거듭 역설하고 있는 것은 인류의 가공할 죄악이 역사의 흐름을 바꾸어 놓기는 했지만, 하나님 아들을 영화롭게 하며 하나님 백성을 구하려는 하나님의 우주적인 계획을 틀어 놓은 것이 아니라 오히려 성취시켰다는 사실이다.

그러므로 인류의 모든 죄와 역사가 하나님의 크고 오묘하신 섭리 가운데 놓여 있다는 사실을 당신의 마음속에 깊이 새기고, 어떤 슬픔과 고난 속에서도 용기를 잃지 말고 굳건하게 서기를 기도한다. 아울러 그리스도를 위해 어떤 위험에 처하고 핍박을 받더라도 오로지 그리스도를 높이며 담대하기를, 주님께서 당신의 영혼에 강철 같은 믿음과 부드러운 마음을 허락하시기를 기도한다.

역사상 최악의 죄

인류 역사상 최악의 가공할 죄가 무엇이냐고 묻는다면, 그것은 도덕적으로 완벽하고 무한히 존귀하신 하나님의 아들 예수 그리스도를 잔혹하게 처형한 일이다. 그 과정에서 벌어진 가장 비열하고 야비한 행동은 예수님의 제자였던 가룟 유다의 배신이었다.

유다는 예수님이 직접 뽑으신 열두 제자 중 한 명이었고 예수님의 공생애 기간 동안 늘 동행했던 가장 가까운 친구 중 한 명이었다. 특히 그는 예수님 일행의 돈주머니를 관리하던 자였다(요 13:29). 최후의 만찬 자리에서는 예수님과 같은 잔에 빵을 찍어먹을 정도로 주님과 스스럼없는 사이였다(막 14:20).

유다에게 사탄이 들어가니

최후의 만찬 자리에서 누가는 누가복음 22:3-6을 통해 이런 기록을 남겼다. "가룟인이라 부르는 유다에게 사탄이 들어가니 이에 유다가 대제사장들과 성전 경비대장들에게 가서 예수를 넘겨줄 방도를 의논하매 그들이 기뻐하여 돈을 주기로 언약하는지라. 유다가 허락하고 예수를 무리가 없을 때에 넘겨줄 기회를 찾더라." 결국 유다는 대제사장들과 경비대장 등을 이끌고 겟세마네 동산으로 가서 입맞춤으로 예수님을 배반했다(눅 22:47-48). 그것은 예수님의 죽음을 결정지은 죽음의 입맞춤이었다.

3절에서 누가가 "유다에게 사탄이 들어가니"라고 했던 대목을 보면서 몇 가지 의문이 일어난다. 사탄이 선량한 유다를 제압하고 들어갔다는 말인가, 아니면 유다가 전부터 사탄과 동행하는 삶을 살았다는 말인가, 그것도 아니면 사탄이 지금 바로 유다에게 들어갈 때라고 결정했다는 말인가? 또 다른 의문은 사탄이 왜 그렇게 했냐는 것이다. 예수님의 죽음과 부활은 사탄의 최종적인 패배를 불러왔고 사탄이 그 사실을 모를 리 없었을 것이다. 마지막으로, 가장 중요한 질문은 그 모든 일이 일어났을 때 하나님은 어디에 계셨는가 하는 점이다. 인류 역사상 최악의 범죄가 저질러지는 순간에 하나님이 하셨던 (혹은 하지 않으셨던) 역할은 과연 무엇이었을까? 그럼 이러한 질문들을 하나씩 파헤쳐 보기로 하자.

유다의 추악한 욕구를 사탄이 이용하다

누가복음 22:3의 "유다에게 사탄이 들어가니"라는 대목을 대체 어떻게 이해해야 할까? 유다의 의지와 사탄의 능력의 상관관계는 무엇일까? 유다는 사탄에게 엉겁결에 당한 희생자가 아니었다. 요한복음 12:6에서 사도 요한은 그를 '도둑'이라고 불렀다. 사도 요한은 마리아가 예수님의 머리에 값비싼 향유를 부었다고 투덜거리는 유다를 향해 이런 해석을 내렸다. "이렇게 말함은 가난한 자들을 생각함이 아니요 그는 도둑이라. 돈궤를 맡고 거기 넣는 것을 훔쳐 감이러라."

요한의 말이 믿기지 않는다면 요즘 잘나가는 기독교 지도자들의 사치풍조를 떠올려 보라. 그들은 헌금으로 들어온 돈으로 4만 불짜리 옷을 사 입고, 자녀에게는 3만 불짜리 바하마 여행을 시켜 주며, 흰색 렉서스나 붉은색 벤츠를 몰고 다닌다. 유다는 매우 독실한 체하며 예수님 곁에 앉아 있었을 테고 밖에 나가서는 예수의 이름으로 귀신을 내쫓았겠지만, 그는 결코 순수하게 주님을 사랑하는 사람이 아니었다. 그가 사랑한 것은 돈이었다. 그리고 그 돈으로 살 수 있는 권력과 쾌락을 사랑했다.

바울은 인간의 죄와 사탄의 능력이 어떻게 연관되어 있는지를 에베소서 2:1-3에서 이렇게 설명한다. "그는 허물과 죄로 죽었던 너희를 살리셨도다. 그때에 너희는 그 가운데서 행하여 이 세상 풍조를 따르고 공중의 권세 잡은 자를 따랐으니(죄로 죽었던 것과 사탄을 따랐던 것의 연결성에 주목하라) 곧 지금 불순종의 아들들 가운데서 역사하는 영이라. 전에는 우리도 다 그 가운데서 우리 육체의 욕심을 따라 지내며 육체와 마음의 원하는 것을 하여 다른 이들과 같이 본질상 진노의 자녀이었더니." 죄로 인해 죽었고, 육체의 욕심을 따라 살았고, 육체와 마음의 원하는 것을 했고, 그럼으로써 공중의 권세 잡은 자를 따랐던 우리였다.

사탄은 죄 없는 사람을 자신의 포로로 잡아 두지 않는다. 그리고 이 세상에 죄 없는 사람은 한 명도 없다. 죄의 욕망이 꿈틀거리는 곳에서 사탄은 힘을 발휘한다. 유다는 돈을 사랑하는 자였고 그 사실을 교묘하게 속였으며 예수님과 형식적인 관계만 맺고 있었을 뿐이다. 그러다가 은 삼십 냥에 눈이 멀어 예수님을 팔아넘겼다. 오늘날에도 얼마나 많은 가룟 유다들이 거리를 활보하고 있을까? 우리는 그러한 자가 되지 말자. 또한 그런 자들의 위선에 속아 넘어가지도 말자.

사탄의 자멸을 부른 계략

두 번째 질문은 사탄이 왜 유다로 하여금 예수님을 배반하게 만들었을까 하는 점이다. 예수님의 죽음과 부활이 자신의 패망을 가져올 줄 몰랐단 말인가?(골 2:13-15; 계 12:11). 사탄이 자신의 패망을 진작부터 알고 있었다는 유력한 증거가 있다.

예수님이 공생애를 시작하고 십자가의 길을 걸어가려 할 때 사탄은 고난과 희생의 길에서 벗어나도록 예수님을 유혹한 적이 있었다. 광야에서 돌을 떡으로 바꾸고, 높은 성전에서 뛰어내리고, 사탄에게 절해서 세상의 통치권을 넘겨받으라는 세 가지 시험이 바로 그것이었다(마 4:1-11). 사탄이 예수님을 유혹한 내용을 이렇게 요약할 수 있다. "고난과 희생과 죽음의 길을 걸어가지 마시오. 당신의 권능을 사용해서 고통을 피하시오. 만일 당신이 하나님의 아들이라면 세상에 대한 통치권이 있음을 보여 주시오. 나도 돕겠소 무슨 일이 있어도 절대로 십자가의 길은 가지 마시오."

예수님이 장로들과 대제사장들에게 많은 고난을 당하고 그들의 손에 죽임을 당할 것이라고 예언하셨을 때, 베드로가 주님을 꾸짖으며 "주여 그리 마옵소서. 이 일이 결코 주께 미치지 아니하리이다"(마 16:22)라고 말했던 장면을 기억하는가? 그 말인즉슨 내가 절대로 주님이 그렇게 죽도록 내버려두지 않겠다는 것이다.

예수님은 베드로를 칭찬하는 대신에 이렇게 질책하셨다. "사탄아 내 뒤로 물러 가라. 너는 나를 넘어지게 하는 자로다. 네가 하나님의 일을 생각하지 아니하고 도리어 사람의 일을 생각하는도다"(마 16:23). 예수님이 십자가에 달리지 않도록 방해하는 것이 사탄의 일이었다. 사탄은 예수님이 십자가에 못박히기를 원치 않았다. 이는 곧 자신의 파멸을 의미하기 때문이었다.

하지만 누가복음 22:3에서는 사탄이 유다에게 들어가고 유다가 예수님을 배반하여 십자가에 못박히게 했다고 말한다. 왜 갑자기 사탄이 돌변한 걸까? 십자가의 길을 적극적으로 말리던 사탄이 왜 이제 십자가의 길을 적극적으로 주도하는 입장이 된 걸까? 성경에는 그 이유가 나와 있지 않다. 다만 이런 추측은 가능하다.

사탄은 예수님이 십자가에서 죽지 않도록 방해했던 모든 일이 결국 실패로 돌아간 것을 알았다. 예수님은 조금의 흔들림도 없이 자신이 가야 할 길을 묵묵히 걸어가셨다. 죽기로 단단히 결심한 분처럼 보였다(눅 9:51, 53). 결국 사탄은 아무리 방해해 봤자 소용없다는 것을 깨닫게 되었다. 그래서 어차피 십자가의 길을 막을 수 없다면 그 길을 최대한 잔혹하고 고통스럽고 괴롭게 만들자고 결심한 것이다. 그냥 죽음이 아니라 배반당하고, 제자들에게 버림받고, 베드로에게 부인당하고(눅 22:31-34), 고문당해 죽게 만드는 것이었다. 멈출 수 없다면 다른 사람들까지 끌어들여 최대한 예수님을 고통스럽게 하자는 것이었다. 바로 이것이 예수님의 죽음에 개입된 가공할 죄악들이었다.

하나님은 무엇을 하셨나?

그럼 이제 마지막 질문이자 가장 중요한 질문을 생각해 볼 차례다. 예수님이 돌아가실 때 하나님은 어디에 계셨을까? 아니, 더 정확하게 말해서 예수 그리스도의 처형이라는 인류 역사상 최악의 범죄가 저질러지는 순간에 하나님이 하셨던 (혹은 하지 않으셨던) 역할은 과연 무엇이었을까?

그 질문에 대답하기 전에 우리는 먼저 손으로 입을 가리고 모든 철학적 논쟁을 피해야 한다. 우리 의견은 아무 소용이 없다. 중요한 것은 하나님이 그분의 말씀에서 무엇이라고 하셨는가다. 첫째로 성경을 통해 하나님이 말씀하고 있는 것은, 예수님의 죽음에 관한 구체적인 사항들이 수백 년 전에 예언되었다는 사실이다.

성경은 이 땅에 예수님이 오시면 악한 자들에게 버림받을 것이라고 했다. "예수께서 이르시되 (시 118:22을 인용하면서) 너희가 성경에 건축자들이 버린 돌이 모퉁이의 머릿돌이 되었나니 이것은 주로 말미암아 된 것이요 우리 눈에 기이하도다 함을 읽어 본 일이 없느냐"(마 21:42).

성경은 사람들이 예수님을 미워할 것이라고 했다. 예수님은 시편 35:19을 인용하시며 "이는 그들의 율법에 기록된 바 그들이 이유 없이 나를 미워하였다 한 말을 응하게 하려 함이라"(요 15:25)고 하셨다.

성경은 제자들이 예수님을 저버릴 것이라고 했다. 스가랴 13:7을 인용하면서 예수님은 이렇게 말씀하셨다. "오늘 밤에 너희가 다 나를 버리리라. 기록된 바 내가 목자를 치리니 양의 떼가 흩어지리라 하였느니라"(마 26:31).

성경은 예수님이 창에 찔리고 뼈가 부러지지 않을 것이라고 했다. 사도 요한은 시편 34:20과 스가랴 12:10을 인용하면서 다음과 같이 말했다. "그중 한 군인이 창으로 옆구리를 찌르니…이 일이 일어난 것은 그 뼈가 하나도 꺾이지 아니하리라 한 성경을 응하게 하려 함이라. 또 다른 성경에 그들이 그 찌른 자를 보리라 하였느니라"(요 19:34-37).

성경은 예수님이 친한 사람에게 은 삼십 냥에 배반당할 것이라고 했다. 예수님은 시편 41:9을 인용해 이렇게 말씀하셨다. "내가 너희 모두를 가리켜 말하는 것이 아니니라. 나는 내가 택한 자들이 누구인지 앎이라. 그러나 내 떡을 먹는 자가 내게 발꿈치를 들었다 한 성경을 응하게 하려는 것이니라"(요 13:18). 마태복음 26:24에서 예수님은 이런 말씀도 하셨다. "인자는 자기에 대하여 기록된 대로 가거니와 인자를 파는 그 사람에게는 화가 있으리로다." 또한 마태

복음 27:9-10은 이렇게 말한다. "이에 선지자 예레미야를 통하여 하신 말씀이 이루어졌나니 일렀으되 그들이 그 가격 매겨진 자 곧 이스라엘 자손 중에서 가격 매긴 자의 가격 곧 은 삼십을 가지고 토기장이의 밭 값으로 주었으니 이는 주께서 내게 명하신 바와 같으니라 하였더라"(렘 19:1-13; 슥 11:12-13).

성경만이 아니라 예수님 자신도 어떻게 죽임당할 것인지 구체적으로 예견하셨다. 마가복음 10:33-34에서 예수님은 이렇게 말씀하셨다. "보라 우리가 예루살렘에 올라가노니 인자가 대제사장들과 서기관들에게 넘겨지매 그들이 죽이기로 결의하고 이방인들에게 넘겨주겠고 그들은 능욕하며 침 뱉으며 채찍질하고 죽일 것이나 그는 삼 일 만에 살아나리라 하시니라." 그리고 바로 그날 밤, 예수님은 베드로를 보시면서 "내가 진실로 네게 이르노니 오늘 밤 닭 울기 전에 네가 세 번 나를 부인하리라"고 말씀하셨다(마 26:34).

하나님의 전능한 뜻에 따라

이 모든 예언을 보면서 우리는 하나님이 모든 일을 미리 알고 계셨고 막지 않으셨다는 사실을 알 수 있다. 막기는커녕 아들이 미움을 받고 버림을 당하고 배반과 부인을 당하고 침 뱉음과 조롱과 채찍질을 당하고 창으로 찔리고 죽임을 당하는 모든 것이 하나님의 계획 안에 포함되어 있었음을 보게 된다. 그러니까 이 모든 일이 실제로 일어나기 전에 하나님의 머릿속에는 예수님에게 어떤 일이 일어날지 명백하게 들어 있었다는 말이다. 그 일들은 결코 돌발적인 사건이 아니었다. 이미 성경에서 예언된 일이었다. 하나님은 이미 모든 것을 알고 계셨고 얼마든지 그런 일이 일어나지 않게 막을 수도 있었지만 막지 않으셨다. 결국 하나님의 전능한 뜻에 의해 모든 일이 일어난 것이다. 그것은 하나님의 계획이었다.

하지만 너무나 악하고 참혹했다. 그것은 죄악이었다. 도덕적으로 완벽하고 무한하게 존귀한 하나님의 아들을 미워하고 버리고 배신하고 정죄하고 침을 뱉고 채찍질하고 조롱하고 창으로 찌르고 잔인하게 죽이는 것은 극악무도하기 짝이 없는 엄청난 죄악이었다. 그럼에도 불구하고 성경은 이 모든 일을 하나님이 이미 계획하셨다고 명백하게 말한다. 지금까지 살펴본 예언적 말씀에도 그 점이 분명하게 명시되어 있지만, 다른 구절을 살펴보아도 역시 하나님이 그 일을 주도하셨다는 사실을 볼 수 있다.

하나님이 하신 일이다

예를 들어 이사야 53:6, 10은 이렇게 말한다. "우리는 다 양 같아서 그릇 행하여 각기 제 길로 갔거늘 여호와께서는 우리 모두의 죄악을 그에게 담당시키셨도다.…여호와께서 그에게 상함을 받게 하시기를 원하사 질고를 당하게 하셨은즉." 하나님이 그를 상하게 하셨다. 예수님을 십자가의 죽음으로 몰고 간 전 과정을 하나님이 주도하고 계셨다. 침 뱉고 채찍질하고 조롱하고 창으로 찌르는 배후에는 하나님의 보이지 않는 손이 역사하고 있었던 것이다.

나는 그 사실을 매우 조심스럽고 떨리는 마음으로 이야기하고 있다. 그것은 너무도 심오하고 너무도 가슴 아프고 너무도 충격적인 사실이어서 가볍게 언급하거나 으스대며 할 이야기가 아니다. 나는 앞서 하나님의 보이지 않는 손과 계획이 최악의 가공할 죄악 뒤에서 역사하고 있었다고 말했다. 사실상 그것은 사탄의 타락이나 이 세상 어느 끔찍한 죄악보다 더 악랄하고 잔인무도한 죄였다. 내가 '하나님의 보이지 않는 손과 계획'이라는 표현을 사용한 이유는 바로 성경에 그 표현이 그대로 나오기 때문이다.

하나님의 손과 계획

사도행전 4:27-28에서 우리는 예수님의 십자가 처형 배후에 하나님의 손과 계획이 역사했다는 아주 명확하고도 확실한 구절과 맞닥뜨리게 된다. "과연 헤롯과 본디오 빌라도는 이방인과 이스라엘 백성과 합세하여 하나님께서 기름부으신 거룩한 종 예수를 거슬러 하나님의 권능과 뜻대로(영어 성경에는 '하나님의 손(hand)과 계획(plan)'으로 번역되어 있음—역주) 이루려고 예정하신 그것을 행하려고 이 성에 모였나이다." 이 구절에 기록된 하나님의 '손'과 '계획' 두 단어를 내가 앞에서 사용한 것이다.

사실 하나님의 손과 계획이 뭔가를 예정했다고 말하는 것은 다소 어폐가 있다. 보통은 하나님의 손이 무엇을 예정한다고 생각하지 않는다. 어떻게 손이 예정할 수 있단 말인가? 나는 그 말을 이렇게 해석한다. 하나님의 손은 주로 권능을 의미한다. 그때의 권능은 추상적인 힘이 아니라 이 세상에서 실제적으로 발휘되는 힘이다. 하나님의 손을 '계획'과 나란히 사용하게 되면, 그것은 하나님의 이론적인 계획이 아니라 하나님의 손으로 실행에 옮기려는 실제적인 계획을 의미하게 된다.

그렇기에 이사야 53:10은 이렇게 이야기하고 있는 것이다. "여호와께서 그에게 상함을 받게 하시기를 원하사 질고를 당하게 하셨은즉." 다른 성경은 좀더 원문에 가깝게 번역해 놓았다. "그가 상처를 입고 고통을 당한 것은 내 뜻이었다"(현대인의성경). 하나님이 예수님을 상하게 하고 고통을 당하게 하셨다. 헤롯과 본디오 빌라도와 이방인과 이스라엘 백성의 뒤에서 예수님의 아버지인 하나님이, 예수님을 무한한 사랑으로 사랑하시는 하나님이 그들 뒤에서 그렇게 하신 것이다.

예수님의 죽음을 주도한 장본인

왜 그 사실이 우리에게 중요한가? 만일 하나님이 예수님의 죽음을 주도한 장본인이 아니라면, 예수님의 죽음은 우리를 죄에서 구원할 수 없고 따라서 우리는 영원히 멸망할 수밖에 없기 때문이다(마 25:46; 살후 1:9). 예수님의 죽음이 복음의 핵심이 된 이유는 하나님이 그 일을 주도하셨기 때문이다. 로마서 5:8을 읽어 보라.

"우리가 아직 죄인 되었을 때에 그리스도께서 우리를 위하여 죽으심으로 하나님께서 우리에 대한 자기의 사랑을 확증하셨느니라." 만일 우리가 예수님의 죽음을 하나님의 역사와 별개로 생각한다면 우리는 복음을 잃게 된다. 그러나 예수님의 죽음은 하나님의 뜻이었다. 바로 그 사실이 죄인을 향한 하나님의 그지없이 높고 깊은 사랑이다. 바로 나와 당신을 향한 사랑이다.

로마서 8:3은 이렇게 말한다. "곧 죄로 말미암아 자기 아들을 죄 있는 육신의 모양으로 보내어 육신에 죄를 정하사." 하나님은 예수님의 육신에 우리의 죄를 뒤집어씌우셨다. 그래서 우리가 죄에서 해방된 것이다.

갈라디아서 3:13을 읽어 보라. "그리스도께서 우리를 위하여 저주를 받은 바 되사 율법의 저주에서 우리를 속량하셨으니." 우리가 받아야 할 저주를 하나님은 예수님에게 받게 하셨다. 그래서 우리가 죄에서 해방된 것이다.

고린도후서 5:21을 보자. "하나님이 죄를 알지도 못하신 이를 우리를 대신하여 죄로 삼으신 것은 우리로 하여금 그 안에서 하나님의 의가 되게 하려 하심이라." 하나님은 예수님에게 우리의 죄를 지우셨기 때문에 이제 우리가 하나님의 의로움 가운데 자유롭게 된 것이다.

이사야 53:5을 보자. "그가 찔림은 우리의 허물 때문이요 그가 상함은 우리의 죄악 때문이라." 하나님은 예수님을 상하게 하셨다. 나와 당신을 위해서. 그래서 우리가 이렇게 구원을 받은 것이다.

예수님의 십자가, 그리고 하나님의 사랑과 역사

이 책의 내용이 왜 중요한가? 하나님이 그리스도의 영광을 위해 가공할 죄악을 예정하셨다는 성경적 진리를 깨닫게 되면, 그러면서도 여전히 하나님은 거룩하고 의롭고 성결하시다는 사실을 믿게 되면, 당신은 예수님의 십자가가 하나님의 역사로 이루어진 사실에 확신을 갖게 될 것이며 아울러 이 세상에서 가장 진실한 사랑의 행위에 대해 '하나님의 무자비한 자녀 살해'라고 말하는 무지한 사람들 속에 섞이지 않을 것이기 때문이다. 오직 당신은 이렇게 말할 것이다. 예수님의 십자가 죽음은 단순한 인간의 음모가 아니었고 하나님의 역사였으며 하나님의 사랑이었다고. 이제 당신은 그것을 하나님이 주시는 최고의 선물로 받아들일 수 있을 것이다. 그래서 구원을 얻게 될 것이다. 그리고 예수님은 영광을 받으실 것이다. 그렇게 되면 이 책에 들어간 내 노력도 헛되지 않을 것이다.

맺는 기도

내가 이 책을 쓴 목적은 고난 가운데 있는 (단순한 고난이 아니라 죄악에 물든 고난) 독자들이 하나님의 은혜와 자비와 지혜와 능력을 깨달아 믿음에 굳게 서기를 바랐기 때문이다. 이 세상의 극악무도한 죄악과 비참한 불행을 보면서 하나님을 불신하고 싶은 마음이 들 때, 성경이 우리에게 이미 그런 사실을 예고했음을 기억하기 바란다. 죄와 질병과 재앙이 선하시고 전능하신 하나님의 통치 아래서 끊이지 않고 계속될 것이라고 성경은 되풀이해서 강조한다. 사탄이든 아담이든 요셉이든 가룟 유다든 하나님이 주시는 금언은 한 가지다. "당신들은 나를 해하려 하였으나 하나님은 그것을 선으로 바꾸사"(창 50:20).

가공한 죄악들은 최종 결정판이 아니다. 알고 보면 사탄은 비이성적이고 분별없는 존재다. 그가 하나님의 허락을 받아 저지른 대부분의 일들이 어리석고 바보 같은 짓이었음이 언젠가 판명 날 것이다. 그렇기에 대통령들은 기자 회견을 하면서 대학살을 '무분별하고 무자비한 살육'이라고 말하는 게 아니겠는가? 하지만 또 다른 시각도 있다. 그것은 하나님의 시각이다. 물론 대학살의 참상은 무분별하고 무자비한 것이지만 그게 다는 아니다.

> 당신의 생각은 멀고도 멀어라.
> 그분의 계획이 언젠가 드러나리.
> 모든 일을 완전히 마치신 후에는
> 우리의 불필요한 두려움도 깨닫게 되리.[1]

악하고 힘겨운 세상에서 믿음을 지키며 살아가는 것이 쉬울 것이라고 성경은 말하지 않는다. 그래서 '이기는 자'는 둘째 사망을 당하지 않을 것이라고 나와 있다. 첫째 사망은 참으로 끔찍했다. 하지만 둘째 사망은 그렇지 않을 것이다(계 2:10-11). 죄악이 판치는 세상에서 믿음과 기쁨을 지키는 일은 결코 누워서 떡 먹기가 아니다. 이겨야만 가능하다. 내가 이 책을 쓴 이유도 그것이다. 독자들이 가공할 죄악과 불행 속에서 불신과 절망을 이기고 승리하게끔 만들고 싶었기 때문이다. 자, 이제 나는 이 책을 읽는 독자들을 위해 주님께 이렇게 간구하고 싶다.

> 은혜로운 영광의 하나님 아버지,
> 당신은 참으로 자비하고 사랑이 무한하고
> 은혜로 다스리는 분이오니

이 작은 책이 당신의 영광을 볼 수 있는

창문이 되게 하시고,

만물 가운데 가장 뛰어나신 당신을 깨닫게 하소서.

진리를 알게 하는 성령의 능력으로

창문의 유리창이 더욱 맑고 깨끗해져서,

당신의 말씀에 충실한 내용들이 인정을 받게 하시고

충실하지 못한 내용들은 혼란을 일으키지 않게 도와주소서.

먹구름을 몰아내는 당신의 명료한 빛이

우리 생각을 비치게 하시고

영적인 이해력이 우리 마음을 채우게 하소서.

사도들이 당부한 말씀처럼

우리가 주 예수 그리스도를 아는 은혜와 지식 가운데

자라나게 하소서.

이 세상의 끔찍한 죄악들을 보되

하나님의 거룩함도 아울러 보게 하소서.

또한 인간의 죄를 다스리는

의로우신 하나님도 알게 하소서.

궁극적인 진리를 깨닫게 도와주셔서

우리 믿음의 기반이 든든해지게 하소서.

멍든 가슴을 위로할 줄 알게 하시고

우리가 노 저어 가는 작은 배에
성경적 진리라는 모래주머니를 넣어 주셔서,
격변하는 시대에 재앙의 파도가 몰아쳐도
곤경의 바다에서 전복되거나
흔들리지 않게 하소서.

사도들의 경고를 마음에 새겨서
지식만 잔뜩 쌓아 놓고
교만한 자가 되지 않게 하소서.
무한한 지혜의 하나님이시여,
그리스도가 없다면 우리가 얼마나
악하고 죄 많은 자인지를 깨닫게 하소서.
또한 당신의 능력과 비교해서
우리의 능력이 얼마나 보잘것없는지도
알게 하소서.
우리의 생명은 전적으로 하나님께 달려 있고
당신의 심판은 한없이 의로우며
우리는 단지 거울로 보듯 희미하게만
보고 있다는 사실을 알게 하소서.

예수 그리스도의 영광을 맛볼 수 있도록
우리의 마음과 생각을 새롭게 하시고 넓혀 주소서.

성경 말씀을 통해 주님의 영광을 조금이나마 맛볼 때마다
당신을 향한 더 큰 애정이 샘솟게 하소서.
이기적인 욕망이 녹아 없어질 정도로
주님에 대한 사랑이 불타오르게 하소서.
우리 영혼의 깊은 곳에서부터
주님의 진리와 아름다움이 드러나게 하셔서
주님을 모르는 세상에 증인이 되게 하소서.
그것이 무엇보다 간절히 원하는 것이옵니다.
주님 한 분만으로 만족하게 하시고
이기심의 노예가 되지 않게 하시고
원한과 분노를 이기게 하시고
걱정과 두려움을 극복하게 하시고
좌절과 절망에서 헤어나게 하시고
탐욕과 정욕의 모든 뿌리가 뽑혀 나가게 하소서.

이 모든 자유와 승리를 사랑 안에서 만끽하게 하소서.
오직 그리스도 안에서 만족하되
안 믿는 이들이 주께로 올 때 더욱 만족하게 하소서.
주님을 아는 기쁨이 고독한 기쁨이 되지 말게 하시고
다른 이의 행복을 위해 희생하는 힘이 되게 하소서.
심지어 우리를 미워하는 이들을 위해서도
기꺼이 희생하게 하소서.

우리가 베푸는 긍휼로 마음이 상한 자에게 위로를,
뉘우치는 자에게는 용기를 주게 하소서.
주 안에서 받는 우리의 모든 상급도
잃어버린 영혼을 향하게 하소서.
상처 받은 이들을 따뜻하게 보듬어 주게 하시고
나를 잊고 주변에 있는 이들을 돌보게 하소서.

찬란한 영광의 그리스도를 존귀하게 여기며
다른 사람을 향해 넘치는 애정을 품게 하시고
모든 것 위에 예수님이 높이 들리게 하소서.
예수님만이 우리의 사랑과 애정과 자부심과 존경과 찬사와
기쁨과 찬양과 감사와 예배의 대상이 되게 하소서.
이 세상에 우리의 빛을 환하게 비추시고
사람들이 우리의 희생적 사랑과 진실한 말 속에서
주님을 보게 하시며
당신의 높은 이름에 영광을 돌리게 하소서.

예수 그리스도의 이름으로 기도합니다.
아멘.

감사의 글

하나님은 양 떼의 큰 목자 되시는 분을 죽은 자 가운데서 이끌어내어 내가 하나님의 뜻을 이행하기 위해 필요한 모든 것을 그분을 통해 공급받도록 하셨다(히 13:20-21). 그래서 내가 넘어진다면 그것은 큰 목자의 공급이나 능력이 부족해서가 아니라 순전히 나의 죄 때문인 것이다. 주님은 항상 옳으시기에…내가 굳건하게 서 있다면 그건 전적으로 그분의 능력으로 말미암은 것이다. 나는 목자의 돌봄을 받는 양이기에…그분은 큰 목자의 영광을 받으셔야 한다. 모든 좋은 것과 진실한 것이 목자의 은혜 덕이니 당연히 나의 첫 번째 감사를 우리 주 예수 그리스도께 올린다.

　큰 목자 밑에서 나는 베들레헴 침례교회의 보잘것없는 목자로 섬기고 있다. 기쁘게 섬기려는 내 노력에서 은혜를 받는 교인들이 한없이 고마울 따름이다. 우리 교인들은 배우려는 열정이 대단한 제자들이다. 그토록 주님을 사랑하는 사람들에게 주님에 대한 이야기를 할 수 있다는 게 얼마나 기쁘고 흡족한 일인지 모른다. 이 책의 내용은 제일 먼저 우리 교인들에게 들려준 이야기였고, 그들은 내가 차분히 설교를 모아 책으로 엮을 수 있게 도와주었다.

목회와 집필을 위해 힘이 되어 준 데이비드 매시스(David Mathis)와 네이슨 밀러(Nathan Miller)에게 감사한다. 내 책의 색인을 작성해 준 나의 절친한 친구이며 'Desiring God'의 동료인 캐롤 스테인바흐(Carol Steinbach)에게도 감사한다. 그녀의 탁월한 재능과 세심함에 큰 신세를 지게 되었으니, 하나님께 감사하면서 은혜를 잊지 않는 자가 되고자 노력해야겠다.

이번에도 나는 이 책의 집필을 위해 위스콘신의 오두막을 은신처로 삼았다. 언제나 나를 이해해 주는 사랑하는 아내 노엘(Noel), 이 보잘것없는 목사와 결혼한 것을 비관하지 않아 주어서 고맙다.

예수 그리스도의 기쁨과 하나님의 전능하심을 전하고픈 소망을 크로스웨이 출판사와 함께 나누게 된 것은 내게 더없는 축복이었다. 그들과 더불어 일하는 것은 언제나 즐겁고 신날 수밖에 없다.

수많은 이들의 노력과 도움이 헛되지 않고 우리 주 예수 그리스도의 영광이 이 책을 통해 온 누리에 뻗어가기를 바란다.

주

1장 악을 이긴 하나님의 권능

1) http://www.hopeingod.org/resources/bible-study-aids 참고.
2) 야고보서 1:13-15을 예로 들어 반박하는 사람들이 있을지 모르겠다. "사람이 시험을 받을 때에 내가 하나님께 시험을 받는다 하지 말지니 하나님은 악에게 시험을 받지도 아니하시고 친히 아무도 시험하지 아니하시느니라. 오직 각 사람이 시험을 받는 것은 자기 욕심에 끌려 미혹됨이니"(13-14절). 각 사람은 유혹에 넘어가서(*exelkomenos*) 시험을 받는 것이고 자신의 욕망에 의해 꾐에 넘어가는(*deleazomenos*) 것이다. "욕심이 잉태한즉(*syllabousa*) 죄를 낳고(*tiktei*) 죄가 장성한즉 사망을 낳느니라"(15절). 각자의 주장에 문제가 되는 성경 본문이 있다면 그것을 굳이 숨길 이유가 없다고 생각한다. 모두가 그렇겠지만 나 역시 내 주장에 들어맞는 구절만 골라 제시할 자격이 없다. 내 주장이 다른 성경 구절과 조화를 이룰 수 없다면 나보다 현명한 사람이 나타나 조화를 이루어 줄 때까지 일단은 모순되는 대목을 그대로 제시하겠다(천국에 가서 하나님의 최종적인 해석을 들을 때까지 기다리는 한이 있더라도).

범죄에 대한 하나님의 의도에 관해 성경의 다른 사례를 참고하여 나름대로 야고보서 1:13을 해석한 바는 이렇다. '시험을 받는다'는 의미는 14절의 말씀처럼 '유혹에 넘어가서'(*exelkomenos*), 그리고 자신의 욕망에 의해 '꾐에 넘어가서'(*deleazomenos*) 시험을 받는 것으로 정의할 수 있다. 다시 말해 야고보가 말하는 시험은 누군가 앞에 욕망의 대상이 되는 것을 놓아둔다는 의미의 시험이 아니라는 것이다(야고보가 시험하는 주체를 시험의 대왕인 사탄으로 보지 않고 우리의 욕망으로 보았음을 유념하라). 예를 들어 야고보 식으로 말하자면 음란물을 보여 주는 것이 시험이 아니라 음란물을 보는 사람으로 하여금 '유혹에 넘어가고' '욕망의 꾐에 넘어가게' 하는 그 사람의 마음이 문제라는 것이다. 야고보는 악을 행하려는 강력한 욕구에서 나온 감정적 반응을 곧 시험으로 본 것이다. 그것을 야고보는 실제로 죄를 '낳기'(*tiktei*) 전에 죄를 '잉태하는'(*syllabousa*) 과정으로 표현했다(15절).

따라서 야고보는 하나님이 그런 식으로 유혹에 넘어가거나 꾐에 넘어가는 일을 결코 당하지 않을 것이라고 말하는 듯하다. 아울러 하나님은 인간의 마음에 직접적으로 역사하셔서 (1장의 주1을 참고하라) 유혹에 넘어가게 하거나 꾐에 넘어가게 하지는 않으신다는 것이다. 어떤 면에서 (우리가 전적으로 이해할 수는 없지만) 하나님은 비난받지 않을 '시험'을 통해 하나님의 요구를 인간이 제대로 이행하는지 보실 수도 있다(설령 그것이 악으로 빠질 가능성이 있다고 해도).

그러나 야고보가 "하나님은 악에게 시험을 받지도 아니하시고"라고 말한 것은 그분 앞에 객관적인 유혹거리를 놓을 수 없다는 의미가 아니다(예수님은 분명 광야에서 시험을 받으셨다). 혹은 하나님이 인간 앞에 그와 같은 유혹거리가 오지 않도록 하신다는 의미도 아니다. 결국 인간은 그런 유혹거리로 인해 욕망의 유혹에 넘어가 죄를 짓게 된다(하나님은 인간이 죄지을 것을 이미 알고 계셨으므로 이 경우에는 하나님이 죄짓는 것을 원하셨다고까지 말할 수 있다). 성경에 보면 때로는 하나님이 상황을 주도하셔서 인간을 시험하신다고(헬라어로는 '유혹하신다' 라는 말과 동일함) 나와 있다(참고 히 11:17). 그리하여 인간은 자신의 죄성으로 인해 두려움을 갖고 있는 일에 위험을 무릅쓰고 순종하거나, 인간이 탐했던 잘못된 쾌락에 빠지거나 둘 중의 하나를 선택하게 된다. 결국 내가 말하고 싶은 것은 하나님이 상황과 사건을 주도할 수 있다는 것이다. 그것이 현명하고 좋은 일이라면 그렇게 하실 것이다. 설령 그로 인해 죄를 지을 가능성이 있더라도 말이다. 그러나 야고보가 말한 것처럼 죄를 짓는 사람을 죄로 '유혹하는' 방식은 아니라는 것이다. John Piper, *Are There Two Wills in God?*, Thomas R. Schreiner와 Bruce Ware가 편집한 *Still Sovereign: Contemporary Perspectives on Election, Foreknowledge, and Grace*, pp. 107-131를 참고하라.

3장 하나님은 사탄을 왜 살려 두시는가?

1) 한 예로, Thomas R. Schreiner는 베드로후서 2:4과 유다서 6절의 말씀이 창세기 6:1-4에 나오는 천사들의 죄에 대한 말씀이라고 주장한다. 그러면서도 "유사 이전의 천사들의 타락은 신학적으로 타당성 있는 추론이다"라고 말했다. *The New American Commentary: 1, 2 Peter, Jude*, Vol. 37(Nashville: Broadman & Holman, 2003), p. 336.

4장 아담의 불순종을 이긴 예수님의 순종

1) Stephen Charnock(1628-1680)은 하나님의 뜻에 대한 다양한 성경 말씀을 비교적 균형 있게 해석한 학자다. Henry Cromwell의 전속 목사였고 런던에서 비국교도 목사로 목회를 했던 그는 이런 글을 남겼다.

"하나님은 직접 (죄를) 짓도록 의도하지 않으시고 죄지을 가능성이 유효하게끔 의도하셨다. 하나님은 그분의 율법(하나님의 뜻이 무엇인지 보여 줌)으로 범죄를 금하신 분이기에 직접 인간을 범죄로 이끌지 않으신다. 만일 하나님이 직접적으로 죄를 짓게 하면서 직접적으로 죄를 금하셨다면, 선과 악을 동시에 원하는 셈이 되고, 그렇게 되면 하나님의 뜻에 모순이 생긴다. 정말로 죄짓기를 원한다면 죄를 짓도록 유도해야 할 것이다. "하나님은 하늘에 계셔서 원하시는 모든 것을 행하셨나이다(시 115:3)." 하나님은 인간이 죄를 짓는 것을 원하실 수 없다. 그분은 죄를 짓도록 유도할 수 없기 때문이다. 하나님은 실정법(현실적으로 정립된 법-역주)으로 선을 행하기 원하신다. 왜냐하면 실정법이 실행되도록 명령하셨기 때문이다. 하나님은 특정법(특정 개인에게만 적용되는 법-역주)으로만 악을 원하시는데 은혜를 주지 않기로 결정하신 때에만 그렇다. 은혜를 주기로 결정했다면 분명히 그와 같은 범죄를 미리 막았을 것이다. 하나님은 범죄를 원치 않으신다. 그게 아니라면 범죄를 승인했어야 한다. 하나님이 범죄를 의도하시는 것은 그분의 지혜로써, 범죄로부터 선한 결과를 도출하기 위해서다. 하나님은 범죄 자체를 의도하는 게 아니라 선한 결과를 위해 범죄를 의도하시는 것이다." Stephen Charnock, *Discourses upon the Existence and Attributes of God*(Grand Rapids, MI: Baker Book House, 1979), p. 148.

어떤 학자들은 하나님이 범죄 행위에 직접적으로 개입한다는 '부차적인 발생' 주장에 동의하지 않는다. Jack Cottrell, "The Nature of the Divine Sovereignty," *The Grace of God and the Will of Man* (Minneapolis: Bethany House, 1995), pp. 100-102. 하나님의 궁극적인 역사와 대치되는 그와 같은 중개적인 역사는 신학적 증명을 위해 도입된 것이 아니라 성경적 증거에 의해 도입된 것이다. 예를 들면 다음과 같다. (1) 하나님은 자신의 뜻을 관철시키기 위해 아비멜렉과 세겜 사람들 사이에 '악한 영'을 보내셨다(삿 9:22-24). (2) 누가복음 22:3에서 사탄은 유다가 사도행전 2:23에서 말하는 일을 하게끔 유도하여 하나님의 뜻이 이루어지게 한다. (3) 사도 바울은 사탄이 불신자들의 마음을 혼미하게 한다고 말했으나(고후 4:4) 한편으로는 하나님이 혼미한 영을 보낸다고도 말했다(롬 11:8-10). (4) 사탄은 다윗이 인구조사를 하도록 부추졌다(대상 21:1). 그것은 명백한 죄였지만(삼하 24:10) 한편으로는 하나님이 사탄의 뒤에서 그 일을 의도하셨다고 기술된다(삼하 24:1). 사탄은 하나님에게 욥을 괴롭혀도 좋다는 허락을 받았다(욥 1:12; 2:6). 그러나 사탄이 욥의 가족을 죽이고 그를 병들게 했을 때 욥은 "거두신 이도 여호와시오니"라고 했고(욥 1:21) "우리가 하나님께 복을 받았은즉 화도 받지 아니하겠느냐"라고 말했다(욥 2:10). 욥기를 기록한 저자는 "이 모든 일에 욥이 입술로 범죄하지 아니하니라"고 말했다(욥 1:22; 2:10). 그와 같은 성경 본문을 토대로 볼 때 Theodore Beza의 신학적 주장은 성경적이라 할 수 있다(1582).

"하나님의 참으로 의로운 명령이 아니고는 그 어떤 일도 일어날 수 없다. 하나님은 죄를 창조하거나 죄를 짓는 분이 아니다. 하나님의 능력과 그분의 선하심 모두 너무도 위대하고 헤아릴 수 없기 때문에, 특정한 때에 하나님이 마귀나 악행자로 하여금 범죄를 가능하게 할지라도 그 후에 하나님은 그들을 정당하게 처벌하시며 거룩한 역사를 공의롭게 행하신다. 그와 같은 일들은 하나님의 역사를 가로막는 것이 아니라 오히려 부차적이고 중개적 발생을 성립시키며, 그로 인해 모든 일이 일어나게 된다. 하나님이 영원 전부터 어느 특정한 때에 어떤 일이 일어나도록 계획하셨다면, 동시에 그 일이 어떤 식으로 일어나야 하는지도 정하셨을 것이다. 그런 면에서 볼 때 부차적인 발생에서 어떤 잘못이 발견되었다 하더라도 그것은 하나님의 영원한 계획에 잘못이나 실수가 있었다는 의미로 해석할 수 없다. Heinrich Heppe, *Reformed Dogmatics*(Grand Rapids, MI: Baker Book House, 1978, orig. 1860), pp. 143-144.

2) 내가 베들레헴 침례교회에서 로마서 말씀으로 설교했을 때는 이 구절로 다섯 번의 설교를 했다. 그 설교는 www.desiringGod.org에서 볼 수 있다. 그러나 이 장의 내용은 내가 했던 설교와는 초점이 다르다.

5장 바벨의 교만을 꺾은 하나님의 심판

1) 다양한 문화가 어떻게 그리스도를 영화롭게 하는지를 더 깊이 알고 싶다면 내가 쓴 *Let the Nations Be Glad*를 참고하기 바란다. 「열방을 향해 가라」(좋은씨앗).

6장 요셉을 구원의 발판 삼은 하나님의 섭리

1) Charles Wesley, "And Can It Be That I Should Gain?"(1738).

맺는 기도

1) Paul Gerhardt, "Give to the Winds Thy Fears," 1656(John Wesley 번역, 1737).

성구 찾아보기

창세기
1-2장 *48*
1:31 *48*
2:17 *48*
3장 *48, 49, 51*
3:1 *48*
3:4-5 *48*
3:15 *47, 49*
6:1-4 *52, 153*
9:1 *87*
10장 *86, 87*
10:5 *86*
10:20 *86*
10:31 *86*
11장 *86*
11:1 *86*
11:1-4 *87*
11:1-9 *86, 87, 94*
11:4 *85, 88*
11:5 *89*
11:6 *90*
11:6-8 *90*
11:7 *91*
11:8-9 *85*
11:9 *93*
12장 *98, 114*

12:1-3 *114*
12:2-3 *98*
14:18 *115*
15장 *98*
15:13 *100*
15:13-16 *99*
18:25 *26*
37:2 *103*
37:8 *101*
37:11 *101*
37:14 *101*
37:19-20 *101*
37:27-28 *101*
37:36 *102*
39:22 *108*
41:40 *103*
41:46 *103*
41:53 *103*
45:5 *104, 106*
45:6 *103*
45:7 *69, 97*
49:8-10 *109*
49:10 *97*
50:19-20 *105*
50:20 *97, 106, 143*

출애굽기
4:21 *69*

신명기
9:5 *99*
17:14-20 *116*
28:36 *116*
29:29 *35*
32:29 *57*

사사기
9:22-24 *155*

사무엘상
2:10 *115*
8장 *117*
8:7 *123*
8:7-9 *118*
12장 *116, 120*
12:8-11 *117*
12:12 *118*
12:13 *118*
12:17 *113, 119*
12:19 *121*
12:19-20 *113*
12:19-22 *121*

12:20 *122, 125*
12:22 *121, 122, 125*

사무엘하
24:1 *155*
24:10 *155*

역대상
21:1 *155*

역대하
2장 *31*
10:4 *22*
10:7 *22*
10:10-11 *23*
10:15 *21, 23*
18:11 *23*
18:21 *24*
18:22 *21, 24*
25:19 *25*
25:20 *21, 25*

욥기
1:12 *45, 57, 155*
1:21 *57, 155*
1:22 *155*
2:6 *57, 155*
2:10 *155*
42:11 *58*

시편
33:10-11 *54*
34:20 *136*

35:19 *136*
41:9 *136*
105:16-17 *105*
105:25 *69*
110:1 *124*
110:4 *115*
115:3 *154*
118:22 *136*
145:17 *65*

잠언
16:4 *70, 71*

이사야
6:3 *25*
53:5 *142*
53:6 *138*
53:10 *138, 140*

예레미야
19:1-13 *137*

에스겔
5:17 *69*

다니엘
4:17 *54*

아모스
8:11 *70*

스가랴
11:12-13 *137*

12:10 *136*
13:7 *136*

마태복음
4:1-11 *133*
5:43-44 *19*
6:13 *64*
11:5 *27*
12:24 *49*
13:19 *49*
16:22 *134*
16:23 *134*
21:42 *108, 136*
22:45 *124*
24:7-8 *29*
24:9 *29*
24:12 *29*
25:46 *141*
26:24 *137*
26:31 *136*
26:34 *137*
27:9-10 *137*
27:11 *127*
28:18 *27*
28:18-19 *94*

마가복음
1:27 *55*
5:12-13 *69*
6:41-44 *27*
10:33-34 *137*
13:13 *64*
14:20 *130*

15:2 *127*

누가복음
8:24-25 *27*
9:51 *135*
9:53 *135*
21:16 *30*
21:18 *30*
22:3 *131, 134, 155*
22:3-6 *129, 130*
22:31-32 *45, 58*
22:31-34 *135*
22:47-48 *131*
23:3 *127*

요한복음
1:1 *9, 125*
1:3 *9, 27*
1:14 *125*
8:44 *48, 56*
11:43-44 *27*
12:6 *132*
12:31 *49, 54*
13:18 *137*
13:29 *130*
13:31 *63*
14:30 *49*
15:20 *15*
15:25 *136*
16:11 *49*
18:33 *127*
19:34-37 *136*

사도행전
2:23 *155*
4:27-28 *139*
7:52 *109*
13:20-22 *119*
14:22 *15, 100*

로마서
1:16 *95*
3:19 *120*
3:25 *126*
5:3-5 *64*
5:8 *141*
5:12-13 *76*
5:12-21 *73, 76, 84*
5:14 *67, 76, 77*
5:15 *79*
5:17 *67, 82, 83*
5:19 *81*
5:21 *82*
6:5 *78*
8:3 *66, 141*
8:17 *15*
8:23 *15*
8:37-39 *51*
8:38-39 *46*
11:8-10 *155*
11:33 *65*
11:36 *65*
12:9 *64*
12:21 *65*

고린도전서
1:23-24 *63*
7:30 *33*
8:6 *9*
13:7 *19, 64*
13:12 *35, 53*
16:7 *69*

고린도후서
4:4 *49, 59, 75, 155*
5:21 *141*
6:10 *32*
12:9 *163*

갈라디아서
3:13 *66, 141*

에베소서
1:4-6 *75*
1:11 *65*
2:1-3 *132*
2:2 *49*
5:11 *65*
5:20 *64*
6:12 *39*

빌립보서
1:20 *31*

골로새서
1:9-10 *36*
1:9-20 *36*
1:14-20 *36*

1:15-16 *35*
1:16 *9, 38-40, 62, 71*
2:8 *45*
2:13-15 *133*
2:14-15 *50*
2:15 *39, 46, 63*
2:18 *44*
3:3-4 *46*

데살로니가전서
3:3 *15*
5:18 *64*

데살로니가후서
1:9 *141*
2:3 *93*
2:8 *94*
2:10 *44*

디모데후서
1:8 *42*
1:9 *43, 74, 80*
2:13 *123*
3:1 *28*
3:2-5 *28*
3:12 *15*

디도서
2:11 *80*

히브리서
1:2 *9*

1:3 *9*
2:14 *50*
6:1-3 *69*
7:1-3 *115*
9:28 *127*
11:17 *153*
12:6 *66*
13:20-21 *149*

야고보서
1:13 *26, 152*
1:13-15 *151*
1:14 *152*
1:15 *152*
4:7 *65*
4:15 *57*

베드로전서
3:17 *56*
4:12 *29, 64*
5:8-9 *56*

베드로후서
2:4 *47, 52, 153*

요한일서
1:5 *25*
2:1 *109*
3:8 *50*

유다서
1:6 *41, 52, 153*

요한계시록
1:9 *15*
2:10 *16, 40*
2:10-11 *144*
4:8 *25*
5:5 *111*
5:9-10 *96, 111*
6:10-11 *29*
7:9-10 *96*
12:9 *49*
12:11 *17, 133*
13:3 *93*
13:7 *16*
13:8 *74*
13:15 *16*
14:8-9 *93*
17:6 *16, 93*
18:5 *94*
18:7 *94*
18:10 *94*
19:16 *127*
20:10 *47, 61*

주제 찾아보기

Asheville, North Carolina 21, 22, 24
Desiring God 150
Mathis, David 150
Miller, Nathan 150
Schaeffer, Francis 71
Steinbach, Carol 150

가공할 죄악을 통해 예언이 이루어지다 (Prophecy fulfilled through a spectacular sin) 100
결혼생활(Marriage) 13, 16
고통, 고난(Pain, Suffering) 13-15, 19, 28, 29, 31, 32, 62-64, 94, 98, 107-109, 111, 135, 140
규가 유다에게서 떠나지 않을 것이다(Scepter will not depart from Judah) 109
그리스도를 가리키는 요셉 이야기 (Life-saving sin pointing to Christ) 106
그리스도의 영광에 대한 가장 농축된 묘사(Most concentrated description of Christ's glories) 36

노아의 홍수(Flood of Noah) 87

다가오는 재난(Catastrophes coming) 14
다윗의 자손(Son of David) 114, 124

마귀, 귀신(Demons) 40, 46, 49, 51, 53-56, 59, 60, 62, 67, 97, 106
마지막 때, 말세(Last days) 28, 30, 93, 94
만물(All things)
　악조차도, 그리스도를 위해(for Jesus, even evil) 46, 62, 68, 71
　예수 그리스도에 의해, 말미암아, 위해 창조되다(created by, through, and for Jesus Christ) 9, 36-38, 40
멍든 가슴과 진통제(Bruised heart and tire iron) 13
맺는 기도(Closing prayer) 143

주제 찾아보기 161

바벨탑(Tower of Babel) 31, 85, 86, 92-95
베들레헴 침례교회(Bethlehem Baptist Church) 32, 149
베이비부머(Baby boomers) 12
복음(Gospel, the) 12, 75, 92, 95, 141
부실한 그리스도인(Wimpy Christians) 12, 72
　부실한 세계관(Worldviews of) 12, 72

사탄(Satan)
　반란(insurrection) 51
　십자가에서 박살내다(crushing of at the cross) 50, 66
　옛 뱀(that ancient serpent) 49
　왜 제거하지 않으시는가?(why not wipe out?) 61
　죄의 기원(origin of sin) 53
　타락(fall of) 52
　하나님의 권능이 지배하다(God's sovereign sway over) 54
　하나님이 모든 움직임을 포착하신다(every move governed by God) 59
살인, 처형(Murder) 10, 126, 130, 139
서구 그리스도인들의 나약함(Western world, coddled) 11, 12, 14

섭리(Providence) 12, 18, 19, 102, 129
성경 말씀(Scriptures) 53, 86, 147
성경 통독표(Bible reading plan) 21
순교자(Martyrs) 29, 93
시날 평지(Shinar) 92, 93, 96

악, 정해진 목적을 위해 존재하는(Evil, existing for its appointed purpose) 70
애통하면서도 항상 기뻐하다(Sorrowful, yet always rejoicing) 32
어떻게 악에 대처해야 할까(How to relate to evil) 63
언어(Languages) 31, 85-87, 90-92, 94-96
역사상 최악의 죄(History's most spectacular sin) 130, 139
예수 그리스도 영광의 결정판, 절정(Apex of God's glory) 10, 11
예수님(Jesus)
　놀라운 순종(spectacular obedience of) 83
　순종의 완벽함(perfect obedience of) 79, 81, 82
　십자가(cross of) 10, 37, 39, 46, 50, 51, 71, 74, 81, 126, 133-135, 139, 142
아담이 죄 안에 계획된 영광

(glory of planned in Adam's sin) 73
영광을 드러내다(greatest display of the glory of) 40
오실 자(the coming one) 76, 77
우주 만물을 창조함(created the universe) 9, 10, 72
왕노릇 함(reign of life through) 79, 82
위대함(celebrating the superiority of) 13, 37, 38, 75, 79
인류의 대표자(our representative head) 78, 81, 83
온 우주에서 가장 중요한 분(Most important person in the universe) 67
유다의 사자(Lion of Judah) 100, 109-111
은혜(Grace) 10, 11, 74, 75, 80, 83
　그리스도의 영광을 적나라하게 보여 주다(greatest display of the glory of Christ) 10
의롭게 되다(Justification) 95
이스라엘의 왕정, 왕권(Kingship of Israel)
　만백성의 왕(coming king of all) 127
　모세와(Moses and) 116
　신인(神人)이 왕이 되어야 한다 (God-man must be king) 124
　아브라함과(Abraham and) 114

어떻게 왕이 세워졌는가(how the kingship came) 117
　오로지 하나님께 속함(belongs only to God) 123
　자신의 백성을 위해 죽다(king died for his people) 125
　한나와(Hannah and) 115
이 책을 쓰게 만든 동기(Impulses giving rise to this book) 25
이 책을 쓴 목적(Aim of this book), 나의 목표 17, 18, 21, 67, 68, 71, 143
인류 역사의 전환점(Pivot of human history) 10

자멸(Suicide) 133
전 세계적 단일 국가(Monolithic super-state) 86
죄와 고난을 통해 구원이 임하다 (Salvation, through sin and suffering) 107
죄인을 향한 소중한 말씀(Precious words for sinners) 83
진통제(Tire iron) 13, 17
짐승(Beast, the) 16, 93

창문이 작아도 상관없다(How a little window works) 19
창조(Creation)
　목적(purpose of) 62, 70
　예수님에 의해(by Jesus) 9, 36,

40 41, 46, 62
천사들(Angels) 44, 47, 52, 53, 59-62, 67
초월적 권세(Supernatural powers) 38, 39
최악의 살인 사건(Worst sin ever committed) 10

하나님(God)
  거기 계시는 하나님(the God who is there) 71
  보이지 않는 손(invisible hand of) 102, 139
  손과 계획(hand and plan of) 139, 140
  이름의 명예를 지키시다(faithful to his own name) 121, 126

인간은 해하려 하였으나 하나님은 선으로 바꾸시다(meant for good what man meant for evil) 97, 105, 143
하나님의 백성이 많은 환난을 당하다(people of enter through many afflictions) 100
하나님의 권능(Sovereignty of God) 21, 54, 139
하나님의 말씀(Word of God) 71
하나님의 무자비한 자녀 살해 (Divine child abuse) 142
하나님의 심판(Judgment of God) 87, 92, 94, 120
현실적인 필요(Felt needs) 17

옮긴이 안정임은 1990년부터 11년간 국제예수전도단(YWAM)에서 전임사역자로 활동했고 이후 캐나다 틴데일 대학교(Tyndale University)에서 신학을 공부했다. 현재는 전문번역가로 일하고 있으며, 역서로 「중단 없는 기도」(한국 IVP), 「하나님 당신을 의심해도 될까요?」, 「위험한 순종」(이상 국제제자훈련원), 「하나님과 친밀해지는 삶」, 「믿음의 영웅들 시리즈」(이상 예수전도단) 등이 있다.

하나님은 어떻게 악을 이기셨는가

초판 발행_ 2010년 10월 14일
초판 4쇄_ 2020년 5월 25일

지은이_ 존 파이퍼
옮긴이_ 안정임
펴낸이_ 신현기

펴낸곳_ 한국기독학생회출판부
등록번호_ 제313-2001-198호(1978.6.1)
주소_ 04031 서울시 마포구 동교로 156-10
대표 전화_ (02)337-2257 팩스_ (02)337-2258
영업 전화_ (02)338-2282 팩스_ 080-915-1515
홈페이지_ http://www.ivp.co.kr 이메일_ ivp@ivp.co.kr
ISBN 978-89-328-1145-1

ⓒ 한국기독학생회출판부 2010

책값은 뒤표지에 있습니다.
무단 전재와 복제를 금합니다.

하우투 워라밸

하우투 워라밸
일과 삶의 적정 온도를 찾는 법

안성민 지음

프롤로그

누구나 자신의 삶을 되찾을 수 있습니다

밤 10시가 넘어야 서서히 퇴근 준비를 할 수 있었다. 그 화려했던 백화점에 썰물처럼 사람들이 빠져나가고, 고급스러운 샹들리에의 불이 꺼지고 나서야 사무실로 들어가 다시 업무를 마무리했다. 당장 내일 보고해야 할 자료가 남아있는 날에는 시간이 몇 시든 상관없이 업무가 다시 시작된다. 신입사원이었던 나를 제외하고는 그러한 회사 생활이 아무에게도 낯설지 않은 것 같았다. 그곳은 개개인의 사람이 모여 있는 곳이라기보다는, 여러 개의 톱니가 모여 움직이는 로봇 같았다. 겨우 보고 자료가 마무리되어 갈 때쯤, 시간은 이미 자정에 가까운데도 "오늘도 다들 수고했네! 한잔 걸치고 들어갑시다"라는 부장님의 제안에 모두 근처 갈비집으로, 또는 감자탕 집으로 발길을 옮겨야 했다. 회식에 빠지면 나만 조직에서 도태될 것 같은 두려움에, 자꾸 내려앉는 두 눈을 술 기운으로 버텼다. 다음 날 아침부터 해야 하는 프레젠테이

선 걱정에 술을 마셔도 취할 수는 없었다. 이십 대 중후반 내 삶의 단상은 남들의 그것과 비슷했지만, 그렇다고 내 스스로 원한 것은 아니었다.

워크와 라이프의 경계에 서다

입사 당시, 자신감은 하늘처럼 높았고 업무에 대한 전투력도 충분했다. 대기업에서 날개를 더 크게 펼칠 수 있을 것이라며 사회 초년생다운 기대에 차 있었다. 하지만 현실은 드라마가 아니었다. 내가 나의 역량과 상관없이 밤 10시가 넘는 시간까지 초과근무를 하는 동안 내 아내는 혼자 저녁을 먹고, 혼자 빈집을 지키다 잠들었다. 늦은 새벽 간신히 퇴근해 옷만 갈아입고 다시 출근하는 생활이 반복되었다. 오늘도 늦게 오냐는 아내의 전화에 "다들 그렇게 살아. 나만 그런 게 아니라고. 이렇게 살다보면 언젠가 좋은 날이 올 거야. 우리 잘 살려고 하는 거잖아"라며 토닥거렸지만 이는 비단 아내에게만이 아닌, 나에게 주는 자기위로이기도 했다.

좋은 날은 언제 올까? 무엇이 잘 사는 걸까? 명절 연휴조차 근무가 잡혀 혼자 시댁에 내려가는 아내를 보며 문득 의문이 들었다. 점점 불러오는 아내의 배를 보며, 아이가 태어나도 아이의 얼굴을 볼 시간이 대체 얼마나 될까 생각하니 두려워졌다. 얼마 전 광주지사에서 우리 부서로 발령받아온 모 과장이 생각났다. 가족들은 광주에 있고 자기는 원룸에서 혼자 지낸다고 했다. 그는 언제나 덥수룩하게 수염이 자라 있었다. 지금 생각해보면 그때가 바로 내 삶과 일 사이에서 선택과 집중을 결정해야 하는 지점이었던 것 같다.

    기업 문화를 바꿀 수 없다면 내가 바뀌어야 했다. 일상처럼 하고 있던 쓸데없는 잡무를 줄여 내게 주어진 업무를 완벽하게 해내고자 했다. 몰입의 기법을 활용해 적당한 하루의 목표를 세워나갔다. 그리고 욕심 부리지 않기로 했다. 거절해야 할 때에는 단호하게, 또 정중하게 거절했다. 정신적 에너지를 낭비하지 않기 위해 선택과 집중이라는 칼을 꺼내들었다. 그리고 퇴근 이후의 삶을 좀 더 누리기 위해 이직을 선택했다. 주변에서는 대기업에서의 창창한 미래를 포기하려는 나를 걱정하고, 또 반대했다. 하지만 꺾이지 않았다. 마침내 능력만 받쳐준다면 6시 이후의 삶을 기대할 수 있는, 정상적인 시스템이 작동하는 직장으로 옮기게 되었다.

워라밸 선언으로
내 삶을 되찾다

첫 직장에서 시행착오를 겪은 나는 새로운 직장에서의 입장을 명확히 했다. "업무와 성과는 확실하게, 하지만 야근은 안 합니다." 업무에서의 능력치를 더욱 키우기 위해 하던 공부를 틈틈이 계속

했고, 업무 시간 내 주어진 모든 업무는 마칠 수 있었다. 처음에 반신반의하던 선배들도 이제는 당연한 듯 나의 업무 스타일을 인정해주었다. 물론 야근도 종종 했다. 하지만 결코 쓸데없거나 억지로 하는 야근은 아니었다. 타인에게 피해를 끼치지 않는 선에서 내 삶을 온전히 누리겠다는 의지에 점점 많은 사람들이 공감을 해주었다.

퇴근 후 목 빠지게 나를 기다리던 아들과 함께 자전거를 타는 기분은 정말 그 무엇과도 견줄 수가 없다. "아빠, 오늘 나 민혜하고 짝꿍을 했는데……." 신이 나서 조잘조잘 떠드는 아이의 모습에서 감사마저 느낀다. 10살이 되면 함께 탁구를 배우기로 약속했다. 그때가 오면 나는 지금보다 더욱 퇴근 시간이 기다려질 것 같다.

틈틈이 하던 공부로 나는 박사 학위를 취득했고, 그 전공을 살려 대학 강의도 매주 나가게 되었다. 대학생 대상 강의에서 새로운 재미를 느껴 주말에는 인근 도서관으로 강의를 나가기도 한다. 내 삶이 불과 10년 전만 해도 상상할 수 없던 모습으로 변한 것이다. 내가 해야 하는 것을 명확하게 알고 버릴 것은 과감하게 버린 지금, 할 수 있는 것이 도리어 더 많아졌다. 나부터 바뀌지 않으면 변화는 없다. 그저 멀기만 한 이야기가 아니다. 바로 당신에게 벌어질 수 있는, 당신도 주인공이 될 수 있는 이야기다. 칼자루는 각자의 손에 있다. 일과 삶의 경계선에 서 있는 당신이 결정한다면, 이야기는 바로 지금 펼쳐질 것이다.

프롤로그. 누구나 자신의 삶을 되찾을 수 있습니다 **004**
직장 민폐 체크리스트 **011**

1 일과 삶의 균형이 반드시 필요한 이유
'잘 산다는 것'은 나의 삶을 포기하는 것일까 **017**
지친 한국, 이제는 워라밸을 시작할 시간 **023**

2 안녕하지 못한 내 워크의 방해꾼들
직장인 스트레스 자가진단 체크리스트 **037**
겉치레 기업 문화, 불합리한 의사 결정 **039**
대한민국의 수많은 야근메이커 **050**
야근이 생산성을 높여준다는 거짓말 **056**
내 워크를 망치는 꼰대 대처법 **063**
이제는 남보다 나를 먼저 생각해야 할 때 **072**

3 워라밸을 위해 살펴야 할 나
워라밸 체크리스트 **081**
삶의 목표를 정한다는 간단한 첫걸음 **084**
삶의 초점은 정확히 나에게로 **096**
내 성격을 인정하고 자존감 찾기 **108**
삶에 때때로 필요한 쉬는 시간 **114**

4 | 워라밸을 위해 바꿔야 할 작은 것들

할 일부터 하는 방법, 관성을 활용한 2분 법칙 123
몰입으로 효율성과 행복도 높이기 133
주변의 사소한 변화가 만드는 활력 143
창의성을 위해 작은 불편이 필요할 때 153
잠을 줄이며 일하는데도 생산성이 낮은 이유 163
디지털 디톡스로 삶에 쉼표 만들기 171
워라밸을 돕는 컬러 테라피 180

5 | 워라밸을 위해 알아야 할 소통 기술

'예스맨'은 워라밸의 가장 큰 적 193
원만한 관계를 위한 간단한 방법, 설득 204
까다로운 사람과의 실전 대화법 213
워라밸을 위해 거짓말을 대하는 자세 223

6 | 워라밸을 선언해도 괜찮다는 진실

마라톤에는 항상 목적지가 있다 235
한국에 워라밸이 준비되어있다는 여러 가지 증거들 239
다만 경계해야 할 것은 '쏠림현상' 249
워라밸을 일에 대한 포기라고 생각한다면 255

에필로그. 워라밸을 시작해도 괜찮습니다 260
참고문헌 262

균형 잡기가
민폐가 되어서는 안 됩니다

이 책을 읽기 전에 분명한 전제가 필요하다.
일터에서 당신은 정말 필요한 사람인가?
그리고 자신이 해야 할 역할을 충분히 해내고 있는가?

혹시 위 질문에 조금이라도 부끄러움을 느낀다면, 책을 덮고 일을 먼저 하기 바란다. 우리는 직장에서 '워크work'의 역량은 부족하면서 '라이프life'에만 치중하려는 사람을 흔히 '민폐'라고 부른다.
 '워크와 라이프의 밸런스'는 사회적으로 매우 많은 논의와 개선이 시급한 안건임은 확실하지만, 적어도 워라밸Work and Life Balance이 일 못하는 사람들의 핑계거리로 쓰이지는 않아야 한다. 우리가 'Life and Work Balance'가 아니라 'Work and Life Balance'라고 말하는 이유는 다 함께 살아가는 사회에서 나의 권리를 행사하려면 반드시 의무가 선행되어야 하기 때문이다.

직장 민폐 체크리스트

누구든 남에게 싫은 소리를 하는 것을 즐기는 사람은 없다. 적어도 내 주변에서는 그렇다. 그래서 사람들은 서로의 잘못을 못 본 체 해주고, 가끔씩은 나의 부족한 부분도 상대방이 알아서 이해해주기를 바라며 살아가기도 한다. 적어도 사람들 간의 관계에는 이런 것이 있어야 하는 건 맞다. 누구나 완벽할 수는 없기에, 때로는 서로의 부족한 부분도 아무렇지 않게 넘길 수 있어야 하는 것이다. 하지만 직장 생활은 다르다. 상대의 부족함은 다른 누군가가 희생해서 메워주어야 하고, 누군가의 잘나감은 다른 누군가를 아래로 끌어내린다.

워라밸의 '워크'와 '라이프'도 그러하다. 엄연히 다르다. 라이프는 내가 주도적으로 이끌 수 있고, 타인과 연결고리 하나 없이 오롯이 나만의 의지에 따라 즐길 수 있다. 하지만 우리 모두의 생계와 직결된 직장, 즉 워크는 그렇지 않다. 수많은 사람들과 협업 혹은 기 싸움을 통해 성과를 만들어내야 한다는 목표가 분명하기 때문에 내가 상대방에게 미치는 영향을 반드시 고려해야 한다. 그렇기 때문에 우리는 워크에 있어서는 아주 냉철하게, 그리고 객관적으로 자신을 판단해볼 필요가 있다. 그리고 내가 부족하거나 혹은 잘났다는 걸 솔직하게 인정해야 한다. 물론 내 부족함을 느낀다 해도 아닌 척은 할 수 있다. 하지만 그건 스스로에게 건네는 자기위로일 뿐 아무런 의미도 없다.

우리는 일이라는 전쟁터에 서 있는 한 사람이다. 다른 사람들과 협력해서 일을 하는 이상, 수많은 사람들과 연결되어 서로에게 영향을 줄 수밖에 없다. 권리를 주장하기 위해서는 반드시 의무를 다해야 하는 법! 스스로에게 질문을 던져보자.

"나는 과연 워크에 있어 '일잘'인가 '일못'인가?"

	그렇지 않다	그저 그렇다	그렇다	매우 그렇다
객관적으로 볼 때 솔직히 내 업무능력 및 성과는 평균보다 떨어진다.	0	1	2	3
내 업무와 성과에 대해 자신 있게 동료들에게 말하기 어렵다.	0	1	2	3
회사 동료들에 대한 평가를 객관적으로 하기는 어렵다.	0	1	2	3
그것이 설령 도움이 될지라도 다른 사람의 의견에 비판적으로 이야기하는 것은 어렵다.	0	1	2	3
습관적으로 회사에서의 모든 일은 피하고 떠넘기려 한다.	0	1	2	3
과거에 싫어했던 나태한 선배의 모습과 현재 내 모습은 비슷하다.	0	1	2	3
후배가 나보다 일찍 퇴근하는 건 좋지 않은 행동이라 생각한다.	0	1	2	3
회사에서는 습관적으로 모든 일에 투덜거리게 된다.	0	1	2	3
담배를 피든 커피를 마시든 업무시간에 1시간 정도는 농땡이를 피운다.	0	1	2	3

상사 앞에서만 일하는 척을 하고, 남의 성과에 끼어들기를 했던 적이 종종 있다.	0	1	2	3
회사에서 '일과 성과'보다는 '정치와 인간관계'로 성장할 확률이 높다고 생각한다.	0	1	2	3
내가 하는 것은 무엇이든 이유가 있지만, 남이 하는 일은 일단 꼴사납다.	0	1	2	3
말은 잘하지만, 실행은 어렵다.	0	1	2	3
업무 성과보다는 외향적인 성격, 조직원들과의 조화, 사적인 관계 형성을 중요시한다.	0	1	2	3
회사 내 가십거리를 찾기 위해 주변을 살핀다.	0	1	2	3

모두 합한 점수가 10~20일 경우

당신은 워크에 있어서는 모든 준비가 되어있는 사람이다. 그러나 워크든 라이프든 어느 한 쪽에서 준비가 제대로 되어있지 않다면 균형을 유지하는 건 전혀 의미가 없다. 이제는 워라밸을 찾아볼 때다. 당신의 라이프는 어떤 상태인지 점검해보고, 어떻게 일과 삶의 균형을 잡을 것인지 당장 기록해보자.

모두 합한 점수가 21~34일 경우

성공적인 워라밸은 워크와 라이프가 모두 내가 원하는 수준에 올라와 있는 상황을 말한다. 어디에 더 무게를 둘지는 각자의 선택이지만, 그래도 일에 조금만 더 집중하면서 워라밸을 지킨다면 당신이 목표하는 수준을 충분히 달성해낼 수 있을 것이다.

모두 합한 점수가 35점 이상일 경우
성공적으로 워라밸을 지키기 위해서는 일단 일에서 타인에게 민폐를 끼쳐서는 안 된다. 워라밸을 위해서는 우선 자신의 일부터 제대로 해내야 나는 물론 타인에게도 떳떳할 수 있다. 워크에 대한 이해와 실천이 먼저 필요한 상태다.

일과 삶의 균형이 반드시 필요한 이유

'잘 산다는 것'은 나의 삶을 포기하는 것일까

얼마 전 회사에 새로 입사한 신입사원과의 식사자리에서 "자네 이제 입사도 했는데, 앞으로 꿈이 뭔가?"라는 부장님의 물음에, 신입사원은 한 치의 망설임도 없이 이렇게 답했다.

"그냥 부족하지 않을 정도로만 적당히 벌고 적당히 잘 살았으면 좋겠어요."

나는 신입사원의 이 대답에 무릎을 탁 칠 수밖에 없었다. 바로 저 말이 워크 앤드 라이프 밸런스, 줄여서 '워라밸'이 지향하는 이상향이라는 것을 순간적으로 깨달았기 때문이다.

그렇다면 잘 산다는 것은 무엇일까? 어떻게 사는 게 잘 사는 걸까? 질문을 바꾸어보자. "왜 직장에 다닙니까?" 누군가에게 묻는다면 대부분의 직장인은 아마도 "돈을 벌기 위해 다닙니다"라고 답할 것이다. 직장이란 결국 돈을 벌기 위한 수단이라는 뜻이다. 그 말은 곧 직장이 인생의 전부는 아니라는 의미이기도 하다. '돈'과 '잘 산다'는 개념은 분명히 관계가 있지만, 돈이 많은 것이 곧 잘 사는 것은 아니라는 걸 현대인들 대부분은 이미 알고 있다. 상사의 인정도, 돈도, 직장 자체도 결코 내 인생 전부가 될 수 없다는 사실, 그리고 그에 대한 깨달음. 워라밸은 여기서부터 시작된다. 다음 표 안의 단어는 직장인을 표현하는 신조어들이다.

프로야근러	야근을 밥 먹듯이 일삼는 사람
사축	마치 회사의 가축처럼 일만 하는 직장인
출근휴가	휴가 기간에도 일을 하거나 회사를 잠깐이라도 가는 직장인
쉼포족	휴식을 포기할 정도로 바쁘고 고달프게 사는 사람

흔히 기성세대라 불리는 부모 세대나 그 위 세대는 먹고사는 것 자체가 너무 힘들어, 어떻게든 그 고통으로부터 벗어나는 것만을 목적으로 무조건 열심히 일했다. 즉 가난으로부터의 탈출이 삶의 목표이자 전부였던 적이 있다. 사회적 분위기 또한 개인의 희생 따위는 지극히 당연하게 생각했던 시절이었다. 하지만 몇십 년 전부터 경제적 발전과 그로 인한 풍족함을 경험해 온 자식 세대들은 어떤가? 사회와 일, 직장에 대해 기성세대와는 조금 다른, 그리고 다양한 시선을 갖게 되었다. 지금은 궁핍했던 시절을 겪은 마지막 세대, 다른 시선으로 사회를 보고자 하는 새로운 세대

가 동시대를 살아가고 있는 격동의 시기이다. 자, 다시 한 번 돌이켜보자. 위에서 제시한 신조어들이, 과연 작금의 우리들이 공감하고 경험해야 하는 단어일까? 이미 몇십 년 전에 수명을 다했어야 하는 단어는 아닐까?

일하기 위해 사는가, 살기 위해 일하는가?

일이 생존을 위협한다는 건 농경시대에는 상상할 수도 없었다. 일이란 그들에게 생존하기 위한 것이었다. 그리고 각자의 일, 즉 농사는 타인이나 조직이 아닌 스스로가 주도해나갔다. 비록 특정한 계절이나 상황에서는 협력을 필요로 했지만 일하는 시간과 양은 온전히 자신이 결정했으며 그 결정에 대해 책임을 지는 것도 자신이었다. 따라서 직접 일과 삶의 균형을 맞출 수 있었기에 각자가 원하는 삶을 살았고, 각자가 정한 워라밸에 만족하며 살아갔을 것이다.

 하지만 산업혁명과 함께 사회가 바뀌면서 일에 대한 개념과 방식도 급변하기 시작했다. 대량생산이 가능해지면서 수많은 사람들이 일률적으로 단순노동에 투입되었고, 전기와 기술의 획기적인 발전은 우리의 삶을 윤택하게도 만들었지만, 반대로 하루 종일 일을 할 수 있는, 또는 해야 하는 인프라를 만들어버렸다. 남자는 밖에서 일을 하고 여자는 집에서 가사를 도맡아야 했던 과거의 전형적인 모습도 바뀌었다. 여성도 남성 못지않게 산업전선에서 활약할 수 있게 되었고 이러한 변화는 가정의 모습도 바꿔놓았다. 밖에서 일을 하는 남자 한 명과 가정을 돌보는 여자 한 명으로 이뤄졌던 일반적인 한국 사회 가정의 모습이 남녀 모두 밖에서 일을 하는 사회로 바뀌게 된 것이다. 이렇듯 급변하는 사회와 그로 인한 가정의 변화는 우리가 수천 년간 살아온 방식에서 자의 반, 타의 반으로 탈피하도록 만들었다. 그렇기 때문에 그 변화의 흐름 속에서 살고 있는 현세대들은 지난 수십 년 동안, 그리고 지금까지도 매우 혼란스러워하고 있는 것이다.

저녁이 있는 삶을 아시나요?

몇 년 전 SNS를 뜨겁게 달군 사례가 있다. 프랑스로 이민을 간 어느 한국인이 취직해 열심히 일하고자 일명 '한국 스타일'로 열심히 야근을 했더니 프랑스인 상사가 "우리가 오랜 세월 힘들게 만들어놓은 소중한 기업 문화를 망치지 마라. 너로 인해 누군가는 저녁이 있는 삶, 가족과 사랑을 주고받는 시간을 포기할 수도 있다"고 지적했다는 것이다.

미국의 대형 구직 사이트 '커리어빌더CareerBuilder'의 조사 결과도 흥미롭다. 설문에 참여한 미국 직장인 3,000여 명 중 34명만이 리더(부장 이상) 역할을 원했고, 단 7명만이 C-Level(고위 임원급)이 되기를 희망했다고 한다. 이처럼 답변한 가장 큰 이유는 '현재의 업무나 직급에 만족해서'(52%)로 나타났고, 그다음 이유가 '일과 삶의 균형을 지키기 위해서'(34%)였다.

유럽과 미국에서 회사와 가족은 그런 관계인 것이다. 회사를 다닌다는 것은 분명한 목적이 있기 때문이고, 그 목적은 가정보다 우선할 수 없다. 물론 일과 삶의 비율은 지극히도 개인적이고, 주관에 달려있기에 모든 것은 자신의 선택이다. 그러나 적어도 그들이 살아가고 있는 사회에는 워라밸을 추구하는 사람들이 안정적으로 그 균형을 맞출 수 있도록 사회와 기업 차원의 시스템이 마련되어있다.

한국의 기업은 어떨까? 한국에서 소위 '성공'을 원하는 직장인은 일단 삶의 많은 부분을 포기해야 한다. 한국 직장인이 가져야 할 덕목 중 가장 중요하다고 여겨지는 건 여지없이 성실함이다. 그러나 대부분의 회사에서 그 성실함의 척도는 개인의 업무 성과가 아니라 야근 횟수나 주말의 초과근무량이 되어버렸다. 회사에 수시로 들락거리는 높은 사람들의 눈에 띄어 인정을 받으려면 어쩔 수 없이 초과근무를 해야 한다. 혹자는 업무의 연장이고 조직을 위한 희생이라며 저녁에 갑자기 회식에 참석할 것을 요구하기도 한다. 야근, 불필요한 회식, 주말 근무 등이 기업 문화의 기본 요건이 되어버렸다. 그리고 매일 저녁 회식으로 녹초가 되어 돌아오는 남편을 보고 툴툴거리는 아내에게 남편은 "당신은 직장 생활을 이해 못 해"라며 도리어 한숨을 쉰다. 이런 한국의 기업 문화, 정상일까? 비정상일까?

> 회사: 상행위 또는 그 밖의 영리 행위를 목적으로 하는 사단법인. 주식회사, 유한 회사, 합자 회사, 합명 회사의 4가지가 있다.
> 동호회: 같은 취미를 가지고 함께 즐기는 사람의 모임.

이는 사전에 등재된 회사와 동호회의 의미다. 불필요한 야근과 술자리를 밥 먹듯 하고, 더 영리성이 높은 선택이 있음에도 사람 간의 정이나 연줄 때문에 다른 선택을 하는 등 불합리함이 팽배하다면 회사가 아니라 동호회에 가까운 것이 아닐까? 회사는 엄연히 법에 명시된 법적 테두리를 근간으로 '일'을 통해 소기의 목적한 성과를 내야 하는 곳인데, 언제부터 개인 간의 끈끈한 관계와 반강제적인 모임을 더 중요시하게 된 걸까?

요즘 젊은 직장인들은 관리자들을 보면서 대부분이 관리자 따위는 될 필요가 없다고 생각한다. 물론 그중에는 '못 하는' 사람도 있겠으나, 일단 '안 한다'고 먼저 선언하기도 한다는 것이다. 근무시간의 절대적인 합과 무조건적인 충성심이 사회생활의 필수라는 법칙을 깨닫는 순간, 회사와 정상적인 삶 가운데 하나를 선택해야 한다는 것도 함께 깨닫기 때문이다.

지친 한국, 이제는 워라밸을 시작할 시간

'칼퇴'라는 말은 영어는 물론 라틴어, 중국어 등 그 어떤 언어에도 존재하지 않는다. 심지어는 숙어조차 존재하지 않는다. 왜일까? '퇴근'이라는 단어 자체가 군더더기 없이 너무나도 명확한 뜻을 가지고 있기 때문이다. 퇴근은 '근로기준법'이라는, 누군가가 목숨을 걸고 노력해 만든 법에 분명히 그 기준을 명시하고 있고, 회사와 나는 그 법을 기반으로 서로 법을 준수하겠다는 근로계약서를 작성한다. 그럼에도 칼퇴라는 말이 존재한다는 것은 이 사회가 분명하고도 심각하게 잘못되어있음을 보여준다.

군이 칼퇴라는 한국식 기업 문화를 인정한다고 치자. 그럼 칼퇴는 언제일까? 너무 이상한 질문인가? 6시 퇴근이 정해져 있는 회사에서는 당연히 6시가 칼퇴다. 그런데 우리는 어떤가? 분명히 칼퇴는 6시인데도, 6시 30분쯤 퇴근하면서 '오늘은 칼퇴합니다'라고 말한다. 직원을 위한 진심에서 우러나오는 것이든, 혹은 대외적 홍보 차원이든 이러한 칼퇴 문화를 정착시키기 위해 몇몇 기업은 새로운 제도를 만들기도 한다. 예를 들면 '가족이 있는 날'이라 이름 붙여 특정 요일은 정시에 퇴근하도록 배려하는 제도이다. 정말 아이러니한 제도가 아닐 수 없다. 아니, 가족이 있는 날이라니? 원래 정해진 시간에 퇴근할 뿐인데, 뭔가 새로운 것을 만든 것처럼, 혹은 큰 선심이라도 쓴 것처럼 복지 제도랍시고 만들어서 가족이 있는 날이란다. 그럼 그 속뜻은 설마, 일주일 중 하루만 가족을 위한 날이고 나머지는 퇴근 시간 없이 업무에 매진하란 뜻인가? 아니면 가족이 없는 직원들은 그날도 야근하라는 말인가? 칼퇴란 더도 덜도 아니고, 그저 원래 퇴근해야 할 시간에 퇴근을 하는 것뿐이다. '가족이 있는 날'이야말로 아주 대표적이고 아이러니한 '비정상의 정상화'가 아닐까?

조직 충성도와 가정 충성도는 '제로섬 게임'

혹시 당신은 한국식 기업 문화에 찬성하거나 그것을 용인하고 있지는 않는가? 아니면 '나 하나 정도야'라고 생각하는가? 그렇다면 이 질문에는 어떻게 생각하는가? '내 자식들도 나중에 이러한 환경에서 일해야 한다면?' 회사에서 제때 퇴근하는 이를 두고 희생정신이 없다거나 이기적이라고 비난하는 당신, 회사에서는 인정받을 수 있을지 몰라도 가정에서는 저 말을 그대로 돌려받게 된다. 회사와 가정은 어쩔 수 없이 제한된 시간을 나누어써야 하는 관계다. 이 때문에 한쪽으로 시간이 과하게 투입된다면 다른 한쪽은 시간이 부족할 수밖에 없다. 즉 두 관계는 '제로섬 게임 zero-sum game'이라고 볼 수 있다.

 워라밸을 지키자는 것은 직장과 가정 중에 '뭐가 더 소중해? 하나만 고르란 말이야'가 아니다. 일과 삶, 당연히 둘 다 원만하게 유지해야 한다. 단지 두 항목의 균형을 잘 맞추는 것이 중요하다는 것이다. 많은 현대인들이 '왜?'라는 고민 없이 그저 오늘도 습관적으로 야근을 하고, 가기 싫은 회식에 질질 끌려간다. 어쩌면 가족이, 대출 통장이 회사에게 인질로 잡혀 있기 때문일지도 모른다. 그래서 이 제로섬 게임은 불공정하다.

 다음은 직장인들의 생활을 극사실주의로 그려냈다고 평가받으며 아주 큰 인기와 공감을 끌었던 tvN 드라마 〈미생〉의 주인공인 '장그래'의 일주일 일과를 분석한 표이다. 물론 척박한 근무 환경과 워커홀릭 workaholic 상사, 인턴이라는 불안정한 지위에 있는 장그래였기에 현실보다는 조금 더 과장이 있을 수는 있겠지만 대부분의 직장인들은 장그래의 일과가 단지 드라마가 만들어낸 허구라고만 생각하지는 않을 것이다.

 과연 장그래는 회사를 위해 태어난 사람인가? 그의 일주일 중 가족과 보내는 시간은 단 몇 시간밖에 없었다. 만나고 싶은 사람

장그래의 하루 일과표

	월	화	수	목	금	토	일
08:00							
09:00							
10:00					협력업체 출장	늦잠	
11:00							
12:00							선 차장 보고자료 작성을 위해 1박 2일 철야 주말 근무
13:00	회사	회사	회사	회사			
14:00							
15:00					회사		
16:00							
17:00							
18:00							
19:00		퇴근 못 하고 눈치	영업3팀 오 과장이 주도해 갑작스레 회식	칼퇴근 했으나 최 전무에게 잡혀서 회식	바둑 기원 사람들과 만남	선 차장 보고자료 작성을 위해 1박 2일 철야 주말 근무	
20:00							
21:00	자발적 야근						동기들과 뒤풀이
22:00		결국 김 대리에게 잡혀서 야근			집안일 돕기		
23:00				집에서 라면			
24:00							
01:00	수면	수면	수면	수면	수면		수면
02:00							

을 만나고 하고 싶은 일을 주도적으로 한 시간 역시도 불과 손에 꼽을 정도였다. 당신의 생활은 어떤가? 장그래 수준까지는 아닐지 몰라도, 대부분의 직장인들에게 나와 가족을 위한 시간을 꼽아보라고 하면 열 손가락으로 충분히 셀 수 있을 것이다. 나의 시

나는 어떤 삶을 살고 있는지, 나의 일과표를 직접 작성해보자. 나는 과연 일과 삶의 균형을 잘 맞추며 살고 있을까? 가족과의 시간은 충분히 보내고 있을까?

	월	화	수	목	금	토	일
07:00							
08:00							
09:00							
10:00							
11:00							
12:00							
13:00							
14:00							
15:00							
16:00							
17:00							
18:00							
19:00							
20:00							
21:00							
22:00							
23:00							
24:00							
01:00							
02:00							

1. 일과 삶의 균형이 반드시 필요한 이유

간은 어디에 있는가? 나는 나를 위해 사는가? 가족을 위해 사는가? 회사를 위해 사는가?

삶의 만족도 최하위
'대한민국'에 삽니다

우리나라에서 워라밸이 본격적으로 화두로 떠오른 것은 1990년대 후반에서 2000년대가 시작되면서부터이다. IMF를 겪고, 주 5일 근무제가 시작되면서 사회와 직장에 대한 인식이 바뀌고 시스템에 변화가 생기며 나의 삶을 다시 한 번 돌아보는 계기가 생겼기 때문이다. 하지만 그때로부터 무려 20년이 지났다. 공무원처럼 말하자면 '일과 가정의 양립'이었고 어느 대선 후보가 좀 더 대중의 가슴에 확 박히도록 만들었던 슬로건인 '저녁이 있는 삶'을 이야기한지가 말이다. 우리는 그때부터 그저 말로만 워라밸을 떠들었다. 서당 개 3년이면 풍월을 읊는다는데, 20년이나 떠들었으면 뭔가 바뀌어야 하는 것 아닌가? 강산이 두 번이나 바뀔 동안 우리나라의 삶의 주소는 어디쯤 와 있을까? 그때와 마찬가지거나, 심지어 더 뒤처져 있거나, 특정 계층이나 직업을 가지고 있는 사람들의 삶은 피폐하다 못해 썩어 문드러졌을지도 모른다.

  OECD가 발표한 2017 고용동향에 따르면 한국인의 1인당 평균 노동시간은 2,069시간으로, OECD 평균(1,764시간)보다 무려 305시간이나 더 많았다. 계산해보면 한국 노동자는 OECD 평균보다 약 38일을 더 일한 것이다. 하지만 더 안타까운 것은 그렇게 많은 시간을 일하고도 우리가 받는 대가는 너무나도 가혹하다는 점이다. 조사에 따르면 한국의 평균 실질임금은 3만 2,399달러로 평균(4만 2,786달러)의 75%에 머물고 있다. OECD 국가 중 평균 노동시간이 가장 적은 독일(1,363시간, 실질임금 4만 6,398달러)과 비교해보면 우리는 독일 근로자에 비해 4달이나 더 일하면서도 임금은 독일의 70% 정도만 받고 있는 셈이다. 이러한 결과는 철저한 위계질서 아래에서 각자에게 큰 책임이 부여되고, 장시간 근로를 요구받는, 즉 우리나라와 유사한 기업 문화를 가졌다고 알려져 있는 일본(1,713시간, 실질임금 3만 9,113달러)과 비교해도 마찬가지다. 일본보다도 40일 넘게 더 일하지만 임금은 2/3정도만 받고 있다. 압도적인 시간을 일에 투입하면서 열심히 산다고 자부할 수는 있겠지만 적어도 하나는 확실하다. 한국인의 삶의 질은 업무시간에 반비례해 점점 낮아지고 있다는 것이다.

 OECD, UN 등 그 어떤 곳에서 조사한 자료를 봐도 우리나라의 행복지수는 경제지표에 비해 한참 떨어진다. 특히 UN 산하 자문기구인 지속가능한 발전 해결 네트워크(SDSN)에서 발표한 2017년 세계행복지수를 보면 한국은 조사국가 155개국 중 56위로 나타났다. 각종 경제지표를 살펴보면 우리나라는 경제, 군사, 문화 여러 부문에서 강대국임이 분명하다. 객관적인 지표로는 계속 발전하고 있는 것 같지만 그럼에도 우리는 행복과는 여전히

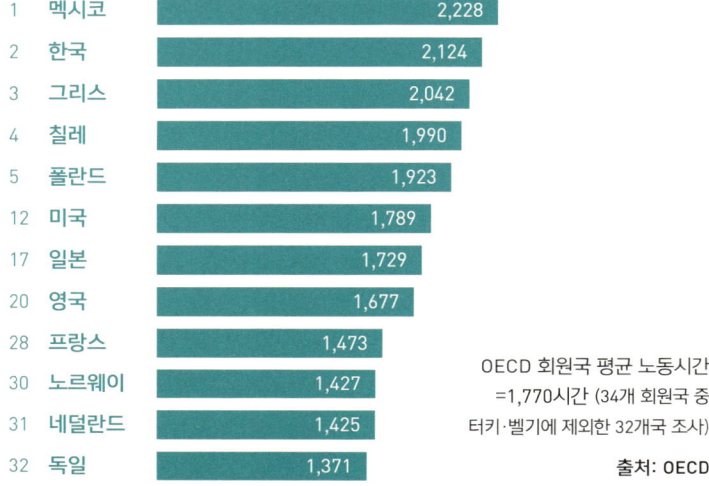

거리가 멀다. 물론 행복이라는 것 자체가 지극히 개인적이고 추상적이니 각자의 잣대에 따라 달라질 수는 있다. 그러나 그 어떤 평계를 대봐도 우리나라의 행복지수가 아주 높다고는 말할 수 없을 것 같다.

뿐만 아니라, 한국은 평균 휴가 일수가 적기로도 세계 1위를 달성하고 있다고 한다. 지난해 세계적인 여행사 '익스피디아Expidia'에서 조사한 결과에 따르면 조사 대상 28개국 가운데 10일 미만으로 휴가를 사용한 나라는 한국이 유일한 것으로 나타났다.[1] 대략 연간 15일 정도의 유급휴가를 받는 한국인들은 그중 평균 8일

정도만 사용해, 사용 일이 고작 절반 정도에 그친 것이다. 더 충격적인 것은, 이처럼 저조한 휴가 사용을 자랑하는 한국을 포함해 계산해도 28개국의 평균 휴가 일수는 무려 20일이 넘는다는 것이다. 일로 인해 휴가를 잊은 한국의 직장인들, 그들의 질 높은 라이프는 말 그대로 연중 휴가 상태다.

하지만 앞에서 말한 사례들보다도 더 충격적이고 안타까운 조사 결과는 아동과 청소년의 삶 만족도 역시 OECD 국가 중 최하위라는 점이다. 2017년 발표한 국제학업성취도평가PISA 학생 웰빙 보고서에 따르면 국가별 학생들의 삶의 만족도에서 한국 학생들의 삶 만족도 점수는 6.36점으로, 조사국가 48개국 중 터키 다음으로 낮은 점수를 기록했다.[2] 물론 최상위권은 핀란드, 네덜란드, 스위스 등 유럽 국가들이 차지했다. 하지만 공부 시간은 단연 1위였다. 주당 60시간 이상 공부한다고 답한 학생들이 23.2%로 조사평균인 13.3%에 비해 거의 2배 이상으로 나타난 것이다.

사회가 변화 없이 이 상태로 유지된다면 우리가 그동안 경험했던 '비정상'을 우리 자식들도 똑같이 느낄 수밖에 없을 것으로 보인다.

이제 진짜로
워라밸이 필요해요

'더 빨리, 더 많이'가 우리를 행복하게 해주리라 믿었고, 실제로 우리에게 풍요는 가져다주었다. 그리고 지금은 분명 다양한 물질적 풍요 덕택에 과거보다 훨씬 부유한 삶을 살고 있다. 또한 상상을 뛰어넘는 최첨단 기술을 누리고 있다. 그런데 역설적으로 불행과 자살은 해마다 늘어나고 있다. 전 세계에서 이를 가장 잘 보여주고 있는 나라가 바로 대한민국이다. 우리는 항상 불안한 삶을 살아가고 있다. 변화하는 삶 한가운데에서 어떻게 될지 몰라 다들 불안하다. 그래서 우리는 자꾸 무언가를 하려 한다. 그리고 누군가는 그러한 의미 있는 행동을 특정해서 규정해두고, 사람들이 그 행동을 하도록 부추긴다.

이를 심리학적 용어로 해석학적 순환Hermeneutischer Zirkel이라고 한다. 우연한 것을 차후에 필연으로 만드는 것이다. 예를 들어 누군가의 성공은 사실 우연과 필연이 섞여 있는 결과인데, 이를 필연적인 노력으로만 성취했다고 이야기하는 것이다. 그렇게 해야만 성공한 사람의 삶이 더욱 의미 있어지기 때문이다. 그리고 자신은 타인에게 필연적인 삶을 살아온 모습만을 보여주는 것이다. 즉 우연적인 것을 필연적이라고 규정해놓고, 그 필연성에 따라서 행동하는 것을 해석학적 순환이라고 한다. 이러한 해석학적 순환은 대부분 불안한 사람들이 만들어내고 따라한다. 불안한 삶에서 뭔가 의미를 계속 부여하고 싶기 때문이다. 많은 사람들이 불안한 상태를 회피하고자 그것이 무엇이든 간에 눈앞에 있는 것에 끊임없이 집중하고, 새로운 일을 만들어내고, 남의 눈치를 보게 되는 것이다. 하지만 이러한 노력은 단순히 지금 순간을 벗어나기 위한 노력일 뿐 결코 불안에 대한 근본적인 해결책이 되지 못한다.

　우리는 실체 없는 불안감을 벗어나기 위해 또 다른 노력을 하기보다는, 진짜 힐링을 먼저 찾아야 한다. 고가의 장비를 구입하고, 고가의 레저 활동을 즐기고, SNS에 올리기 위한 사진을 찍는 힐링을 말하는 게 아니다. 쉼 없이 돌아가는 나의 하루에 잠깐씩 휴식을 주고, 그것을 바탕으로 이후의 일을 해낼 수 있는 에너지를 만들기 위한 '진정한 휴식'이 필요하다는 것이다. '오늘 나는 언제 행복했던가?' 자문해보자. 가만히 생각해보면 딱히 특별한 경험은 아니었을 것이다. 단지 회사에서 동료와 잠깐 나눈 잡담이라든지 좋아하는 음악을 우연히 듣게 된 순간, 또는 아무 생각 없이 잠깐 멍해졌던 순간 등이 오늘 나에게 작은 에너지를 넣어주었을 것이다. 영화처럼 파격적으로 일상에서 벗어나지 않아도 된다. 그리고 많은 돈이나 시간을 들이지 않아도 가능하다. 오직 나만을 위해서 잠깐 외부와 단절된 상태, 플러그를 뽑아둔 아주 잠깐의 시간. 이때가 바로 일과 삶의 균형, '워라밸'을 가능하게 하는 시작점이 될 수 있을 것이다.

2
안녕하지 못한 내 워크의 방해꾼들

직장인 스트레스 자가진단 체크리스트

직장에 대한 스트레스가 많은 것은 어찌 보면 당연하다. 하루의 가장 많은 시간을 보내는 곳이자, 내 생계를 위한 돈을 벌게 해주는 곳이기 때문이다. 이유가 물리적 시간 때문이건, 혹은 생존과 가장 밀접한 관계가 있기 때문이건 직장이 스트레스의 가장 큰 요인이 되는 것은 당연한 이치다. 이러한 스트레스에 대한 관리는 자신이 처한 상황이나 강도에 따라 다르게 해결해야 하지만, 최근에는 '회복탄력성'이라는 말로 이를 자주 설명한다. 회복탄력성이란 다양한 시련이나 고난을 바탕으로 새롭게 시작하려는 마음인데, 전반적으로는 개인의 긍정성과 매우 관련이 높다. 하지만 회복탄력성은 개인의 노력이나 변화만을 요구할 뿐 근본적인 변화가 필요한 사회에 대한 비판은 담고 있지 못하다. 그리고 대한민국의 직무 스트레스가 세계 최고 수준임은 다양한 조사를 통해 나타나고 있다. 나의 직무 스트레스는 어떤가?

	그렇지 않다	그저 그렇다	그렇다	매우 그렇다
일이 많아 항상 시간에 쫓기며 일한다.	1	2	3	4
여러 가지 일을 동시에 해야 한다.	1	2	3	4
업무량과 작업 스케줄을 스스로 조절할 수 없다.	1	2	3	4
동료나 상사는 업무를 완료하는 데 별 도움이 안 된다.	1	2	3	4

문항				
직장에서 힘들 때 내가 힘들다는 것을 알아주고 이해해주는 사람이 없다.	1	2	3	4
직장 사정이 불안하여 미래가 불확실하다.	1	2	3	4
내 직장은 근무평가, 인사제도(승진, 부서배치 등)가 공정하고 합리적이지 못하다.	1	2	3	4
나의 모든 노력과 업적을 고려할 때, 나는 직장에서 제대로 존중을 받고 있지 않다.	1	2	3	4
능력을 개발하고 발휘할 수 있는 기회가 별로 없다.	1	2	3	4
불필요한 회식자리가 많고 불편하다.	1	2	3	4
기준이나 일관성이 없는 상태로 업무 지시를 받는다.	1	2	3	4
직장의 분위기가 권위적이고 수직적이다.	1	2	3	4
직장 생활의 고충을 함께 나누고 싶은 동료가 별로 없다.	1	2	3	4
지금의 직장을 옮겨도 나에게 적합한 새로운 일을 쉽게 찾기는 어려운 일이다.	1	2	3	4
경력개발과 승진은 무난히 잘 될 것으로 예상한다.	1	2	3	4

직무스트레스 평가관리(한국산업안전공단, 2005)에서 발췌 후 재구성

15점 이하	16~34점	35~45점	46점 이상
하위 15%	하위 16~40%	상위 40~80%	상위 20%

겉치레 기업 문화,
불합리한 의사 결정

한국 사회는 유교 문화와 군대 문화가 결합되어 최고의 시너지를 발휘하는 곳이다. 이런 현실을 부정할 수는 없다. 유교 문화나 군대 문화가 무조건 나쁘다고 말하려는 것도 아니다. 다만 지금 시대에 적합하지 않다는 것이다. 왜냐하면 지금은 '까라면 까'라는 식의 군대 문화보다는 창의력과 새로움을 더 필요로 하는 시대이기 때문이다. 하지만 이런 변화의 바람과 필요에도 불구하고 아직 한국의 기업 문화는 너무나도 엄격하고, 깨지지 않는 다이아몬드처럼 단단하다.

생산성 따위,
앉아있는 시간이 더 중요합니다

근로계약서라는 것이 분명히 존재한다. 나는 그 당시 세대는 아니지만 선배들을 통해, 그리고 영화, 각종 서적, 언론 매체를 통해 1970년대에 전태일 열사가 근로기준법 책을 들고 "근로기준법을 지켜라", "내 죽음을 헛되이 하지 말라"는 말을 외치고 분신한 사실을 배웠다. 나뿐만이 아니라 모두가 알고 있을 것이다. 무려 50년 전의 일이다. 이렇게 긴 시간이 흘렀는데도 왜 우리는 아직도 근로기준법에 명시된 퇴근 시간을 무시한 채 일하는 시간, 구체적으로 말하자면 앉아있는 시간에 집착하는 것일까?

과거 산업혁명 시기에는 장시간의 노동이 산업 성장에 직접적인 영향을 미쳤다. 그리고 긴 시간을 바친 노동자들의 희생이 지금의 우리나라를 만들어냈다는 것은 결코 부정할 수 없다. 그렇기에 노동시간을 기업의 성장이나 생산성과 동일시하는 관점이 아직까지 무의식중에 남아있을 수도 있다. 하지만 지금과 그때를 비교하면 어떤가? 비교할 수도 없을 만큼 다른 업무환경에서 일하고 있을 뿐만 아니라, 업무 시간이 아닌 개인의 창의력과 몰입도에 따라 성과가 나타나는 스마트워크smark work 시대에 우리는 살고 있다. 50년 전과 지금을 비교해 그때와 같은 근무 방식을 요구하는 것은 몰지각한 일이다. 근로계약서상 서로간의 합의에 의해 계약된, 그리고 법으로 정해진 근무시간에 맞게 퇴근하는 것은 당연하다. 오히려 야근을 한다는 건 개인의 역량이 떨어지거나 회사가 조직의 구조를 잘못 설계해 발생하는 비정상적인 일인데, 지금의 사회는 여전히 과거의 향수에 빠져 비정상을 정상으로 인식하고 있다.

    회사라면 전략적이고 이윤추구적인 일, 그리고 생산성 높은 일을 해야 함에도 불구하고 그렇지 못한 경우가 비일비재하다. 윗사람에게 줘야 할 보고서를 처리하느라 엄청난 시간과 노력을 기울일 때가 대표적이다. 몇 마디 대화와 구두보고만으로 해결할 수 있는 내용도 전부 문서화해야 한다. 오죽하면 형광등 하나 교체하는 데에도 수백 개의 공문이 필요하다는 자조적인 우스갯소리가 나오겠는가. 이처럼 사소한 일까지 일일이 문서화하다보면, 결국 핵심은 고작 A4 반 페이지로 내용이 끝나버린다. 회사에서는 여백이 담긴 보고 자료는 곧 그 사람의 무능력함과 연결되는 이상한 알고리즘이 있기 때문에, 나는 쓸모없는 것들을 빼곡하게 적으며 그 여백을 채우기에 여념이 없다. 차라리 그 여백에 흘러간 옛 노래 가사라도 쓰는 게 좋을 듯 싶다. 이러한 쓸모없는 기록들도 타 부서와 비교가 되면서 나의 문서는 이미 본래의 취지를 벗어나 원래의 용건과는 상관도 없는 글줄로 가득한 문서가 되어버린다. 그리고 대체 '이왕이면 다홍치마'라는 속담은 누가 만든 것인가? 문서의 형식이 중요하지 않은 간단한 보고임에도 또 며칠을 밤새워 문서가 화려해 보이기 위한 작업에 엄청난 시간을 투자한다. 그래서인지 서점에 가보면 직장인 코너에 '문서 예쁘게 만드는 법'과 같은 책이 널려있다. 그리고 그 대부분은 '좋은 문서'를 만드는 게 아니라 '좋아 보이는 문서'를 만드는 방법을 가르치고 있다.

여기서 끝이 아니다. 실무자 입장에서, 또는 조직의 목적 달성을 위해 가장 중요한 내용이더라도 보고 자료는 결국 보고받는 윗사람의 관심에 맞게 작성되게 된다. 그리고 그 사람들의 주요 관심사는 그 내용의 질과는 상관없이 보고서에서 전문적인 느낌이 나는지, 여백을 최소화했는지, 분량은 적절한지 그리고 '나를 위한 용비어천가 같은' 내용이 포함되어 있는지 등이다. 결국 보고서만 보면 엄청나게 대단하고 중요한 일을 하는 것처럼 그럴싸해 보일 수 있지만, 실제 업무와는 딴판인 결과물이 나오게 된다. 그리고 우리는 그 바보 같은 보고서를 보고 행위로써 끝내버릴 뿐, 실무에서는 거들떠보지도 않는다. 결국 매일 회사에 나와 아등바등하면서 하루를 보내지만, 귀갓길에 가만히 생각해보면, 결국 저렇게 쓸모없는 짓을 하다가 하루가 다 간 경우가 허다하다. 조금은 과장해서 이야기했지만, 대부분의 직장인들은 종종 이와 비슷한 경험을 하리라 생각한다. 그렇다면 똑똑한 사람들이 모여서 이런 바보 같은 행동을 하는 이유는 대체 무엇인가?

일을 '하는 것처럼' 보이는 게 급선무

회사에서 업무를 한다는 것은 자신이 맡은 분야에서 목표한 성과를 내기 위해서이고, 따라서 집중과 효율이 매우 중요하다. 그리고 모든 직장인들은 정해진 업무 시간이 있기 때문에 시간 내에 업무 집중도나 생산성을 극대화하기 위해 노력해야 한다. 하지만 직장에서 우리의 모습은 어떤가? 사무실의 모습은 사뭇 전투적이고 매우 비장하다. 다들 무언가에 엄청나게 몰두하고 있고 경쟁적으로 쉴 새 없이 타자를 쳐댄다. 심지어 자세도 정자세를 유지하고, 다들 경직된 표정으로 업무에 임하고 있다. 아마 외국인이 이 모습을 본다면 어쩌면 한국인들의 일에 대한 열정에 감동할지도 모르겠다. 하지만 일반적인 한국의 직장인이라면, 그 어떤 사무실을 가도 의자에 앉아있는 사람들의 표정이나 타자의 속도, 간격만으로도 지금 저 사람이 일을 하는 건지, 아니면 다른 사람들과 메신저를 통해 잡담을 하는 건지, 또는 인터넷으로 딴짓을 하는지 알아차릴 수 있을 것이다. 왜냐하면 대부분의 직장인이 그러한 행동을 매일매일 하고 있기 때문이다. 한국의 대표적인 기업 문화라 할 수 있는 '일하는 것처럼 보이기' 또는 '최대한 오랜 시간 일하기' 문화는 각자가 주도적인 회사 생활을 할 수 없고 효율적으로 성과를 창출할 수 없게 만들었다.

 사실 하루에 8시간이나 근무한다면 잠시 휴식이 필요하기도 하다. 아니면 피치 못한 개인 용무를 봐야 할 때도 있다. 또한 옆자리의 동료와 잡담을 통해 잠시 주의를 환기하기도 하고, 그를 통해 오히려 업무 효율을 높일 수도 있다. 하지만 한국의 직장에서는 이와 같은 효율을 위한 활동은 원하지 않는다. 심지어 동료들과의 대화도 불필요한 것으로 여겨 직장인들은 대화를 할 때 노트를 펼쳐 웃음기를 인위적으로 제거하고 무언가 적어가면서, 즉 일하는 척하면서 대화하기도 한다. 아니면 바로 앞에 있는 사람과도 메신저로 대화한다. 물론 하루 종일 일이 너무 많아 바빠 죽겠는 사람도 있겠지만, 많은 직장인들이 업무 자체보다는 '일을 하는 것처럼 보이기'에 더 많은 신경을 쓰고 있는 것이다. 그렇기 때문에 자꾸 습관적으로 야근을 하려 하는 게 아닐까?

한국의 기업에서
볼 수 있는 4가지 법칙

❶ 파레토 법칙

'이탈리아 인구의 20%가 이탈리아 전체 부의 80%를 가지고 있다'고 주장한 이탈리아의 경제학자 빌프레도 파레토Vilfredo Pareto의 이름에서 따온 이 법칙은, 전체 결과의 80%가 전체 원인의 20%에서 일어나는 현상을 가리킨다. 이 법칙은 실생활에 다양하게 적용되는데, 회사에도 마찬가지로 적용해볼 수 있다. 우리가 회사에서 내는 성과, 또는 집중할 수 있는 시간은 전체 근무시간 중 집중한 20% 정도의 시간에서 나타난다. 그리고 일반적으로 20% 정도의 일 잘하는 직원이 80%의 무능한 직원들을 먹여 살리기도 하며, 회사에서 하는 회의 중 80%는 필요 없는 시간이고 단 20% 정도의 시간만 그나마 유용하다고 할 수 있다. 정확한 수치야 조금씩 달라질 수 있겠으나 많은 직장인들이 이에 공감할 수 있을 것이다.

❷ 파킨슨 법칙

영국의 역사학자이자 정치학자인 노스코트 파킨슨Northcote Parkinson이 제시한 사회 생태학적 법칙으로, 한국의 낮은 노동생산성을 아주 잘 나타내준다. 파킨슨 법칙은 우리의 일이나 조직의 규모는 필요에 의해서 또는 고차원적인 분석과 조직적 합의를 거쳐 변화하는 것이 아니라 '심리적인 이유'로 증가하는 성향을 보인다는 것이다. 예를 들면 조직이 커질 때 사업이 다양해지고 업무량이 많아져서 커지기도 하지만, 많은 경우에는 자신이 상위 직급으로 승진하기 위해서 조직을 새롭게 만들고 자연스럽게 부하의 수를 늘리는 경우가 많다고 한다. 그리고 악순환으로, 쓸데없는 조직과 인력을 위해 불필요한 업무나 행정절차가 자연스럽게 증가하게 되고 결국에는 전체 조직의 업무 효율성이 악화되는 것이다. 이와 같은 맥락에서 우리의 지출과 관련된 행동 역시 비슷한 패턴을 보인다. 아무리 수입이 증가해도 증가량과 비슷하게 저축량이 증가하지 않는 이유 역시 지출이 수입에 맞춰 증가하기 때문이다.

❸ 피터의 법칙

피터의 법칙은 미국의 교육학자인 로렌스 피터Laurence Peter가 1960년에 제시한 이론으로, 조직에서 모든 직원은 자신의 무능력 수준에 도달할 때까지 승진하려는 경향이 있다는 주장이다. 이 법칙에 의하면 이러한 무능력자가 관리자로 존재하는 조직은 결국 시간이 지나면서 점점 무능한 직원들로만 채워지게 될 것이고, 이들이 자신의 위치에 적합한 임무를 해내지 못하게 되면서 결국 하위직 직원들은 '나 혼자 살아남는 법'만을 찾게 될 것이다. 지금의 평범한 직장인들에게 상당히 공감되는 법칙이다. 무능한 상사는 결코 유능한 부하를 구분해낼 수 없다. 왜냐하면 부하들을 평가할 때도 본인의 수준에 맞춰 평가할 수밖에 없기 때문이다. 부하들이 새로운 아이디어나 뛰어난 비즈니스 능력이 있더라도 이를 알아채지 못하고 평가하지 못한다. 결국 무능한 상사는 회사의 규칙을 잘 지키는지, 행정처리를 잘 하는지, 회사에서 인간적 관계를 잘 맺는지 등과 같은 매우 낮은 수준의 기준으로 부하를 평가하게 되기에 그 조직은 더 이상 발전할 수 없게 된다.

❹ 딜버트의 법칙

샐러리맨 출신의 미국 만화가 스콧 애덤스Scott Adams가 그린 '딜버트Dilbert'라는 만화의 주인공에 의해 만들어진 이 법칙은, 무능력하고 회사에 별 도움이 되지 못하는 직원이 도리어 열정적이고 능력 있는 직원보다 조직에서 성공할 가능성이 높다는 것을 말한다. 이것이 가능한 이유 역시 관리자 때문이다. 자신의 자리를 보전하는 것이 그 무엇보다 가장 큰 관심사인 관리자들은 본능적으로 혁신이나 변화가 아니라 안정을 추구하게 된다. 그렇기 때문에 새롭게 일을 벌이는 능력 있는 직원보다 현상을 안정적으로 유지할 수 있는, 그리고 자신의 지시를 무리하지 않으며 충실하게 이행할 수 있는 무능한 직원을 선호하게 된다. 딜버트의 법칙과 비슷한 현상으로 정치학에서 말하는 '부정적 선발'을 들 수 있다. 부정적 선발은 최고 권력자가 자신의 권력을 지속하기 위해서 의도적으로 무능한 심복들을 고위직에 앉히는 것을 말한다. 우리가 불과 몇 년 전에 볼 수 있었던 그 장면, 그리고 지금도 자주 만나는 무능한 권력자들, 그런 것들이다.

노예랑
다를 게 뭔가요?

워라밸을 이루기 위해서는 개인적 노력이 반드시 선행되어야 한다. 워크와 라이프를 저울 위의 추라고 생각해보자. 우리는 왜 일을 할까? 여러 이유가 있겠지만, 일단 더 큰 목적이 무엇이든 간에 핵심은 돈을 벌기 위해서다. 워크 쪽의 저울 팔에는 결국 생존이라는 필수불가결한 이유로 선택한 추가 이미 올라가 있다. 기본적으로 균형이 안 맞는 상태이다. 워라밸은 이처럼 한쪽으로

쏠린 저울의 균형을 맞추기 위한 노력이다. 자발적이건, 비자발적이건 일을 선택했고, 또 할 수밖에 없었다. 그렇다고 저울을 한쪽으로만 쏠리게 둘 것인지 아니면 노력을 통해 평행을 맞출 것인지 결정하는 건 오롯이 본인의 몫이다.

좋은 것은 사회에 천천히 퍼진다. 그러나 좋지 않은 관습은 이상할 만큼 엄청난 속도로 퍼지고, 벤치마킹되면서 발전한다. 워크와 라이프도 그렇다. 노동자들을 써먹고 괴롭힐 방법은 창조적으로 개발되는 반면, 그들을 지켜줄 사회적 방어막은 아주 천천히 발전한다. 아니, 퇴화하기도 한다.

개인의 생활패턴은 사회가 아니라 개인이 바꿔야 하는 것이다. 사회를 구성하고 있는 기술이나 인프라와는 다르다. 이러한 것들은 눈 깜짝할 사이에 바뀌어나가지만 사람들 간의 인식과 문화는 결코 그 속도에 발을 맞추지 못한다. 워라밸도 하나의 인식이자 문화이다. 지금 워라밸이 필요한 상태라고 느껴진다면 스스로 좀 더 적극적으로 변화하고 도전하며 노력해야 한다. 워라밸을 위한 나의 행동들이 타인의 눈에 어떻게 보일지, 또는 조직에서 나를 어떻게 평가할지를 고민하기보다 내 삶에 있어 내가 중요하게 생각하는 가치는 과연 무엇인지에 대해 먼저 고민을 해볼 때다.

우리는 100세 시대를 살고 있다. 현세대의 삶에서 직장이 주는 의미는 과거 우리의 부모 세대가 느꼈던 직장의 의미와 다를 수밖에 없다. 미국의 극작가 리로이 존스 Leroi Jones 는 '노예로 사는 삶에 너무 익숙해지면 놀랍게도 자신의 다리를 묶고 있는 쇠사슬을 서로 자랑하기 시작한다. 어느 쪽의 쇠사슬이 빛나는가, 더 무거운가'라고 말한 바 있다. 미국의 노예제도가 언제 없어진지 이제 감이 잘 오지도 않는 시대에 이 이야기가 다시금 마음을 무겁게 울리는 건 왜일까?

우리는 생계라는 명목하에 사회와 회사에서 행해지는 각종 위법과 위선을 목격하면서도 그를 변화시킬 자신이 없어 오히려 나를 조직에 맞게 변화시키곤 했다. 꼭 사회를 내가 변화시켜야 할까? 그냥 내가 변하면 안 되는 것일까?

대한민국의
수많은 야근메이커

 야근은 일단 지금 우리 사회의 천적이자 주적임이 확실하다. 그렇다면 우리는 왜 야근을 하는 것일까? 야근으로 인해 우리의 삶은 점점 피폐해지고, 곧 회사에 잡아먹혀 더 이상 내 삶이 없을 것처럼 느껴지기도 한다. 야근은 개인에게도 천적임이 확실하고, 장시간 노동으로 인한 피로, 낮은 취업률, 저출산 등 각종 사회적 문제가 나타나고 있으니 국가적으로도 주적이라 할 수 있다.
 우리는 한마디로 지금 '과로 사회'에 살고 있다. 다양한 분야에서 과로로 인한 문제가 나타나고 있다. 올해만 과로사로 쓰러진 집배원이 9명이고 워킹맘 공무원도 과로사로 명을 달리했다. IT업계 종사자는 사내 자살을 선택했다. 그분들의 희생에 안타까움을 느끼면서도 가끔씩 뒷덜미가 섬뜩한 것은, 사회가 시스템에 의한 개인의 희생에 무뎌질까 봐 심히 염려되기 때문이다. 즉, 과로 사회는 이제 더 이상 '나는 아닌' 문제가 아니다. 우리 가족, 그리고 나의 이야기가 될 수 있다.

우리가 원숭이와 그다지 다르지 않은 이유

런던 비즈니스스쿨 게리 해멀Gary Hamel 교수와 미시간 경영대학원 C. K. 프라할라드 교수C.K.Prahalad의 공저인《시대를 앞서는 미래 경쟁 전략(Competing for the Future)》에는 원숭이와 관련된 실험 사례가 있다. 실험은 매우 간단하다. 한 방 안에 사다리가 세워져 있고 그 사다리 위에는 바나나가 놓여 있다. 그 방 안에 5마리의 원숭이를 넣는다. 그리고 그중 한 원숭이라도 바나나를 먹기 위해 사다리를 올라가면 천장에서 찬물이 쏟아지게 하는 것이다. 조금이라도 올라갈 때마다 천장에서 찬물이 쏟아지니 원숭이들은 사다리에 올라가려 하지 않았고, 혹시라도 배가 고파 올라가는 원숭이는 물에 젖기 싫어하는 나머지 원숭이들에게 공격을 당했다.

이후 실험자들은 방 안의 원숭이 한 마리를 새로운 원숭이로 바꾸어 넣었다. 방에서 사다리와 바나나를 발견한 원숭이는 사다리를 오르려 했지만 기존에 있던 원숭이들이 그 원숭이를 공격했다. 영문도 모르고 당한 원숭이는 다시는 사다리에 오르려 하지 않았다. 이유도 모르면서 말이다. 그리고는 또 기존의 원숭이를 한 마리 빼고 새 원숭이를 방에 넣어봤다. 물론 동일한 일이 벌어졌지만, 새로운 사실은 처음으로 교체되었던 원숭이가 기존의 원숭이보다 더 공격성을 보였다는 것이다. 시간이 지나 모든 원숭이가 교체되었고, 그 누구도 차가운 물을 맞아보지 않았음에도 사다리를 타고 올라가려 하지 않았다. 왜 사다리에 올라가면 안 되는지, 왜 자신이 공격을 당했는지도 모른 채 말이다.

이 실험을 보면서 어떤 생각이 들었는가? 나는 이 실험이 원숭이가 아니라 사람을 대상으로 한 이야기라고 해도 전혀 어색하지 않다는 생각이 들었다. 우리는 타당한 이유나 합리적인 의심 없이 그저 언젠가부터 만들어진 전통이라는 허울 아래, 불합리함을 당연하게 떠안고 살기도 한다. 회사 회식이나 행사 때마다 신입사원들이 걸그룹 댄스 등 원치 않는 공연을 펼치고, 갓 대학에 입학한 신입생들에게 축하한다는 명목으로 폭탄주를 죽을 만큼 먹인다. 이것이 과연 타당하며 합리적인 행동인가? 야근도 마찬가지다. 이제 우리는 스스로에게 질문을 해볼 필요가 있다.

"왜 불필요한 야근을 할까? 좀 합리적으로 일하면 안 될까?"

임시직원이
야근 메이커라는 썰이 있습니다

회사에서는 일을 하기보다는 눈치를 보는 일이 더 많다. 상사의 눈치를 잘 살펴 그 사람의 입맛에 맞는 행동을 해 인정받고자 하기 때문이다. 물론 사람은 본능적으로 인정 욕구가 있다. 하지만 지금의 수직적인 대한민국 내 직장 또는 조직에서의 인정은 매우 1차원적이고 불합리하게 이루어지는 경우가 많다. 그런 조직에서는 전문성이나 능력보다는 과잉 충성이나 비위 맞추기를 통해 인정받을 확률이 높다. 그리고 업무에 대한 거시적이고 깊이 있는 시각이나 분석보다는 누군가의 순간적인 기분을 잘 포착하는지가 더 중요하게 여겨지곤 한다. 이 원인은 대부분의 조직들이 가지고 있는 구조적인 문제에서 찾아볼 수 있으며 문제의 핵심 키워드는 '임원任員'이다. 임원은 '어떤 단체에 소속하여 그 단체의 중요한 일을 맡아보는 사람'이라는 뜻을 가지고 있는, 직원과는 구분되는 단어이다. 하지만 직장인들에게 임원은 진담 반, 농담 반으로 '임시 직원'의 줄임말로 불리기도 한다.

 일반적으로 다니던 직장에서 임원으로 승진하는 경우 퇴사 과정을 거쳐 퇴직금을 정산한 후 계약해 재입사하는 경우가 많다. 그리고 그 계약은 대부분 1~2년 내로 진행된다. 그렇기 때문에 임원들의 고용 안정성은 말단 사원들보다도 사실 더 불안하다. 일반 직원들의 경우에는 법적인 절차도 있고, 급여도 얼마 되지 않기 때문에 쉽게 자르지 않는다. 하지만 계약직인 임원은 회사가 어렵거나 문제가 생기면 (혹은 윗사람들에게 속된 말로 '찍히면') 언제든지 계약을 해지할 수 있다. 오너의 로열패밀리가 아니라면 직장인이 올라갈 수 있는 가장 높은 곳이 바로 임원인데, 임원이 되는 순간 그들은 더 치열한 리그에서 뛰게 되는 것이다. 1년 안에 승부가 결정되는 단기간의 경쟁에서 살아남기 위해, 즉 계약 연장의 꿈을 실현하기 위해 그들은 단기간에 업적을 내고 인정받으려 노력한다. 가능한 한 모든 일을 다 하려 하고, 그 일들은 아래로, 아래로 내려오며 눈덩이처럼 커져버린다.

청와대도
제대로 안 된다던데

문재인 대통령은 취임 직후부터 공무원들의 연차 활용을 수차례 권유했고, 자신이 직접 연차를 내고 고향에서 휴식을 취하는 모범을 보이기도 했다. 이처럼 노동시간 단축이나 휴식, 가정 등의 키워드는 새 정부의 상징적인 정책들이다. 제도로 뒷받침하기 위해 연차를 쓰지 않으면 인사상 불이익을 주는 제도를 만들고, 연차수당을 없애기도 했다. 또한 각 수석들의 연차 소진 현황을 해당 부처 직원들의 근무 평가에 반영까지 하는 등 강경책을 만들었다. 하지만 얼마 전 수석비서관 회의에서 대통령이 수석들에게 '휴가를 제대로 쓰라'고 질책한 걸 봐서는 노동시간 단축에 대한 정책이 내부적으로도 수행이 잘 되지 않는 것으로 보인다. 일부 참모들이 형식적으로 연차휴가를 쓰고, 실제로는 근무를 한 것이 발각됐기 때문이었다.

　물론 집권 초 내각 인선 등 시급한 일들이 산적해 있기 때문에 이해할 수 있는 대목이지만, 그럼에도 정부의 주요 정책에 대해서 수석들이 휴가를 지키지 않을 정도로 일을 한다면 정부부처들은 물론이고 그 아래에 있는 수많은 공무원 또한 더 높은 업무 강도에 시달릴 것이다. 연차를 제대로 쓰지 못하는 것에는 물론 여러 이유가 있겠지만, 먼저 2가지 관점으로 접근을 해야 한다. 첫째, 당사자의 업무 방식이나 역량. 둘째, 업무 및 조직 편제의 불합리함이다. 이 두 가지 차원으로 접근해야 해당 조직의 위 직급에 대한 평가와 조직원에 대한 분석이 함께 진행될 수 있다. 그저 연차 사용 여부를 따져 근무 평가에 불이익을 주는 것을 넘어, 청와대부터 노동시간 단축을 위한 조직 컨설팅이 필요해 보인다. 하지만 이는 비단 청와대뿐 아니라 모든 조직에서 쉽게 나타날 수 있는 현상이다. 청와대의 의지와 정책의 방향은 매우 환영하고, 적극적으로 받아들여야 하는 것은 분명하다. 하지만 변화라는 것은 당사자들이 변화를 수용할 수 있는 여건이 조성되었을 때 이루어지는 것이다. 여건이 마련되지 않은 상태에서의 변화는 결국 불편을 초래하게 된다. 청와대에서도 실현되지 못하는 지금의 정책이나 제도가 과연 일반 기업, 열악한 근무 환경의 중소기업에서 과연 적용될 수 있을까?

야근이 생산성을 높여준다는 거짓말

야근을 통해 전문성을 개발할 수 있다거나, 야근이 곧 미래를 위한 투자라고 생각된다면 누구나 즐거운 마음으로 자발적인 야근을 할 수 있다. 하지만 우리네 야근은 일반적으로 그렇지 못하다. 바로 여기가 안타까운 지점이다. 이 책을 읽는 대부분의 독자가 그저 칼같이 '근로기준법대로 하시죠'라고 생각하진 않을 것이다. 어쩔 수 없이 해야 하는 야근이라면 적어도 합리적이거나, 그렇지 않다면 최소한의 미안함이나 배려, 보상이 있었으면 한다는 것이다.

내가 겪은 다수의 직장이나 주변 동료들의 이야기만 들어보아도 요즘 대학생들이 원하는 직장에 취업한다는 것은 아주 어려운 일이다. 각자 자신의 회사에 들어오는 요즘 신입 사원들을 보면, 자신보다 좋은 스펙을 갖고 있는 이들이 꽤나 많을 것이다. 하지만 이런 취업 바늘구멍을 뚫고 원대한 포부와 회사에 대한 로망을 갖고 들어온 그들에게 회사가 요구하는 걸 보면 어떤가? 미안하거나 부끄러운 생각이 드는 경우가 종종 있지 않은가?

그들 중 일을 잘해서 눈에 띄는, 소위 'A급' 직원들은 윗사람의 관심이 집중되는 핵심 부서로 발령을 내고, 그들에게는 윗사람들이 관심 갖는 업무를 집중시킨다(물론 능력도 없으면서 기를 쓰고 핵심 부서에 가서 업무 외적 능력으로 승부를 보려는 사람들도 적지 않다). 결국 A급 인재로 입사한 신입사원은 어떻게 변화하는가? 둘 중 하나일 것이다. A급 인재로 계속해서 인정받기 위해 매일같은 야근으로 워라밸을 포기하거나, 또는 A급 인재임에도 스스로 B급이 되기 위해 자신을 하향평준화하거나.

출근 시간은 정해져 있는데 퇴근 시간은 왜 안 정해져 있나요?

서울시내의 번쩍이는 야경에 대해 극찬을 하던 외국인 바이어에게 사실 그 야경은 야근하는 근로자들이 만들어 낸 '야근 풍경'의 줄임말이라고 설명했다는 농담이 있다. 그렇게 수많은 사람들이 근무시간이 지난 후에도 늦게까지 일하니, 우리 사회에서는 그것을 일반적이라고 여기고 야근에 대해 커다란 문제의식을 느끼지 못하는 것이다.

스웨덴은 세계 최고 수준의 워라밸을 실천하고 있는 것으로 유명하다. 일단 그들의 다양한 복지와 워라밸을 위한 정부 차원의 노력 이야기는 미뤄두고, 스웨덴 국민들의 정서에 대해 이야기해보자. 스웨덴을 대표하는 모 통신사에 근무하는 지인의 말을 빌려보면, 스웨덴 사람들은 기본적으로 회사는 '효율적으로 일하는 곳'으로 생각한다고 한다. 그래서 그들에게는 근무시간이 정해져있어도 자신의 효율에 따라 유연하게 활용하는 게 일반적이다. 그렇기 때문에 야근을 하는 직원은 일을 못하는 직원으로 낙인찍혀 매우 낮은 평가를 받고, 경고를 받기도 한다.

또한 정부와 기업에서는 각각의 가정에 많은 관심을 갖는다. 그들은 가정을 기업과 국가의 가장 중심적인 구성 요소라고 보기 때문이다. 그래서 스웨덴의 기업들은 직원들이 일로 인해 가정에 충실하지 못하게 되면, 궁극적으로 회사의 손실로 이어질 수 있다고 생각한다. 일이 가정에 어떤 악영향도 미치지 않도록 노력하는 이유다. 보육에 있어서도 마찬가지이다. 육아휴직 후 복귀하는 직원이야말로 회사에 대한 만족도가 높고 충실한 직원이라고 생각하기 때문에 이들을 위한 정책적인 배려는 물론, 출산 이후 자녀가 초등학교에 입학하기 전까지 근무시간의 85%까지 단축할 수 있는 여건이 마련된다. 즉 회사가 직원에게 제공하는 여러 복지나 혜택 중 가장 중요시하는 것이 바로 워라밸이다. 가정을 가장 중시하고 가족과의 시간을 보내기 위해 워라밸을 지키는 스웨덴. 그렇기 때문에 그들은 출근 시간은 다를지 몰라도, 퇴근 시간만큼은 정해놓는 것이다.

그러나 금요일 저녁에 다음 주 월요일의 보고 자료를 만들기 위해 야근하고 있는 직원에게 "오늘은 금요일이니까 술 한 잔 하지? 자료는 주말에 나와서 만들면 되잖아"라고 쉽게 말해버리는 곳이 한국이다. 이미 워라밸에 실패하고, 가정에서 버림받은 자들이 직장에 남아있는 이 시대는 워라밸 시대로 향해 나가기 위한 엄청난 과도기라 생각된다.

야근은 과연 어느 누구에게라도 도움이 되긴 될까요?

야근하는 사람들의 주요 레퍼토리가 있다. '내가 무슨 부귀영화를 누리자고…….' 한번 따져보자. 과연 우리의 야근은 그 누구에게라도 도움이 되기는 되는 건가? 나의 희생으로 그나마 누구라도 부귀영화를 누린다면 작은 위안이 되겠지만, 현실은 그렇지 못한 것이 확실하다. 결론부터 말하자면 야근은 개인의 건강은 물론, 회사에도 악영향을 미칠 뿐이다.

각자의 정신 건강까지는 말하지 않겠다. 매일매일 당신의 '쿠크다스 멘탈'✱이 부서지는 것은 스스로 너무나도 잘 알고 있을 테니 말이다. 하지만 신체적인 건강에도 아주 직접적으로 악영향

✱ 멘탈이 쿠크다스처럼 약해서 금방 부스러진다는 신조어.

을 미친다는 점이 중요하다. 먼저 근로 환경을 살펴보아야 한다. 하루 종일 목을 조이는 넥타이와 답답한 구두, 온몸을 조여오는 브래지어나 스타킹에 10시간 이상 묶여있는 것이 신체를 엄청나게 혹사시킨다는 건 누구나 알 수 있을 것이다. 그리고 좁은 공간에 다닥다닥 붙어있는 컴퓨터, 전자기기 등에서 나오는 전자파, 환기도 잘 되지 않는 사무실 역시 우리의 몸에게 너무 가혹한 처분이다. 심각한 질환과 야근 사이에 연관성이 있다는 연구도 많이 나오고 있다. 실제로 3개 대륙을 대상으로 진행된 한 조사에서 한 주에 55시간 일하는 사람들은 40시간을 일하는 사람들과 비교해 뇌졸중을 겪게 될 확률이 33%나 높은 것으로 나타났고, 심장 관련 질환도 13%가량 높게 발생한다고 나타났다.[3]

회사는 기본적으로 자신에게 불리한 지표는 인정하지 않으려 하기 때문에 이 조사 결과를 받아들일지는 모르겠지만, 한국개발연구원KDI이 발표한 〈근로시간 단축이 노동생산성에 미치는 영향〉에 따르면 주 5일 근무제가 도입된 이후 국내 제조업의 노동생산성이 연간 1% 넘게 늘어나고 있는 것으로 나타났다. 그리고 근로 단축으로 인한 노동생산성의 증대효과는 근로시간이 상대적으로 길었던 업체일수록 더 높게 나타났다. 주당 40시간을 초과해서 일을 했던 기업체는 2%가 넘는 성장률을 보인 반면, 40시간 미만의 기업체는 0.4% 정도밖에 늘지 않았기 때문이다. 이는 그간 우리의 초과근무가 결코 생산적이지만은 않았다는 것을 여실히 보여준다. 즉 초과근무로 인한 비효율이 더 컸다는 것이거나, 또는 초과근무를 하지 않아도 다 해낼 수 있는 일이었다는 것이다.

일반화할 수 없는 이야기인 건 잘 알고 있지만, 야근이 잦다는 것은 그 조직의 구조가 잘못되었다고도 볼 수 있다. 즉 야근이 잦은 조직에서는 5명이 해야 할 일을 3명이 하고 있다는 것이다. 나는 노동 관련 전문가나 경제학자가 아니기 때문에 소득의 재분배와 노동 공급까지는 계산하지 못하지만, 지금처럼 실업률이 범국가적인 문제로 대두되는 상황에서 야근이 근로자는 물론 수많은 실업자에게도 악영향을 미친다는 건 매우 아이러니한 일이다. 또한 또 다른 의미에서의 야근인 퇴근 후의 회식 문화는 이외의 사회문제를 초래하기도 한다. 음주에 따른 범죄율 등은 개인의 책임도 크지만, 원치 않는 회식으로 인해 비롯되는 크고 작은 범죄도 무시할 수 없는 수준이다. 특히 음주운전이나 성매매 같은 범죄들이 오피스 밀집 지역에서 많이 발생한다는 점이 이를 대변한다고 할 수 있다.

자신의 정체성을 생각할 때, 누구나 어떤 조직의 직함보다는 내 가정, 가족의 일원이 먼저일 것이다. 만약 당신이 지금 워라밸을 잘 지키지 못하고 워크에만 집중하고 있는데도 가족들이 당신을 지지하고 응원해주는 이유는, 단지 가족이기 때문이다. 가족이기에 당신의 희생도 잘 알고 있고, 당신의 부재로 인해 피해를 볼 때가 있어도 묵묵히 참는 것이다. 하지만 당신이 그렇게도 목을 매는 직장은 어떨까? 언제라도 누군가가 불필요하다고 느끼면 배신할 수 있고, 또 내쳐질 수 있는 사람들끼리 모여져 있는 곳이다. 워라밸을 위해 가장 먼저 생각해야 할 것은 바로 가정과 직장 중 누가 마지막까지 당신 곁에 있을지, 바로 그것이다.

장래희망 칸에 고민하고 또 고민하며 꿈을 적던 학창 시절, ○○회사의 부장, ○○기업의 과장이 나의 꿈은 아니었을 것이다. 지금처럼 고되게, 정처 없이 회사와 집을 떠돌며 기계처럼 사는 모습은 더더욱 아니었을 것이다. 지금 비록 학창 시절 꿈꾸었던 장래희망이 희미해졌다 할지라도, 수단이 목적이 되어서는 안 된다. 잘 살기 위해 선택한 수단이 나의 삶 전체를 흔들어선 안 된다. 먼 훗날 정말 최선을 다해 살다가 눈을 감기 직전에 내 곁에서 손을 잡고 "잘 살아줘서 고마워요"라고 나를 토닥여줄 사람은 누구일까? 부장님? 과장님? 아니면 목 빠져라 나의 퇴근을 기다리고 있을 가족들?

내 워크를 망치는
꼰대 대처법

'꼰대'는 기성세대나 선생님을 뜻하는 은어이다. 명사인 꼰대에 접사인 '-질'을 붙여서 '꼰대질'이라는 표현도 사용한다. 자신의 경험을 일반화해 남에게 일방적으로 강요하는 행동을 그렇게 표현하는 것이다.

요즘 세상에는 꼰대가 넘쳐난다. 어딜 가도 자기 잘난 맛에 취해 있고, 아는 것을 남한테 말하고 싶어 안달 난 사람으로 가득하다. 물론 너무나도 쉽게 지식을 얻을 수 있는 사회이기에, 지식이 넘쳐버려 어찌 보면 자연스럽게 나타난 현상일지도 모르겠다. 각종 매스컴과 서점에도 이러한 꼰대 문화를 부추기는 다양한 지식 대 방출 콘텐츠가 넘쳐나고 있으니 말이다.

사전에서 '늙은이'나 '선생님'의 은어로 정의하는 꼰대는 한국 문화를 적절하게 대변한다. 집단주의를 기반으로 한 위계질서를 엄청나게 중시하는 한국의 문화에서 꼰대는 필연적으로 생겨날 수밖에 없지만, 꼰대는 기존의 뜻보다도 더 부정적으로 쓰이며 여러 가지 사회문제를 새로이 발생시키기도 한다. 그리고 최근에는 '젊은 꼰대'라는 말까지 생기면서 나이와 직급에 상관없이 남을 가르치려 드는 사람들이 속출하기도 한다. 실제로 각종 매스컴에서 새 학기가 되면 대학가에서 볼 수 있는 변질된 선후배 위계질서에 대해서 늘 다루지 않는가.

최근 들어
꼰대가 자주 출몰한다고요?

우리나라의 기업 문화는 왜 바뀌지 않을까? 요즘 기업 광고들을 보면 특정 제품보다는 조직원들의 창의성을 존중해주고 인간적으로 대우하는 등, 자신들의 긍정적인 기업 문화를 부각시키곤 한다. 하지만 현실의 기업 문화는 광고에서 보여주는 모습의 정반대인 경우가 훨씬 많다. 그리고 이러한 부정적인 기업 문화는 개인의 역량이 집단의 역량보다 더 중요하고, 각자의 창의성이 요구되는 지금의 시대에는 문제로 나타난다.

일단 꼰대들은 자신이 가진 삶의 경험치나 세월, 연륜 등이 정답이라고 생각한다. 그리고 그동안 쌓아온 삶의 경험치가 오로지 자신만이 가진 특별한 지혜라고 여긴다. 그 정답지가 오직 자신에게만 해당된다는 생각은 전혀 하지 못한다. 특별한 상황, 특수한 학문 등 경우에 따라 다양한 방법이 있음에도 꼰대들은 어떤 상황에서도 하나의 정답지를 말하기 위해 자신의 경험을 들먹인다.

예를 들어 평범한 중년 남성이 젊은 물리학과 교수와 물리학에 대한 이야기를 한다면, 꼰대들은 '네가 물리학을 많이 배웠을지는 몰라도, 내가 살아온 삶의 연륜을 다 합치면 내가 더 많아'라는 태도를 보인다. 그러니 '내 말이 맞아'라는 생각을 갖게 되는 것이다.

사실 요즘 꼰대라는 단어가 어디서나 들려오는 이유는 실제로 꼰대의 개체수가 늘어났다기보다는, 다양한 매체의 발달로 과거에 비해 소통의 채널이 더 다양해졌기 때문이다. 그로 인해 세대 간에 수평적인 의사소통이 가능한 분위기가 조성되었다는 점은 사실 매우 긍정적인 변화라 할 수 있다. 예전에는 기성세대가 젊은 세대들에게 일방적인 의사 전달만 했다면, 지금은 젊은 세대들도 기성세대에게 어렵지 않게 의견을 전달할 수 있는 구조로 소통이 이뤄지고 있다. 그러나 소통의 메커니즘은 점점 발전하는데 비해 소통하면 할수록 의견에 간극이 생기고, 해결이 되지 않아 결국에는 갈등으로 남아버리기도 한다.

물론 오랜 세월 동안 축적해온 인류의 자산이 중요하듯, 개개인이 지닌 삶의 지혜 자체를 폄하할 수는 없다. 그러나 인생의 정답지는 하나가 아니다. 전 세계 인구만큼이나 다양한 삶의 방식 중에 어느 것이 옳고 어느 것이 그르다고 단정 짓는 것은 그야말로 '꼰대식 사고'가 아닐까? 꼰대 문화라는 것이 부정적인 시선을 받게 되고, 이에 따라 기성세대들도 꼰대에서 탈피하기 위해 여러 노력을 하기도 한다. 언젠가는 꼰대 문화도 줄어들 수 있으리라 본다.

꼰대가
나타나는 원인

첫째 아이와 둘째 아이가 잔디밭에서 뛰어노는 것을 미소로 바라보던, 셋째를 임신한 아이 엄마에게 50대쯤 되어 보이는 낯선 여성이 다가와 대체 왜 셋째를 낳으려고 하는 거냐며 쉴 새 없이 잔소리를 하는 것을 본 적이 있다. 자신이 키워 보니 2명이 딱 좋다며, 배 속의 셋째는 실수한 거라고까지 말하는 그녀를 바라보며 아이 엄마는 그저 쓴웃음을 지어 보였다.

　내 배 속으로 낳은 자식도 내 맘대로 키울 수 없는데도 불구하고 자꾸 누구를 가르치려 하고, 굳이 '오지라퍼'가 되어 꼰대력을 과시하려 하는 경우가 많다. 예를 들면, "왜 애가 한 명이야? 얼른 더 낳아. 둘째는 그냥 자기가 알아서 커" 같은 말이나, "너는 긴 머리보다는 짧은 머리가 어울려" 같은 말 등이다. 이런 말은 사실 큰 의미도 진심도 없이 내뱉을 때가 많다. 아무리 인생 경험이 많은 사람이라 해도, 타인의 결정에 대해 옳고 그름을 구별하며 잘잘못을 따지는 건 쉬운 일이 아니다.

한 설문 결과에 따르면 꼰대가 되는 것은 개인의 자존감과도 높은 관련이 있다고 한다. 자신의 자존감이 낮기 때문에 일부러 타인에게 강압적이거나 무례하게 행동하는 것이고, 혹시 그렇게 하지 않으면 다른 사람들이 자신의 말에 귀를 기울이지 않을 것 같은 두려움이 내재되어 있기 때문이다. 즉 타인이 자신의 말을 경청하지 않을 것이라는 부정적 짐작으로 타인, 특히 그중에서도 약자나 어린 사람에게 자신의 말에 귀를 기울이도록 강요하고 있는 것이다.

꼰대의 주요 레퍼토리가 있다. 마치 래퍼들이 랩을 하기 위해 몸을 푸는 것과 같은 일종의 추임새라고 볼 수 있는데 바로 "내가 너 나이 때는 말이야"이다. 도대체 이 도입부의 목적은 무엇일까? 옛날이야기를 재미있게 시작하려는 해학적 표현일까? 아니면 설마 지금을 수십 년 전과 동일시하려는 것일까? 그때와 지금은 전혀 다르다. 그때를 이야기하고자 하는 꼰대조차도 생각이나 신체, 주변 상황 모든 것들이 과거와는 하나도 빠짐없이 모두 다를 것이다. 4차 산업혁명 시대를 과거 새마을운동 시절과 비교해 이야기하는 것 자체가 의미 없는 일이다. 과거 화려한 시절과 어마어마한 경력을 쌓아왔던 청년은 지금, 청년이었던 노인임을 잊지 말자.

제대로 된
소통이 필요해요

내가 알고 있는 대학 교수님은 그 분야의 저명한 학자임에도 불구하고 강의 때나 평상시 대화에 다음과 같은 대화법을 자주 활용한다.

"나는 ○○○라고 생각한다만"
"이건 ○○○일 수도 있어, 자네는 어떻게 생각하는가?"

즉, A는 B라는 명제에 대해 확신하며 말하는 것이 아니라, 여지를 남기거나 상대방의 의견을 물어보는 방식이다. 자신이 매우 명확한 지식을 갖고 있고, 전문가다운 고견을 제시할 수 있음에도 그 교수님은 항상 열린 질문을 활용한다. 누군가는 그러한 대화 방식을 답답하다고 표현하기도 하지만 그 교수님이 그렇게 대화하는 것에는 나름의 이유가 있다. 그분은 기본적으로 모든 일에 정답은 없다는 마인드를 가지고 계시기 때문이다. 항상 자신도 오류가 있을 수 있다는 가능성을 열어두고, 나는 확신하지만 다른 누군가는 다르거나 틀리다고 생각할 수도 있다고 여기기 때문이다. 그래서인지 그 교수님의 주변에는 늘 젊은 제자들이나 학자들이 모여든다. 혹자는 그 교수님을 '답답이'라고 부르기도 하지만, 꼰대라 칭하는 결코 사람은 단 한 번도 보지 못했다.

꼰대 문화를 해결하기 위해서는 소통에 대해 잘 알아야 한다. '내 말이 정답이야'라는 말을 하게 되면 더 이상 대화는 진전되지 못한다. 하지만 대화의 말미에 '넌 어떻게 생각해?'라고 단 한마디만 덧붙인다면 다양한 주제와 방향으로 더 열린 소통을 할 수 있게 된다. 우리는 평소에 어떻게 대화하고 소통하고 있을까? 소통은 목적이나 방법에 따라 다음과 같이 크게 2가지로 구분해볼 수 있다.

사리대화 事理對話

우리가 일상생활에서 주로 하는 대화는 지식이나 정보를 교환하는 것을 목적으로 한다. 이를 통해 무언가 성과를 얻어 내야 하는 비즈니스 대화 등이 일반적인 사리대화이다. 이러한 대화는 정확하게 그리고 효과적으로 내용을 전달하는 명확성을 근간으로 한다.

심정대화 心情對話

대화의 기능에는 효율적인 정보 전달도 있지만, 소통을 통해 서로의 감정을 나누는 매우 중요한 기능도 있다. 사람은 기본적으로 감정을 가진 동물이기 때문에 우리는 평소에 말을 잘 들어주는 것에 그치지 않고 감정까지 헤아려주는 사람에게 믿음과 고마움을 느낀다. 이처럼 서로의 감정을 주고받으며 신뢰를 쌓아가는 대화를 심정대화라고 한다.

사실 꼰대들이 하는 말 자체만 잘라서 따져보면 완전히 틀린 말은 아니며, 도움이 될 만한 말이기도 하다. 그리고 따져보면 후배들에게 잘 되라고 하는 말이지, 어떻게든 해를 끼쳐보고자 말하는 꼰대는 많지 않다. 그럼에도 불구하고 사람들은 꼰대의 말은 그냥 듣기 싫어한다. 왜냐하면 꼰대들은 심정대화 없이 사리대화만을 하려 하기 때문이다.

심정대화의 기본은 서로의 마음이 전달되어야 한다는 것이다. 말하는 사람도 그렇지만, 듣는 상대방이 말을 듣기 위해 마음의 문을 열어야 한다. 꼰대들은 '다 너를 위한 말이야'라고 감정을 전달하지만 듣는 사람은 동의하지 않기에 전혀 고마운 마음이 들지 않는다. 이야기를 나눈 후 꼰대들은 서로 심정대화를 나눈 듯 마음이 후련해지고 무언가 베푼 기분이 들지 몰라도 상대방은 도리어 기분이 불쾌해지는 이유가 바로 이 때문이다.

심정대화가 포함된 사리대화를 하는 방식은 사실 매우 간단하다. 평상시 대화에서 한마디만 추가하면 된다. 예를 들어 약속장소에서 상대방을 기다리는 상황에서 "언제 도착해? 얼마나 걸려?"라는 질문보다는 "무슨 일 있어? 걱정되어서 그래. 얼마나 걸려?"라고 질문한다면 시간을 물어보는 사리대화에 상대방을 걱정하는 심정대화가 더해진다. 이러한 대화를 하게 되면 늦는 상대방은 더 미안해하거나 혹은 고마워할 수 있게 된다.

그리고 행동으로도 사리대화에 심정대화를 포함시킬 수 있다.

어떤 변호사들은 의뢰인과 대화할 때 그들의 마음을 얻기 위해 "어떤 이야기든 상관없어요, 당신이 하고 싶은 이야기를 말씀해주세요"라고 말하며 의뢰인 앞에 손수건을 놓아준다고 한다. 단지 손수건을 주는 행동 하나로 상대방에게 '나는 당신의 이야기를 듣고 공감할 준비가 되어 있어'라는 메시지를 전달하는 것이다. 혹시 당신도 심정대화를 가장한 사리대화를 하고 있지는 않는가? '잘 들어, 중요한 이야기야. 너에게 분명 도움이 될 거야'라고 자신의 감정을 일방적으로 전달하기만 하는 꼰대들의 이러한 대화법은, 열려 있던 마음도 닫게 한다는 것을 잊지 말자. 또한 꼰대들과 대화를 할 때도 심정대화와 사리대화를 꼭 기억하자. 앞에서 보았듯 꼰대질은 결국 꼰대들의 자존감과 존경받고 싶은 욕구에서 기인한다. 그들의 오지랖에 무조건 고개를 끄덕이지도, 그렇다고 무조건 거부감을 보이지도 말자. 대신 내가 생각하는 것을 명확하게 짚는 사리대화에 꼰대들의 감정을 이해해주는 심정대화를 덧붙이는 것이다. 그들의 말을 이해했다는 보디랭귀지와 함께 작은 칭찬이나 감사의 말을 곁들이면 꼰대들 역시 으쓱해지기 마련이다. 일방적인 의견 전달은 어느 쪽에게도 좋지 않다는 걸 기억하자. 그리고 워라밸을 원하는 우리 역시, 꼰대가 되어서는 안 된다는 점을 명심해야겠다.

이제는 남보다 나를 먼저 생각해야 할 때

 기술이 발전하며 더불어 많은 것이 빠른 속도로 변화하는 가운데, 굳건하게 남아있을 것만 같던 전통이나 문화조차도 변화하고 있다. 그리고 이에 따라 우리의 가치관도 바뀌어가는 것을 느낄 수 있다. 사상의 변화는 지금과 같은 불안한 과도기를 불러왔고, 이로 인해 세대 간의 갈등이라는 부작용 또한 나타나고 있다. 일단 무엇이 변화를 가져왔는지부터 살펴보자.

 기본적으로 우리의 삶은 가족에 그 기반을 두고 있다. 가족으로부터 사람을, 그리고 집단과 사회를 배우게 되기 때문이다. 그런데 이러한 삶의 기반, 즉 가족이 엄청나게 변화했다. 특히 가족의 형태에서 가장 큰 변화를 엿볼 수 있다. 지금 가족의 형태는 대가족에서 핵가족으로 바뀌었다. 그리고 이제 그를 넘어 1인 가구 시대로 바뀌고 있다. 하나 돋보이는 지점은, 종전까지의 변화는 사회가 주도했다면 이제는 자발적으로 이루어지고 있다는 것이다. 이혼, 사별, 직장이나 자녀의 학업 등 여러 가지 이유로 인해 가족의 분리가 일상화된 시대이다. 가족 형태의 변화는 자연스럽게 세대 간의 분리를 만들었고, 세대 간의 분리로 인한 불통은 결국 갈등으로 나타났다. 수백 년의 역사 동안 굳건했던 가족 형태와 전통의 변화는 어떤 세대건 자연스럽게 받아들이기에는 아직은 혼란스러울 것이다. 하지만 혼란스럽더라도 어쩔 수 없다. 이 변화의 흐름은 향후에도 절대 꺾이지 않을 것 같기 때문이다. 그렇기 때문에 우리는 이러한 갈등과 혼란을 일단 받아들이는 것부터 시작해야 한다.

이러한 격동의 시기에서 앞으로는 어떻게 살아가야 할지, 어떠한 변화가 올지 그 답을 제시할 수 있는 사람이 과연 있을까? 수많은 미래학자들이나 전문가들이 트렌드를 전망하고 있지만 그 누구도 정확한 답을 알 수는 없다.

개인주의와
집단주의 바로 알기

행복과학 분야의 세계적 권위자인 일리노이대학교의 에드 디너 Ed Diener 교수는 국가별 행복감과 국가별 개인주의 지수를 비교 분석해 연구, 발표한 적이 있다.[4] 55개 국가를 비교한 이 연구 결과를 보면 우리나라는 개인주의 지수가 낮은, 즉 집단주의가 만연한 나라 중 하나이다. 그리고 이는 우리나라뿐만 아니라 중국, 일본 등 아시아 국가들에서 일반적으로 나타나는 현상이다. 왜 아시아 대륙의 나라들에는, 그리고 우리나라에는 집단주의가 만연하게 된 걸까? 이에 대해 좀 더 진지하게 생각해볼 필요가 있다. 그것부터 이해해야 우리가 앞으로 어떤 방향으로 가야 할지 그 갈피를 잡을 수 있기 때문이다. 즉 앞으로는 개인주의가 더 필요하고, 집단주의는 덜어내야 한다는 것을 이해하기 위해 과거를 살펴보고자 하는 것이다.

우리나라에 집단주의가 우세하게 된 이유는 크게 2가지로 나눌 수 있다. 첫째, 미작米作 문화 때문이다. 우리 조상들은 먹을 것을 직접 재배하는 농사 문화를 중심으로 생활했고, 특히 쌀을 주식으로 삼았기 때문에 그중에서도 벼농사를 가장 중시했다. 이러한 벼농사를 위해서는 땅을 기반으로 어딘가에 평생 머물러야 했다. 그리고 그 정착은 다음 세대로 계속해 이어지면서 한 마을에 사는 사람은 혈연만큼이나 가깝게 지낼 수밖에 없었다. 또한 벼농사는 계절이나 상황에 따라 힘을 모아야 했고, 그렇기 때문에 우리는 두레, 향약과 같은 공동체 문화를 발달시키게 되었다. 미작 문화와 그로부터 비롯된 생활양식은 우리나라 전체에 지배적이었기 때문에, 결국 공동체 문화는 국가의 문화가 되어버린 것이다. 또한 이처럼 대를 이어 내려오는 공동체 삶은 예禮라는 유교 사상에 따라 가부장적인 사고를 만들어냈고, 이에 대항하는 개인적 사고, 나아가 개인주의가 싹트기 힘든 환경을 조성했다.

둘째, 해방 이후 군사 독재 정권은 교묘하게 자유와 민주주의를 억압했다. 그들은 충효와 같은 유교 덕목을 권력의 강화 수단으로 이용했고, 경제 발전이라는 명목하에 개인의 자유와 개성보다는 통합과 개인의 희생을 강요하며 개성을 포기하게 만들었다. 그렇기 때문에 우리는 아직도 누군가의 의도로 왜곡된 자유민주주의에서 살아가고 있는 것이다.

그렇다면 우리가 개인주의 문화라고 알고 있는 서구의 개인주의는 어디서부터 만들어진 것일까? 서구 민주주의의 근원이라 할 수 있는 그리스 문화에 대해 떠올려보자. 대부분은 특정한 영웅과 그들 각각의 능력만 생각날 것이다. 제우스, 헤라, 아프로디테, 에로스 등은 각자가 자신만의 아이템을 장착하고 있다. 그리스신화에 나오는 인물들은 자신의 능력을 갖고 싸우며, 제 영토를 넓히기 위해 계속 노력한다. 그들의 궁극적인 목적은 다 함께 잘사는 것이 아니라 개인의 능력을 올려 신神이 되는 '자아실현'이었던 것이다.

이러한 그들의 사고방식과 문화는 기본적으로 정착하지 않는 유목 문화에서 비롯되었다. 이동하며 정복하는 그들의 문화는 자신의 소유물을 만드는 것을 목표로 했고, 그렇기 때문에 공동체의 결속보다는 개인의 능력에 따라 자아실현을 하길 원했다. 또한 지중해를 배경으로 해상무역을 통해 삶을 살아온 그들은 무역과 금전적인 계산을 통해 소유에 대해 명확히 하고자 했다. 이처럼 소유를 기준으로 이해득실을 계산하며 더욱 계산적이고 자기중심적인 사고가 발달한 것이다. 그에 비해 집단주의에서의 계산 행위는 개인일 때보다 더 생각하고 고려해야 할 부분이 많다. 예를 들면 사람 간의 관계, 정 등 감정적인 부분이 끼어들고, 합리적이지 못한 결과가 발생하기도 하는 것이다.

개인주의와 세대갈등은
피할 수 없는 일일 뿐

우리나라에서 본격적인 개인주의가 나타난 것은 1990년대 엑스세대의 출현으로 볼 수 있다. 당시 다양한 문화의 보급과 TV, 삐삐, 휴대폰 등 통신 채널의 등장, 기술의 발달, 사회 이슈가 개인주의의 촉매제가 되었다. 1990년대 후반 IMF를 겪으며 회사가 내 삶을 끝까지 책임지는 '평생직장' 시대가 지났다는 것을 가장들과 가족들은 몸으로 느낄 수 있었다. 그리고 이러한 시대에 태어나며 사회를 지켜본 다음 세대들은 발전된 기술 덕택에 한층 더 성숙한 개인주의를 만들어 냈다. 온오프라인을 통해 정치에 참여하고, 다양한 의견을 교환하며 남과 내가 다를 수 있고 각자가 존중받을 수 있는 존재라는 것을 알게 된 것이다. 이러한 세대는 개인주의를 피상적으로만 느꼈던 다른 세대들과는 다르다. 개인주의를 책으로 배운 것이 아닌, 말 그대로 태어나면서부터 개인주의가 'DNA에 박혀있는' 세대이다.

  이와 같은 현 세대의 특징을 살펴보면, 개인주의는 특정한 시대에만 반짝 나타나는 현상이 아니라 앞으로 사회의 근간이 될 것임을 알 수 있다. 집단주의 성향을 가진 세대와 개인주의 성향을 가진 세대가 동시대를 살아가는 지금, 세대 갈등이 나타나는 것은 당연하다. 그러나 변화의 흐름을 볼 때 계속 둘 중 어느 것이 맞느냐를 따지기보다는, 어떻게 하면 개인주의를 더 건강하게 발전시킬 수 있으며 갈등을 어떻게 해결할지를 고민하는 것이 더욱 미래지향적이라고 할 수 있겠다.

한국 개인주의의
현 주소

이제 개인주의는 더 이상 미래에 나타날 것이라고 여겨지는 전망의 대상이 아니다. 현재도 우리 삶에 깊숙하게 개입되어 있고, 사람들 사이에서 점점 더 일반화될 것이다. 즉 다시 집단주의로 돌아간다는 것은 불가능해 보인다. 그러므로 개인주의가 사회에 횡행할 것을 걱정할 게 아니라, 개인주의를 어떻게 사회에 잘 접목시킬지를 고민해야 한다. 그리고 이 고민은 비단 우리나라만 안고 있는 것은 아니다. 저명한 트렌드 전문가인 독일의 마티아스 호르크스Matthias Horx 교수가 집필한《메가트렌드 2045(Das Megatrend-Prinzip: Wie die Welt von morgen entsteht)》를 보면, 그는 미래의 17가지 메가트렌드 중 하나를 '타자이자 독립적 존재로서의 개인화'라고 말하고 있다. 개인주의를 근간으로 살아온 유럽에서조차 미래의 메가트렌드를 개인주의라고 전망하고 있다면, 우리 역시 개인주의와 집단주의 사이에서 갈팡질팡할 이유가 없다. 그보다는 앞으로 어떤 변화가 일어날 것인지를 생각해볼 필요가 있다.

우리가 개인주의에 대해 옳고 그름을 놓고 갈등하는 이유는 지금이 '개인주의 격동의 시기'이기 때문이다. 사회를 구성하는 각 세대가 개인주의를 경험한 정도에 있어서 분명한 차이가 있기 때문이다. 최근에는 커뮤니케이션 채널이 광적으로 발달되며 각자가 자신의 주장을 외치고, 이 과정에서 세대 갈등은 더욱 강화되고 있다. 우리나라의 개인주의는 그동안 자연스럽게 체득되고 학습된 것이 아니라, 사회의 빠른 변화에서 각 개인들이 스스로 자신의 가치관을 선택하면서 생겨났다. 다 함께 같은 과정을 거쳐 배워 온 것이 아니기에 개인주의에 대한 세대 차이는 있을 수밖에 없다. 그러나 적어도 지금 사회에서는 누구나 쉽게 개인주의를 주창할 수 있고, 무수한 조직들이 개인주의를 받아들일 준비를 하고 있어야 한다는 것은 확실해 보인다.

3 워라밸을 위해 살펴야 할 나

워라밸 체크리스트

나의 워라밸은 어디쯤 있을까? 들어는 봤지만 실제로 본 사람은 아무도 없는, 마치 전설 같은 워라밸. 워라밸을 위해서는 사회적, 정책적 개선과 함께 직장에 이를 위한 체계적인 시스템이 도입되어야 한다. 하지만 언제까지나 기다릴 수는 없다. 일단은 가장 먼저 나부터 변해야 한다. 개인의 변화 없이 워라밸을 찾는 건 우물에서 숭늉 찾는 격. 물론 변화가 필요한지, 그리고 어떻게 변화할지는 바로 자신이 판단해야 할 몫이다. 그럼에도 불구하고 지금 나에게 워라밸이 필요한지 혹은 준비가 되어있는지, 조금은 객관적으로 평가할 수 있는 지표들이 있으니 한번쯤 나의 워라밸을 점검해볼 필요는 있다. 현재 내 시간과 에너지가 원활하게 사용되고 있는지, 그리고 내 일과 삶이 조화를 이루고 있는지를 확인하며 나의 워라밸 지수를 평가해보자. 이러한 조화가 워라밸을 시작하기 위한 근본적인 요소이기 때문이다.

나는 나의 가정생활이 지금보다는 더 행복했으면 좋겠다.	☐
나는 일과 가정생활을 서로 균형 있게 돌보는 것이 어렵다.	☐
회사 일로 인해 가족들에게 못 해주는 것들이 많다고 느끼고, 미안하다고 생각한다.	☐
가끔 나는 왜 사는지 스스로에게 물어볼 때가 있다.	☐

'개인주의' 또는 '이기주의'라는 말이 뭔가 사회통념상 안 좋은 단어로 느껴진다.	☐
'내 삶에 비전이 있을까?'라는 생각을 해보았다.	☐
금전적 보상도 중요하지만 개인적으로 성장할 수 있는 일이냐가 더욱 중요하다.	☐
나는 나의 목표와 비전을 생각하고, 삶을 반성할 수 있는 시간을 거의 갖지 못한다.	☐
회사가 인생을 책임져주던 '평생직장'의 개념은 이제 끝났다고 생각한다.	☐
일에 치이다 보니 나의 삶의 목표가 무엇인지 정확히 알지 못한다.	☐
회사 업무가 너무 많아 진짜로 야근이 필요하다.	☐
업무가 많다기보다는 분위기상 눈치가 보여 정시 퇴근을 못 한다.	☐
퇴근 후에도 회사 일에 대한 걱정이나 연락을 한다.	☐
주말만 바라보고 살지만, 정작 주말만 되면 피곤에 절어 침대와 소파만 기어 다닌다.	☐
퇴근 후에는 습관적으로 TV를 보고, 잠은 오지만 더 늦은 시간까지 의미 없는 시간을 보낸다.	☐
일 때문에 건강이 좋지 않았던 적이 있다.	☐
회사 업무 외에 즐거움을 느끼는 활동이나 생활이 분명히 존재한다.	☐

> 나는 일보다는 삶(가족, 성장 및 자기 계발, 건강, 여가 생활)이 더 중요하다. ☐

일과 삶의 균형정책 도입방안에 대한 연구(2007)에서 일부 발췌

몇 개나 체크하셨나요?

별다를 것 없는 생활패턴을 공유하는 평범한 사람들, 그리고 이 책을 집어들면서 '내 비록 워라밸을 지키지는 못하더라도, 이게 뭔지 알아보기나 하자'라고 생각한 대부분의 독자들은 위의 질문을 보고 놀랐을 것이다. 평소 갖고 있던 생각과 그대로 일치하기 때문이다.

 위 18가지 질문에 몇 개나 체크했는지는 중요하지 않다. 그저 체크리스트 중 어딘지 모르게 마음이 무거워지는 질문이 하나라도 있었다면, 워라밸이 필요한 상태다. '아니야, 난 이 경쟁 사회에서 살아남을 준비가 되어있어'라고 생각하는 사람일지라도, 어쨌든 우리 사회는 점점 워라밸을 중시하는 추세를 보이고 있다. 누구나 한번쯤은 자신에게 질문을 던져봐야 한다.

 어려운 비즈니스를 척척 성공해내며 직장에서 큰 역할을 하고 있는 사람이라 해도 누군가의 자녀이자 부모이며 소중한 가족이다. 조직의 직급만이 한 사람을 말해주는 것은 아니라는 사실을 기억해야 한다.

삶의 목표를 정한다는
간단한 첫걸음

> 보이지 않는 미래, 시간이 지나도 발전이 없는 것 같은 나, 막막하죠? 그럴 거 없어요, 당신은 미래를 걱정하고 자신을 성찰할 수 있는 사람인 걸요
>
> — 트위터 '명언 하나 써볼까요?' (@1goodsay)

일단 삶은 원래 완벽하지 않다. '완벽完璧'이 가능할까? 완벽은 흠이 없는 구슬이라는 뜻으로, 결함 없이 완전함을 이르는 말이다. 완벽한 상태를 그나마 표현할 수 있는 숫자와 수학의 세계에서도 원주율을 완벽하게 구할 수 없어 약 3.14 정도로 표현하는데, 과연 삶이나 일에 있어서 완벽이 존재할 수 있을까?

우리는 때때로 불필요한 욕심을 갖고, 정상적이지 않은 비교를 하면서 삶이 완벽하지 않다고 스스로를 자책하며 살아간다. 삶은

애초에 완벽하지 못한 것이 정상이고, 타인의 시선으로 평가되는 '나'보다는 내가 온전히 느끼고 평가하는 '나'의 삶이 더 중요하다는 사실을 알아야 워라밸을 지킬 수 있다. 삶이 늘 풍성하게 꽉 차 있지 않아도 상관없다. 도리어 비어있는 시간도 있어야 숨 쉴 틈이 생기고, 또 다른 새로운 틈을 만드는 것이 가능하며 지나온 시간들을 되돌아볼 수도 있다.

비록 남들이 인정하지 않더라도, 혹은 누구에게나 인정받는 이른바 '좋은 성격'이 아니어도 괜찮다. 심지어는 때때로 내가 거짓을 말할지라도 타인에게 해가 되지 않는 범위 내에서 나에게 도움이 된다면, 그것 역시도 괜찮다. 워라밸이란 궁극적으로 나를 위한 것이기 때문이다. 지금 내 삶이 과연 완벽한지, 혹은 그렇지 않은지는 타인의 눈이 아니라 오로지 나의 눈으로 판단해야 한다.

그럼에도 불구하고 우리는 워라밸을 생각할 때마다 일이 중요한지, 아니면 가정이 더 중요한지 둘 사이에서 매일 혼란을 겪는다. 고민 끝에 결정을 한 뒤에도 다시 돌아오고, 그러다 스스로 비난하기도 하고, 좌절하기도 한다. 하지만 이는 지극히 당연한 현상이다. 어떤 날은 정말 중요한 업무가 남아있더라도 집에 일찍 가야 하기도 하고, 어떤 날은 반대로 집에 너무나 가고 싶어도 야근을 해야 할 수도 있다. 흔들리지 않고 늘 중심을 잡고 있기는 사실상 불가능하다. 다만 평균적으로 그 중심을 유지할 수 있을 뿐이다.

중심 잡기에 있어서 가장 중요한 것은 장기적으로 어디로 나아가야 할지를 아는 방향성이다. 어떤 시련에도 꺾이지 않도록 중심을 무겁게 잡고 멈춰 서있는 게 아니라, 어떤 날에는 좌측으로 기울어지기도 하고, 또 어떤 날에는 우측으로 기울어지더라도 그 순간이 지나면 내가 생각하는 중심으로 돌아오면 된다. 내가 세워둔 방향에 따라 원래 가고자 했던 곳에 도달할 수 있으면 되는 것이다. 마치 폭풍우 속을 항해하는 배가 파도에 이리저리 기울면서도 중심을 잡아가듯이 말이다. 무엇이든 너무 단단히 고정되어있다면 풍파를 못 이겨 결국 부서지고 만다.

지향하는 삶이 있나요?
막연하게 말고 좀 더 정확하게요

누군가에게 매우 특별한 존재로 세상에 태어나 누군가에게 사랑받고 때로는 존경받고, 나를 중심으로 하는 가족이 생기기도 한 당신. 언제부터 내가 그다지 특별하지 않은 존재임을 알게 되었는가? 언제부터 마른오징어도 울고 갈 만큼 건조한 마음으로 살아가게 되었는가? 그리고 삶이란 건 원래 온 세상 기대를 다 받던 어린 시절이 가장 찬란하며, 그 이후로는 계속 정점에서 떨어지기만 할까?

우리가 바로 '지금'을 살아가지만 지금의 삶이 미래의 나를 만드는 과정이기에, 단순히 지금만을 살고 있다고는 말할 수 없다.

결국 하루하루가 쌓여 미래의 내가 만들어진다.

비전, 목표. 이런 단어들을 수없이 들어왔지만 비전과 목표 수립, 그를 위한 달성 전략과 결과 점검은 대부분 회사에서 일을 위해서만 이루어졌다. 정작 나를 위한 고민과 날 위한 노력의 결과물은 없었다. 그래서인지 우리는 내 삶에 대한 비전이나 목표에 대한 질문을 받게 되면 답하기가 매우 어렵다. 그리고 머릿속에 그려진다 해도 그걸 누군가에게 말하기는 좀 부끄럽다. 왜냐하면 그동안 우리가 회사에서 만들어온 비전과 목표는 누군가에게 보이고, 평가받기 위한 것이었기 때문에 나의 비전과 목표도 누군가에게 평가받아야 할 것 같기 때문이다.

이제는 나를 위한 비전, 목표, 아니 좀 더 쉽게 말해 앞으로의 삶에 대한 큰 그림을 그려보자. 누구에게 보여줄 필요도 없고, 평가받기 위함도 아니니 그저 쉽게 생각하고 끄적이자. 그런 시간들과 고민들이 쌓이면 결국 언젠가는 내가 생각하는 방향과 미래의 모습이 조금씩 나타날 수 있을 것이다. 이를 위해서는 먼저 내가 누구인지, 내 꿈은 무엇인지, 어떤 삶을 살고 싶은지 또는 싶었는지에 대해 분석해보는 것이 필요하다. 사람들이 대개 현실에 충실하게 살지 못하는 이유는 꿈과 현실 사이에서 발생하는 간극 때문인데, 정작 그 간극이 무엇에서 비롯되며 또 얼마나 큰지, 어떻게 발생되는지 대부분이 정확히 알지 못한다. 그래서 평소에 나에 대해 성찰하고 인식하는 과정이 매우 중요한 것이다. 내가 어떤 사람인지, 어떤 삶을 지향하는지를 알아야 나의 워라밸도 점검할 수 있고, 세부 실천 전략도 세울 수 있다.

| 어릴 적 내 꿈은 무엇이었지? |
| 내가 꿈꾸는 모습은 뭐지? |
| 내가 무엇을 잘하지? |
| 앞으로 더 잘하고 싶은 것은? |
| 궁극적으로 내가 가장 되고 싶은 모습은? |

한번 질문을 던져보자. 내 우선순위는 무엇이었더라? 대부분 사람들은 우선순위를 정하라고 하면 지금 당장의 긴박한 일 순서로 생각할 것이다. 하지만 워라밸을 위한 우선순위는 해결해야 하는 골치 아픈 일들이 아니라, 내가 진짜 하고 싶은 일에 매긴 순서다. 이를 위해서 그저 앞으로 해야 할 업무리스트에서 벗어나자. 실제로 내게 중요하다고 여겨지는 일들이 각각 얼마나 중요한지, 또 얼마나 스트레스를 주고 있는지 등에 대한 고민이 더 시급하다. 내 삶에서 무엇을 줄여야 하고, 또 어떤 일에 더 많은 에너지를 쏟아야 하는지, 그리고 어떤 변화가 필요한지 내가 가장 잘 알아야 한다.

워라밸을 지키려 결심하고 이를 위해 삶의 방향과 자세를 잡았다면, 이제는 우선순위에 따라 선택하고 때로는 과감하게 포기하는 일이 필요하다. 물론 매우 어렵고 많은 희생이 필요할 수 있는 선택이겠으나, 삶의 큰 방향과 우선순위에 따라 인생을 다시금 정리하는 중요한 과정이 될 수 있다. 그저 회사 생활처럼 시간과 목표에 맞춰 워라밸을 '적당히'만 하려고 하면 이 역시 스트레스로 다가온다. 우리의 워라밸은 일정 기간이나 얼마간의 목표치를 두고 하는 것이 아니라, 내가 살면서 죽을 때까지 마음속에 깊이 두고 있는 가치가 되어야 한다.

빈곤의 시대, 시간 빈곤에서만큼은 벗어납시다

영화 〈인타임〉을 보면 시간이 곧 돈인 사회가 나온다. 커피 한 잔에 4분, 고급 스포츠카는 59년과 바꿀 수 있다. 가난한 사람들은 그야말로 '하루'를 벌어야 겨우 살 수 있어 걷는 시간도, 밥 먹는 시간도, 하다못해 단추를 채우는 시간조차 허비할 수 없지만 부유한 사람들은 넘치는 시간을 유유자적 보낸다. 이 얼마나 끔찍한 상상인가?

하지만 다행히도 아직 우리는 모두 똑같이 주어진 시간 안에서 살아간다. 시간은 아무리 노력하고 요란을 떨어도 절대 바뀌지 않는다. 또한 만인에게 평등하다. 시간에 대해 고민해본 적이 있는가? 우리 삶에서 시간은 2가지로 구분해볼 수 있다. 먼저 기본적인 삶을 살기 위해 꼭 필요한 시간을 '생활시간'이라고 한다. 예를 들면 수면, 식사, 배설처럼 생존에 있어 꼭 필요한 시간을 말한다. 그리고 24시간 중에서 생활시간을 제외하고 남는 시간을 가용시간이라고 한다. 우리의 가용시간은 과연 얼마나 될까? 이 가용시간에 주목해볼 필요가 있다. 한국고용정보원의 연구 결과를 보면 보통 사람들이 생존하기 위해 필요한 생활시간(생리적 생활시간)은 일주일에 약 97시간 정도라고 한다. 일주일(168시간) 중에서 위와 같은 생활시간을 제외하고 나면 71시간의 가용시간이

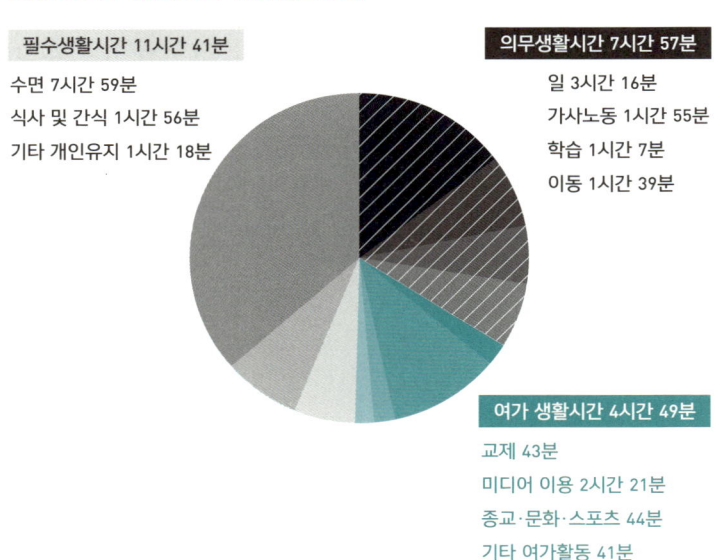

10세 이상 한국인의 하루 시간 사용 실태[5]

생기게 되는데, 이러한 가용시간 중 우리는 최소 40시간(근로기준법상 40시간이지만 대부분 50시간은 충분히 넘길 것이라 보인다)은 일을 해야 한다. 그러면 이제 우리는 30시간 정도의 자유로운 가용시간이 생기게 되는데, 이 30시간도 오롯이 나를 위해 존재하지는 않는다. 출퇴근과 회식 등 회사 생활을 위해 필요한 부수적인 시간을 제하면 그나마도 20시간 정도만 남게 된다.

자, 당신의 가용시간은 지금 안녕하십니까? 대부분 사람들의 가용시간은 지금 '안녕치 못할' 것이다. 이를 두고 '시간 빈곤'이라고 한다. 풍요롭지만 나에게는 빈곤만을 안겨주는 이 사회에서 '시간 빈곤'이라는 빈곤이 또 닥쳐온 것이다. 과연, 시간빈곤에서 벗어날 수 있을까? 그리고 시간빈곤에서 벗어나기 위해 우리는 어떤 방법과 전략을 세워야 하는 걸까?

24시간. 누구에게나 똑같이 주어진 시간이다. 우리에겐 그 시간을 어떻게 잘 활용할 수 있을지가 매우 중요하다. 하지만 불행하게도 우리가 해내야 하는 일은 24시간을 다 써도 모자랄 만큼 넘쳐난다. 결국 내가 당장 해야 할 일은 쌓여있고 그에 반해 내가 가지고 있는 시간은 절대적으로 부족한 상황이다. 그럼 어떻게 해야 하는가? 답은 간단하다. 지금 내가 하고 있는 일 중 무엇을 꼭 해야 하고, 또 무엇을 안 하거나 덜 할지 결정해야 한다. 물론 우리의 삶, 그리고 생계를 위협하는 직장 문제들을 무 자르듯 구분하기는 불가능하다. 하지만 자신의 기준을 세우고 이에 맞춰

우선순위나 마지노선 정도라도 만들어야 시간 빈곤을 면할 수 있을 것이다.

에너지 낭비를
줄이기 위한 사고의 툴

오늘 저녁도 분명히 '오늘 하루 정말 힘들었어' 또는 '왜 이렇게 피곤한 거지?'라고 말하고 있을 당신, 혹시 단 한 번이라도 당신이 하루에 사용하는 에너지가 어느 정도인지, 어떤 상황에 주로 쓰는지 분석해본 적이 있는가? 이러한 분석이 없다면 당신은 앞으로도 매일 밤 똑같은 말을 하고 있을 것이다.

문제를 개선하려면 문제점을 정확히 알아야 한다. 회사에서 열심히 무언가를 분석하고, 도표화하고, 보기 좋게 정리하는 것은 도가 트였을 것이다. 아주 잠깐만, 10분 정도만 짬을 내어 당신의 에너지를 분석해보기를 권한다. 딱 10분, 그리고 종이와 연필만 있다면 누구나 바로 나의 에너지를 분석해볼 수 있다. 오른쪽에 실린 5단계의 분석을 통해 가능하다.[6] 딱히 설명을 할 필요도 없다. 그저 나의 일상을 조금씩 세분화해 구분해보는 것만으로도 앞으로의 에너지 정책은 더 발전할 수 있다.

먼저 일상을 한 장의 종이에 써 보고 잘게, 더욱 잘게 나누어보는 작업을 통해 에너지가 어디에 과하게 쓰이는지 또는 부족한지를 찾아보자. 장황하게 할 필요 없이 그저 단순하게 5단계만 분

나의 에너지 활용도 분석 및 효율적 관리 프로세스

1단계	2단계	3단계	4단계	5단계
내가 소비하는 에너지를 육체적/정신적 에너지로 구분하기	5~6개 내외로 에너지가 쓰이는 항목과 비율을 작성하기	에너지가 많이 쓰이는 이유를 사례중심으로, 그리고 구체적으로 찾아보기	2단계에서 분석한 에너지 비중을 목표에 따라 재조정하기	재조정을 위한 방법 또는 재조정을 통해 할 수 있는 일 정리하기
육체적 에너지 (70)	회사생활(30)	에너지가 많이 쓰이는 이유를 사례 중심으로, 그리고 구체적으로 찾아보기	회사생활(22)	단축키 배우기
	가정생활(19)	청소, 설거지, 빨래 등 일상적인 집안일들이지만 참으로 귀찮다.	가정생활(16)	계획에 따라 청소하기
	육아(10)	아이들과 놀아주는 시간이 가끔 힘들기도 하지만, 그래도 육아에 더 많은 시간을 쏟고자 한다.	육아(14)	좀 더 많은 시간을 아이들과 놀아주기
	운동(7)	숨차기 운동 외에는 운동 안 한다	운동(10)	주 1회 만이라도 헬스장 가기
	평상시 이동(4)	출퇴근, 쇼핑하기 등 걸어다니는 것도 피곤하다	평상시 이동(2)	평상시 이동
			SAVE(6)	
정신적 에너지 (30)	스트레스(10)	회사에서의 스트레스, 가끔 애인과의 다툼에서의 스트레스	스트레스(8)	애인을 좀 더 사랑하기
	고민거리(8)	경제적 문제, 건강에 대한 고민	고민거리(5)	해결가능한 고민만 하기
	기억하기(7)	쓸데없이 기억을 잘한다(옛애인, 누군가의 뒷담화)	기억하기(3)	잘 모르겠지만… 줄이기
	공부하기(5)	해야 한다는 심리적 압박	공부하기(8)	1년에 자격증 1개 취득하기
			SAVE(6)	

3. 워라밸을 위해 살펴야 할 나 **093**

석해보고 마지막 단계에서는 하나의 키워드로 나타내본다.

예를 들면 회사 생활에 너무나 많은 에너지를 사용하고, 이를 줄이고 싶다면 줄일 수 있는 딱 하나의 방법을 찾아보는 것이다. 일일이 계산하는 대신 단축키 배우기, 문서 양식 단순화하기 등 아주 간단해도, 복잡해도 괜찮다. 그저 당신이 해낼 수 있는 일이기만 하면 된다. 어떤 방법이 도출되더라도 그 시간들이 하루하루 쌓이면, 당신은 워라밸을 위한 에너지를 저축할 수 있을 것이다.

정리가 고민되는 상황에서 쓰는
사고의 툴

아마 경제학이나 경영학을 공부했다면, 혹은 고등학교 때 경제를 배웠더라면 분명 꽤나 익숙할 3×3 매트릭스다. 물론 회사에서도 엄청나게 쓰이는 이 매트릭스는, 복잡한 사회에서 하루에도 수많은 결정을 겪어야 하는 우리들에게 유용한 팁이 될 수 있다. 자신이 중요시하는 기준을 각 축에 정하고 그 정도에 따라서 어떤 결정을 할지 미리 정해둔다면 결정으로 인한 실패나 결정을 위한 시간을 획기적으로 줄일 수 있다.

단호한 결정을 하게 만드는 3×3 매트릭스

삶에 있어 중요도 \ 정리의 용이함	당장 버릴 수 있음	고민과 마음의 결단이 필요함	어쨌든 불가능함
없이는 못산다	아버지에게 여쭤본다	잠시나마 쓸데없는 생각을 한 나를 자책한다	팔자라 생각하고 기꺼이 받아들인다
있으면 좋고 없어도 그만	곧 버린다	그날의 느낌에 따라 결정한다	이것을 활용할 수 있는 좋은 방법을 찾아본다
필요 없음	당장 다 때려치우고 홀가분한 기분을 즐긴다	곧 버린다	어머니에게 여쭤본다

삶의 초점은
정확히 나에게로

> 무언가를 새로 배운다는 것은 필연적으로 쪽팔리는 경험을 할 것이라는 뜻입니다. 실수를 두려워하지 마세요. 다만, 실수를 통해 배움이 없는 것을 두려워하세요. 어느 분야의 전문가가 된다는 것은 이런저런 실수들을 통해 내공이 쌓인 사람을 칭하는 말입니다.
>
> – 《완벽하지 않은 것들에 대한 사랑》

자존감自尊感이란 자신이 사랑받을 만한 가치가 있는 소중한 존재이고, 어떤 성과를 이루어낼 만한 유능한 사람이라고 믿는 마음이다. 그리고 이는 다른 사람이 나를 평가하는 것이 아니라 내가 스스로 느끼고 부여하는 것이다. 자존감에 대해 생각해본 적이 있는가? 우리는 종종 삶에 있어 여러 난관에 봉착하기도 하고, 때로는 좌절하기도 하지만 적어도 내가 스스로 나에 대해 부여하는 자존감만큼은 언제나 높아야 한다. 자존감이 높다는 말은 비교를 통해 나를 높게 평가한다거나 나르시시즘에 빠지는 것이 아니라, 현재 나의 모습을 인정하고 그에 만족한다는 뜻이다. 자존감은 각자의 내면에 있는 것이지, 누군가와의 비교를 통해 찾아서는 안 된다. 그렇기에 자존감은 높을수록 좋다.

물론 성격을 바꿀 수는 있지만, 이를 위해서는 수많은 노력이 필요하다. 하지만 자존감은 고맙게도 의식과 행동을 변화시키는 것과 같은, 아주 작은 습관만으로도 충분히 개선할 수 있다. 자존감이 높은 사람은 자신의 정체성을 흔들리지 않고 제대로 확립할 수 있고, 자신이 사랑받을 만한 가치가 있고 소중하다고 느끼기에 매사에 조금 더 적극적이거나 긍정적이다. 당신의 자존감은 어떤가? 당신 자신이 어떤 성과를 이룰 수 있을 만한 유능한 존재라고 느껴지는가? 그리고 워라밸을 이뤄낼 수 있는 사람이라고 느껴지는가?

자존감이란 스스로 느끼는 것이다. 하지만 그럼에도 불구하고, 우리는 타인으로 인해 자존감이 무너질 때가 종종 있다. 잘 꾸며진 타인의 SNS나 TV프로그램의 연출된 모습을 보면서 부러워하고 열등감을 느끼는 순간이 가장 대표적이다. 남들의 모습은 참 부럽게만 보인다. 수시로 올라오는 해외여행 사진이나 명품 로고가 보이는 사진, 늘 화목해 보이는 가족은 나와는 동떨어진 듯 풍요롭고 행복해 보인다. 그럼 여기서 사진을 보며 부러워하는 나는? 갑자기 자기 자신이 못나 보이기만 한다. 하지만 그 사진이 정말 그 사람의 진짜 삶일까?

무언가 더 많이 소유해야만 잘 사는 것처럼 보이고, 그래야 내 자존감이 올라간다는 생각은 완전히 틀렸다. 자존감이란 내가 부여하는 마음이지, 남과 비교한 나의 모습을 보고 만들어내는 것이 아니다. 어떤 인생도 언제나 즐거운 한 장의 사진 같지는 않다. '삶은 가까이서 보면 비극이요, 멀리서 보면 희극이다'라는 말이 있듯이 그 누구도 즐겁게만 살고 있지는 않다는 진리를 기억하자. 예쁘고 즐거운 사진 뒤에는 모두들 슬픔과 짜증과 괴로움을 감추고 있다. 타인과의 쓸데없는 비교를 멈추고, 주도적으로 만들어낸 나만의 기준을 바탕으로 나를 바라보자. 내 삶의 만족도와 자존감이 동시에 높아질 수 있다.

언젠가 TV에서 메이저리그에 진출한 야구 선수의 인터뷰를 본 적이 있다. 리포터의 "메이저리그에서 적응하려면 지금보다 더 많은 구질球質을 키워야 하지 않나요?"라는 질문에 투수였던 그 선수는 다음과 같이 답했다. "타자를 상대하려면 2가지 구질만으로도 충분해요. 그리고 2가지나 잘 던지는 투수도 메이저리그에는 사실 거의 없어요."

제3자의 입장에서는 다른 사람의 노력이나 실제 모습이 보이지 않는다. 그렇기에 그저 내 생각과 기준에 맞춰 판단하게 된다. 하지만 각자의 내면을 살펴보면 그들은 나름대로의 기준과 목표를 가지고 살아가고 있다. 그리고 그 기준이 아무리 하찮아보일지라도 자세히 보면 매우 어려울 수도 있고, 반대로 매우 거창하고 대단해보일지라도 실은 별것 아닐 수도 있다.

누구나 자신이 잘하고 좋아하는 분야가 있다. 그러나 타인의 삶을 SNS나 TV를 통해서 단편적으로 보게 되면, 모두가 내가 못하는 수십 가지 일을 다 잘하는 것처럼 보인다. 하지만 그렇게 보일 뿐이다. 우리는 이것도 잘해야 하고, 저것도 잘해야 한다는 압박을 들으며 자라왔다. 지금 살고 있는 회사나 조직에서도 마찬가지다. 하지만 이것도 잘하고 저것도 잘하는 사람은 우리 삶에 실제로 존재하지 않는다. 그보다는 자신의 필살기 하나로 성공하는 사람들이 더 많고, 그 필살기 하나를 가지는 게 더 유용하기도 하다. 내가 다른 사람보다 부족하다는 걱정과 조바심은 치워버리고 이제는 나만의 필살기 하나를 위해 노력해보는 것은 어떨까?

남이 인정하지 않아도 괜찮아요

하루에도 수십 번씩 열등감, 콤플렉스를 느낀다. 키가 작다든지, 돈이 없다든지, 직장이 별로라든지 다양한 것에서 열등감을 느끼는데, 이는 모두 타인과의 비교에서 발현된다. 아무리 객관적으로 좋은 것들을 많이 갖고 있다 해도 보다 우월해 보이는 사람들과 계속 비교하면서 생기는 감정이다. 즉 열등감은 비교하며 스스로 만들어낸 감정이자, 자신에게 부정적인 영향을 주기만 하는 감정이다. 하지만 많은 한국 사람들은 열등감에 사로잡혀 살고, 한번 비교를 시작하고 나면 웬만해서는 빠져나오지 못한다. 열등감에 사로잡혀 아무에게나 분풀이하듯 범죄를 저지르는 '묻지마 범죄'도 허다하게 발생하곤 한다.

　지금 우리는 나 중심의 삶을 살아도 시간이 부족한 상황이다. 그러나 대다수는 타인이 바라본 내 모습에 집착하는 삶을 살아간다. 내가 해결할 수 있고 내가 해결해야 하는 문제임에도 남 탓, 사회 탓을 하며 책임을 회피하기도 한다. 우리는 이제 사고의 중심을 나로 바꾸어야 한다. 직접 문제를 정면 돌파해 해결하는 삶을 살아갈 필요가 있다. 이를 실천하기 위해서는 먼저 남에게 인정을 받아야 한다든지, 남이 나를 어떻게 보는지에 대한 타인 중심의 걱정보다는, 남이 인정하지 않아도 괜찮다는 마음가짐이 필요하다. 당신의 워크도, 그리고 라이프도 남이 인정하는 것이 아니다. 내가 인정하고 행동하면 된다.

내 모습에 대해
종종 의심해보세요

'사회적 기대행동 Socially Desirable Responding'이라는 용어가 있다. 특정 사회에서 개인에게 기대하는 행동을 말한다. 현재 한국 사회에서 개인에게 바라는 사회적 기대행동은 무엇인가? 아마도 무엇보다도 타인을 배려하는 행동일 것이다. 물론 그 사회적 기대행동에 따른 이상적인 모습도 '친절한 사람', '겸손한 사람' 등이다. 남의 눈치를 많이 보는 우리는 어려서부터 나를 상대방의 관점에서 바라보는 3인칭 관점, 아웃사이더 관점 Outsider Mindset 에 익숙해져있다. 그래서 우리나라 사람들은 일반적으로 '나'에 대해 생각할 때, 자기 자신의 관점에서 보는 대신 상대방의 입장에서 바라본다. 그렇기 때문에 사회에서 기대하는 행동을 위해 타인에게 비춰질 내 모습을 과하게 신경 쓰고, 나아가 타인에게 잘 보이기 위해 나를 낮추기까지 한다. 그래서 우리는 이 사회적 기대행동을 매우 피곤하다고 느낀다. 이 사람에게도 좋은 사람이어야 하고, 저 사람에게도 좋은 사람이 되어야 한다. 결국 우리는 나를 낮추는 겸손, 나보다는 타인을 먼저 생각하는 마음가짐을 갖고 살게 된다.

그렇기에 가끔 서양인들의 라이프스타일을 바라보거나, 그들의 대화나 행동을 볼 때 막연히 부럽다는 생각이 들기도 하는 것이다. 사회적 기대행동에 대한 그들의 답변은 우리와는 사뭇 다르다. 그들은 사회가 '똑똑한 사람', '건강한 사람' 등 능력이 뛰어난 개인을 원한다고 생각한다. 즉 사회가 개인의 역량에 집중할 뿐, 우리처럼 공동체 일원으로서의 역할을 먼저 생각하지 않는다. 그렇기 때문에 남에게 피해를 주지 않는 선이라면 자신의 신념에 맞추어 남의 눈치를 보지 않고 행동할 수 있는 것이다.

모두 변화시키려 하지 말아요, 원래 변하지 않는 것도 있기 마련이에요

회사에서는 가끔 의견 충돌로 인해 언쟁이 오고가기도 한다. 물론 비슷한 목표를 가지고 살아가는 미생들이니 금방 해결되고, 원만한 관계를 유지(또는 유지하는 것처럼)하겠지만 그럼에도 불구하고 대부분의 사람들은 퇴근 후에도 회사에서의 다툼을 계속 떠올린다. 자꾸 돌이켜 생각해보고, 잘잘못을 다시 따져보고, 같은 사이클로 똑같은 고민을 계속 하게 된다. 그 생각의 끝에 나타나는 질문은 결국 '사람들이 나를 뭐라고 생각할까?'이다. 결국 걱정의 핵심은 다툼의 잘잘못이 아니라 타인의 시선이 되어버린다.

 결론부터 말하자면, 일반적으로 우리의 생각은 결국 '남 걱정'이다. 별로 영양가도 없고 쓸데없는 생각이다. 명확하게 내가 잘못한 상황이 아니라 업무에 대한 일상적인 의견 차이였다면 위와 같은 고민 없이 그냥 내 생각만 하는 편이 좋다. 그렇게 하는 게 내 정신 건강에 도움이 된다. 건강해진 정신 상태로 문제를 해결할 에너지도 만들어낼 수 있다. 물론 상대방의 감정을 이해하려는 시도는 매우 이성적이고 고차원적인 사고다. 하지만 중요한 건 발생하는 갈등마다 매번 상대의 감정을 이해할 수는 없으며, 충분히 이해했다고 해도 상대의 생각이나 행동을 바꾼다는 것은 별개의 문제라는 사실이다. 남을 이해하고 그의 행동을 바꾸기보다는 내가 할 수 있고, 내가 변화시킬 수 있는 부분을 생각하는 편이 훨씬 생산적이다.

  내가 그 사람을 바꾸지 못한다면, 또는 내가 그 사람에 맞춰 변할 수 없다면 그는 나에게 그다지 중요한 사람이 아니다. 그런 관계에서 지속적으로 스트레스를 받기보다는 차라리 그 에너지를 다른 곳에 쓰도록 해보자. 상대방을 바꾸지도 못하고, 나도 그 사람에 맞춰 변할 수 없는데도 그 관계에 집착하는 건 내 정신 건강에 나쁨은 물론, 워크에도 아주 치명적이다.

'우리'가 아니라 '나'로 삽시다

한국 사회가 가지고 있는 여러 가지 문제 중 하나는 지나치게 '우리 편'과 '남의 편'으로 이분화하는 버릇이다. 과학의 발전으로 무한한 생명을 얻을 가능성이 있고, 우주가 더 이상 불가능한 동경의 대상이 아니며, 손가락 하나로 집 안의 모든 것을 통제할 수 있는 시대에 살면서도 한국인은 여전히 몇 백 년 전 농경 사회의 '우리'라는 사고방식을 지니고 있다. 직장에서든 가정에서든 '나'보다는 '우리'라는 말이 더 익숙하다. 결국 아직도 개인보다는 집단이 우선이다. 그리고 이는 우리가 워라밸을 지키지 못하는 가장 큰 이유 중 하나이기도 하다.

  사실, '우리'라는 단어는 그 단어의 뜻과 달리 우리 사회에 수많은 분열과 갈등을 불러일으켜 왔다. '우리가 남이가'라는 말 하나로 온갖 부정과 부패도 덮어주던 문화는 계승할 만큼 긍정적인 문화는 아니다. 심지어 농경 사회에서 '우리'의 가치를 중시했던 게 대단한 이유도 아니다. 그저 멀리 이동하는 것이 불가능하고 광범위한 지역이 협력할 수 없었기에 가족과 부락 단위의 협동이 불가피했을 뿐이다. '우리'라는 사고방식이 좋아서 오랜 시간 세대에 걸쳐 전파되어온 것이 아니라는 뜻이다. 하지만 지금은 상황이 달라졌다. 이제는 세계화로 인해 지역 간의 경계가 없어졌고, 통신의 발달로 아주 먼 거리에서도 협력하며 일할 수 있다. 굳이 근처에 있는 사람과 자신을 엮으며 '우리'라는 가치로 포장할 필요가 없다.

이제 한국 사회는 '우리'를 걷어내야 한다. 각자가 행복하기 위해, 더 잘 먹고 잘 살기 위해서이다. '우리'보다 개인의 자유와 권리가 큰 사회일수록 경쟁력이 있다는 건 오랜 세월 공고했던 사회주의 체제가 무너지면서 증명해냈다. 그리고 집단보다는 개인을 우선하는 북유럽 국가들이 각각 독립적인 개인들의 성장으로 최고의 복지국가가 되었다는 사실도 이를 뒷받침해준다.

집단의 정체성을 구성원들에게 강요해서는 안 된다. 개인이 스스로 선택하고 판단해야 한다. 어쩌면 공동체 의식은 '우리'라는 이름하에 경쟁을 느슨히 하면서 각자의 경쟁력을 더욱 떨어뜨리는 존재일지도 모른다.

'NO'라고 자신 있게
말할 수 있나요?

몇 년 전, MBC 예능프로그램 〈무한도전〉에서 멤버들이 미국을 방문하는 에피소드를 방영한 적이 있다. 그 에피소드의 한 장면은 개인주의와 워라밸에 대해 다시 생각해보게 한 아주 결정적인 계기가 되었다.

유재석이 현지인들에게 인터뷰를 요청하기 위해 걸어오는 중년 남성에게 "Excuse me"라고 말을 걸었고, 걸어오던 남성은 어떤 망설임도 없이 단호한 손짓으로 "No!"라 말하며 지나친 장면이었다.

귀찮아 보이지도 않았고, 인종차별이 들어간 행동으로 보이지도 않았다. 그저 자신이 지금 인터뷰에 응하고 싶지 않음을 아주 명료하게 표현했을 뿐이다. 만약 한국에서 똑같은 상황이 있었다면 어땠을까? 우리는 오랫동안 타인을 배려해야 한다고 배워왔기 때문에, 좀 바쁘더라도 멋쩍은 웃음을 지으며 인터뷰에 응했을 것이다. 혹은 거절하더라도 매우 미안해하는 표정을 보였을 것이다. 하지만 〈무한도전〉에서 보여준 이 남성은 원치 않는 인터뷰에 대해서 단호하게, 그리고 별것 아니라는 듯이 아주 능숙한 손짓으로 "No!"라고 말했다. 결코 이 장면을 사대주의적으로 바라보는 게 아니다. 단지 우리 사회도 조금은 더 자연스럽게, 당당하게 "No"를 외칠 수 있어야 한다고 말하고 싶다.

우리는 거절의 문화를 별로 경험해본 적이 없다. 어릴 때부터 "Yes!"라고 하는 것이 올바른 것이라고 배워왔고, "No!"라고 답하는 것은 다소 불편하고 예의에 어긋나는 일이라고 배웠다. 이는 암묵적인 합의에 가까웠다. 그러다 보니 어른이 된 지금도 불합리와 부정에 대해 "No"라고 당당하게 말하지 못하는 형편이 되어버렸다. 그리고 이는 우리의 직장 생활을 지속적으로 더욱 암담하게 만들고 있다. 대한민국의 직장인으로서 성공하려면 일단 '예스맨'이 되어야 한다. 상사의 명령은 무엇이든 따라야 하고, 설사 불합리한 일이라도 조직을 위해 개인은 희생해도 되는 존재가 되어버렸기 때문이다. 'No'라고 말할 수 있다는 것, 그리고 'No'에 더 당당하고 익숙해진다는 건 우리 생각 이상으로 의미 있는 일이다.

우리는 아주 잠깐이라도 '소외된 시간'을 견디지 못한다. 항상 어딘가에 소속되기를 바라며, 거기서 안정감을 찾고자 한다. 지난 며칠을 돌아보자. 돌아보면 그다지 엄청나게 바쁘거나 중요한 일이 있는 것도 아닌데 무언가에 이끌리듯, 아니면 '남이 그렇게 하니까'라는 이유로 나 역시도 고군분투하며 악착같이 보냈을 것이다. 마치 그렇게 하지 않으면 이 치열한 사회에서 낙오라도 될 것 같아 피로와 바쁨을 당연하게 받아들여 왔다.

하지만 자신이 직접 판단해서 하지 않아도 되는 건 하지 않고, 그 남은 시간을 오롯이 나만을 위해 사용할 수 있어야 한다. 굳이 안 만나도 되는 사람을 만나니 시간이 없다. 또 지금 가진 돈으로도 충분한데, 더 벌어야 한다고 생각하니까 늘 부족하다. 되돌아보았을 때 그저 남들의 시선 때문에 한 행동이 있다면 그 행동은 과감하게 멈추어야 한다. 딱히 남에게 인정받지 않아도 상관없다. 더 나아가서 남에게 싫은 소리 좀 들으면, 또는 누가 나를 좀 미워하면 어떤가? 그 사람이 내 삶을 통째로 쥐락펴락하지도 않는데 말이다.

직장 생활에서 업무가 아니라 인간관계를 더욱 어렵다고 느끼고, 퇴근 후에도 인간관계 때문에 전전긍긍하는 사람들이 많다. 만약 그렇다면 일과 후의 인간관계를 과감하게 정리하자. 반대로 인간관계를 통해 성취감이나 희열을 느낀다면 그걸 최대한으로 즐기면 된다. 즉 내 행동 하나하나 타인이 어떻게 바라볼 것인가, 어떻게 판단할 것인가에 대해 고민할 필요가 없다는 이야기다.

정답이 없는 사회에서 정답을 찾으려 하니 답이 나올 리가 있나? 세상 속에 정답이 없으니, 우리는 나에게서 그 정답을 찾아내야 한다. 각자의 정답은 마음속에 존재한다. 언제나 내가 내 삶의 중심임을 잊으면 안 된다.

내 성격을 인정하고
자존감 찾기

 육아 카페나 각종 커뮤니티를 살펴보면 '우리 아이가 내성적인데 어떻게 해야 할까요?'라는 질문이 종종 보인다. 이 질문에는 '내성적인 것은 안 좋다'란 부정적 의미가 담겨있다. 보통 내성적, 내향적인 성격을 고쳐야 한다고 생각하는데 과연 그래야 하는 걸까? 그리고 우리 사회는 거의 모든 분야에서 일반적으로 외향적 성격의 사람을 선호하는 것처럼 보이기도 한다. 왜일까?

 산업과 문화가 전 세계적으로 정착되기 시작하던 19세기에는 적어도 리더들에게 외향성이 선호되지 않았다. 외향적으로 사람들을 만나고 친해지는 것보다는 진중함을 기반으로 행동이나 인격을 갖추고, 여기에 더해 명예를 갖고 있으며, 이러한 명예에 걸맞은 예절을 갖추고 있어야 사회에서 말하는 '지식층'이라 불릴 수 있었기 때문이다. 영화나 책을 보면 외향적이거나 사교성 있고 때로는 재치 있게 행동하는 주인공은 주로 하층민 신분으로 그려지곤 했다. 영화 〈타이타닉〉의 잭이 대표적이다. 하지만 20세기 산업사회로 진입하며 이런 선호에도 인식의 변화가 나타나기 시작했다. 고객의 필요에 맞춘 아이디어를 찾아내고 이를 바탕으로 새로운 기술을 만들어야 하는 사회에서는 조금 더 매력적이고, 강력한 무언가를 가지고 있으며 그 사람만의 특별한 에너지가 있어야만 대중을 압도할 수 있었기 때문이다. 이러한 변화와 함께 대중 앞에 쉽게 나설 수 있는 행동 자체가 외향적인 성격과 관련되어있다고 여겨지면서 외향성을 선호하는 성향이 사회에 널리 퍼지게 되었다.

그렇다면 외향성의 반대에 대해 알아보자. 하지만 이를 위해서는 먼저 한 단어에 대해 확실하게 구분해야 한다. 바로 '내성적'인 것과 '내향적'인 것을 구분하는 것. 내성적內省的이라는 건 단어에도 나와 있지만 성격을 담아낸 말이다. 즉 특정한 성향의 행동이나 이와 관련된 성격을 지니고 있다는 뜻인데, 성격은 개인의 노력을 통해 후천적으로 얼마든지 변화시킬 수 있다.

하지만 '내향적內向的'이란 것은 태어나면서부터 가지는 기질이다. 이러한 기질은 DNA에 박혀있기 때문에 개인의 의지나 외부적 환경에 의해 쉽게 바뀔 수 없다. 어떻게 해도 바꿀 수 없는 혈액형처럼 말이다. 즉 내성적인 성격의 사람들이 여러 노력에 따라 행동의 패턴을 바꿀 수는 있으나, 그가 가지고 있는 내향적인 기질 자체까지도 바꿀 수는 없다. 혹시 당신이 내향적인 사람이라면, 그리고 그 기질이 썩 맘에 들지 않는다면? 더 이상 스트레스 받지 말자. 바꾸기 어렵다. 그리고 중요한 것은, 바꾸지 않아도 된다.

내향적인 사람이 내향적인 행동을 하는 이유는 스스로 좋아서이기 때문이다. 나와 잘 맞는 행동이다. 좋아서 하는 행동을 하면 삶의 행복도와 만족도는 당연히 높아지기 마련이다. 스무 명 이상이 함께 생활하는 교실에서도 쉬는 시간의 모습은 매우 다양하다. 여럿이서 함께 노는 아이, 혼자서 조용히 책을 보는 아이······. 어떻게 노는 것이 옳은지 거기에 정답은 없다. 그야말로 쉬는 시간이다. 내가 좋아하는 행동을 하면서 쉬면 된다. 꼭 모두가 신나게 어울려서 놀아야 할 필요는 없다. 워라밸에 있어 성격이나 성향은 아무 문제가 되지 않는다.

내향적인 사람, 환영합니다

여러 사람들 앞에서 어렵지 않게 발표를 하는 사람에겐 분명 경쟁력이 있다. 대중을 상대할 때 자연스럽기 때문에 사교성이 좋다고 평가받는다. 말이 많은 사람의 경우 자연스럽게 소통 능력이 좋다고 판단되므로 회사에서, 또는 어떤 무리에서 말 잘하는 사람을 선호하게 되는 것도 이상한 일은 아니다. 심지어 몇 천 년

전으로 거슬러 올라가 로마 시대를 봐도 리더가 반드시 갖추어야 하는 능력 중 가장 중요한 요소는 바로 웅변술이었다. 하지만 지금도 리더가 반드시 갖추어야 하는 능력에 웅변술이 있을까? 과연 마크 저커버그Mark Zuckerberg나 스티브 잡스Steven Jobs가 웅변하듯 말을 잘했을까? 그리고 그들을 과연 외향적이라고 할 수 있을까? 내향적인 성격을 고쳐 외향적으로 바꿔야 한다고 여겼던 사회적 분위기가 이제는 '꼭 그렇게 생각할 수만은 없다'는 쪽으로 가고 있다. 내향성을 지닌 리더들의 놀라운 사례가 지속적으로 나오고 있기 때문이다.

마크 저커버그, 빌 게이츠Bill Gates, 앙겔라 메르켈Angela Merkel 등 지금 세상에 큰 영향력을 끼치고 있는 수많은 유명인의 어린 시절은 대체로 '내향적인 아이'였다. 하지만 지금으로부터 단 한 세대 정도의 과거만 되돌아보더라도 리더들은 외향적이거나, 혹은 아주 독단적이고 독재적인 성향의 인물이 더 많았다. 시간이 흐르며 사회가 선호하는 성향과 기질은 계속해서 변화하고 있고, 현 시대에 적합한 리더의 덕목은 내향성일지도 모른다.

'말수가 많으며 에너지가 넘치는 사람'과 '말수는 적지만 신중한 사람'의 능력이 필요한 상황은 분명히 다르다. 실제로 어떤 연구 결과를 살펴보면 내향적인 지도자가 외향적인 지도자에 비해 직원의 새로운 의견을 받아들일 확률이 20% 정도 높게 나타났다고 한다. 내향적인 지도자는 직원들이 좀 더 창의성을 발휘하기 쉬운 환경을 만들어줄 수 있다는 뜻이다. 외향적인 지도자가 주로 자신의 의견을 어떻게든 관철시키려고만 하는 태도와는 반대이다. 그리고 다들 알다시피, 지금 우리 사회는 새로움과 창의력이 매우 중요한 시대다.

'소심'과 '내향성'은 별개의 문제라고요

'소심하다'는 말은 사전적으로 '대담하지 못하고, 조심성이 지나치게 많음'이란 의미를 담고 있다. 이 정의로만 보면 '소심'은 '대담'과 반대되는 뜻으로 비교적 열등해 보인다. 그렇다면 '소심하다'와 '대담하다'의 차이는 과연 무엇일까? 이는 바로 자존감과 연관이 있다. 자존감의 고저高低 차이에서 나타날 수 있는 것이다. 즉 내성적, 또는 내향적인 사람일지라도 자신이 자존감이 높다면 스스로도, 그리고 타인이 보아도 그 사람은 굉장히 자신감 있어 보이고 대범해 보인다. 하지만 반대로 외향적, 그리고 활발한 성격을 가지고 있는 사람일지라도 자존감이 낮은 상태라면 항상 불안하며, 안정되지 못한 상태로 보일 수 있다. 즉 소심하다는 정의의 관건은 개인의 성격이나 기질보다는 자신을 얼마나 신뢰하고 사랑하는가에 있다. 그렇기 때문에 우리는 성격이나 행동에만 신경 쓰기보다는 내 자존감이 지금 어떤 상태에 있는가에 대해 더 집중할 필요가 있다.

기본적으로 우리는 타인에게 인정받거나 스스로 자신의 역량을 검증해나가는 과정들을 통해 자존감을 높이게 된다. 그리고 이러한 경험치가 쌓이면서 삶을 더욱 주도적으로 살아가게 만드는 원동력으로 바뀐다. 그러나 매우 안타깝게도 우리의 직장 생활은 오히려 자존감을 낮출 때가 많다.

내가 맡은 업무에서 성과를 내지 못하는 경우는 꽤 흔하다. 하지만 따지고 보면 성과를 내지 못한 이유가 온전히 내 잘못이라고 치부할 수는 없을 때가 더 많다. 회사의 시스템이나 동료, 혹은 내가 어떻게 할 수 없었던 여러 가지 요인으로 인해 성과를 내지 못했을 수도 있다. 회사 일이란 한 사람이 죽을 만큼 노력한다 해도 실패하기도 하는 것이다. 그리고 지나간 후에 생각해봐도 해결할 수 없는 문제들도 있다. 무슨 일이든, 그 실패가 온전히 나 때문인 건 아니라는 걸 잊지 말아야 한다. 당신은 실패 때문에 그 자리밖에 도달하지 못한 게 아니라, 그간 이뤄낸 성공 덕분에 그 자리까지 와 있는 것이다.

삶에 때때로
필요한 쉬는 시간

정신적 과잉활동 증후군PESM Syndrome(Personnes Encombrees de Surefficience Mentale Syndrome)

생각이 끊이지 않고 계속 발생하기 때문에 끊임없이 고민하게 되고 잡다한 생각에 빠져버리는 뇌의 증상으로 전 세계의 무려 15% 정도의 인구가 이러한 증후군을 경험한다.

'이제 지치는 것도 지쳤어.', '힘들기도 너무 힘들어.' 한국의 상황을 정확하게 대변하는 말일 것이다. 매일매일 바쁘게 돌아가는 일상, 살아남기 위해 고군분투하지만 어제가 오늘 같고, 또 오늘이 내일 같은 회사 생활과 쌓인 업무들, 하루에도 몇 번씩 심장을 찌르는 대출 이자의 압박, 쉬지도 않고 울리는 스마트폰. 우리의 삶에는 쉼표가 없다. 그리고 대한민국 10대부터 30대까지의 사망 원인 1위, 40대와 50대의 사망 원인 2위는 바로 자살이다.

몸이 아프면 의사에게 치료를 받고 약을 복용하듯이, 우리의 삶도 치료를 받아야 한다. 다만 어디서부터 어떻게 받아야 할지를 몰라 망설일 뿐이다. 우선 혹사하고 있는 뇌를 쉬게 해주자. 이른바 '멍 때리기'가 필요하다. 멍 때리기는 두뇌를 쉬게 해주는 가장 즉각적이고도 효과가 높은 방법이며, 일단 치료를 위해 스스로 언제 어디서든 할 수 있는 첫걸음이기 때문이다.

번아웃증후군이 창궐하는 시대

어떤 일에 너무 몰두한 나머지 신체나 정신 모두 극도의 피로감이 쌓이고, 이로 인해 무기력증, 자기혐오, 직무 거부 등에 빠지는 증상을 번아웃burnout증후군이라고 한다. 일반적인 스트레스를 넘어서 몸과 마음이 탈진되어 회복되기 어려운 상태를 말한다. 생각보다 많은 사람들이 번아웃증후군을 겪는다. 해야 할 일은 넘치고, 정보는 방대하며 항상 경쟁하고 남을 견제하며 살아가니 정신적으로나 신체적으로 편할 날이 없기 때문이다.

'멍 때리기'는 번아웃증후군을 예방하거나 치료하는 데 가장 좋은 방법이다. 몇 년 전부터 열리는 '멍 때리기 대회'는 사회 현상이 된 번아웃증후군을 잘 대변하는 이벤트이다. 3시간가량 아무것도 하지 않는 상태에서 맥박을 확인해 안정적인 상태를 유지하는 사람을 우승자로 뽑는 방법인데, 언젠가는 우승자로 9살짜리 어린이가 뽑히기도 했다. 그 아이는 하루에 6시간이 넘는 사교육을 받으며 가끔씩 멍한 상태가 오기도 했고, 그 상태를 즐기기도 했다고 한다. 우승자 인터뷰에서 멍 때리기가 뭐라고 생각하냐는 질문에 어린이가 말한 답은 그 어느 학자보다도 명료하고 정확했다.

"아무런 생각도 안 하고, 그리고 아무 힘도 안 주고, 그냥 가만히 있으면 되는 거 아닌가요?"

사실 멍 때리는 게
그냥 멍 때리는 게 아니랍니다

멍 때리기를 굳이 사전적으로 명명하자면, '어떤 생각에 전념하지 않거나 불필요한 생각을 없애 뇌의 에너지를 쓸데없이 소비하지 않는 것' 정도로 말할 수 있다. 생각을 안 한다는 것은 뇌의 휴식을 통해 정보와 지식을 정리하고, 불필요한 정보를 삭제해 뇌가 새롭게 활동할 수 있도록 준비하는 재정비 차원의 활동이다. 우리는 24시간 스마트폰이라는 족쇄에 갇혀 SNS와 각종 뉴스, 푸시 서비스 등으로 단 한순간도 편하게 쉬지 못한다. 그래서 의도적으로 멍 때리는 시간을 통해 뇌를 쉬게 해주어야 한다.

이러한 재정비 작용 외에도 멍 때리기가 더 대단한 효과를 가지고 있다는 것이 속속 밝혀지고 있다. 아무 인지적 활동도 하지 않는 순간을 과학적 용어로 '무자극적 사고'라고 하는데 이 상태에서 우리 뇌는 디폴트모드네트워크DMN(Default Mode Network)가 된다고 한다. 그리고 이 모드가 되면 우리 뇌의 특정 부위는 생각을 할 때보다 더 바빠진다고 한다. 즉 뇌는 우리가 알아채지 못하는 사이에 인지적 활동을 할 때는 DMN이 꺼지고, 멍 때릴 때는 DMN이 활성화되는 반응을 보인다. 그리고 더 놀라운 사실은, DMN이 활성화되면 뇌의 백색질 활동이 증가하면서 혈류의 흐름이 더 활발해져 창의력 발휘 등에 도움을 준다는 것이다. 이 덕분에 가끔 멍 때리다가도 갑작스럽게 '아!' 하고 새로운 기억이나 아이디어가 떠올라 유레카를 경험하곤 한다. 멍 때리기는 뇌의 최적화를 위한 정리 시간임과 동시에 생산적인 활동과 결과를 만들어낸다. 워라밸을 위해 오늘 하루도 고군분투한 당신, 잠시 책을 접어두고 멍 때리기 한 판 해보는 건 어떨까?

생각을 멈추는 훈련이란?

우리의 뇌는 태어날 때부터 건강과 생체리듬을 잘 지킬 수 있도록 최적화되어 있다. 하지만 살아가면서 최적화된 상태가 깨지고 몸에 변화가 온다. 예를 들면 몸과 각종 장기가 힘들어하면 뇌는 몸에게 쉬라는 명령을 내리게 되는데, 그럼에도 우리는 뇌의 명령을 잘 듣지 않거나 가끔은 뇌가 과부하가 될 만큼 쓰기도 하면서 쉬라는 명령을 깜박하게 만든다. 그래서 피곤한데도 잠이 오지 않거나, 아무리 쉬어도 쉰 것 같지 않은 상태가 지속되기도 한다. 이러한 오류가 계속되어 결국 우리 몸에 커다란 영향을 주기 때문에, 불필요한 뇌의 활동을 멈추고 내 몸이 갖고 있는 휴식 능력을 되찾게 하기 위해 뇌를 쉬게 하는 훈련이 필요하다.

생각이 너무 많은 상태를 심리학에서는 정신적 과잉활동이라고 말한다. 생각을 한번 하면 멈출 수가 없는 상태다. 생산적인 생각이기보다는 별 의미 없는 생각들이 꼬리에 꼬리를 물고 이어지고, 이런 잡생각을 하다가 '생각을 그만둬야지'라고 생각하는 것 자체가 생각이 되기도 한다. 아무리 멈추려 해도 생각이 멈추질 않고 뇌가 지쳐 쓰러져버려야 생각의 늪에서 빠져나오게 된다. 이러한 상태가 자주 이어지면 일종의 정신질환으로 볼 수 있는데, 의학적으로도 딱히 해결할 수 있는 방법은 없다고 한다.

생각을 멈추진 못해도
뇌에게 휴식은 줄 수 있어요

피곤할 때 아무리 몸을 편안하게 하고 가만히 있어도 충분히 쉰 느낌을 받지 못하는 경우가 많다. 이는 몸만 쉬었지 뇌를 쉬지 않게 했기 때문이다. 장시간 멍 때리기가 어려운 사람들은 뇌를 쉬게 할 수 있는 다른 물리적인 방법들을 사용해보자.

❶ 가사 없는 음악 듣기

팝송을 들으면 멜로디나 비트가 국내 음악에 비해 더 잘 들리는 느낌이다. 왜? 가사를 잘 못 알아들으니까. 그런데 중간에 내가 아는 문장이 들리면, 갑자기 멜로디보다는 가사에 집중하게 된다. 감상을 목적으로 듣다가도 아는 문장이 나오면 갑자기 해석을 하게 된다. 가사가 있는 음악은 가사의 상황을 상상하게 만든다. 실제로 독일에서 실험한 결과 요한 슈트라우스Johann Strauss 왈츠곡, 모차르트Mozart 교향곡, 아바ABBA의 팝송을 들려주고 나타난 변화를 분석해보았더니 아바의 노래는 가사가 있어 다른 클래식 음악보다 뇌의 휴식 효과가 현저히 줄었다고 한다.[7] 또한 음악은 멜로디가 간단할수록 뇌가 더 잘 쉴 수 있다는 사실을 밝혀냈다.

❷ 만만한 독서하기

머리가 복잡할 땐 만만한 독서만큼 좋은 방법도 없다. 복잡한 생각을 하게 만들거나 나를 반성하게 만드는 독서가 아닌, 쉽게 읽어 내려가는 것을 목적으로 하는 독서가 필요하다. 이를 핑계로 '스마트폰으로 만만한 웹툰을 보는 것은 어떤가?'라고 말하는 사람도 있지만 그것은 그다지 추천하지 않는다. 종이책은 책의 내용을 전달하는 효과도 있지만, 무엇보다도 책 읽기와 다른 행동을 병행하기 힘들기 때문에 휴식에 도움이 된다. 그리고 흰 바탕에 꾹꾹 눌러써진 검은색의 글자가 주는 단조로움이 뇌를 좀 더 차분하게 만들어줄 수 있다. 특히 쉽게 읽을 수 있는 책을 다 읽어냈을 때 스스로에게 성취감까지 줄 수 있기 때문에 우리의 뇌와 사고에 매우 긍정적인 신호를 주게 된다.

4

워라밸을 위해 바꿔야 할 작은 것들

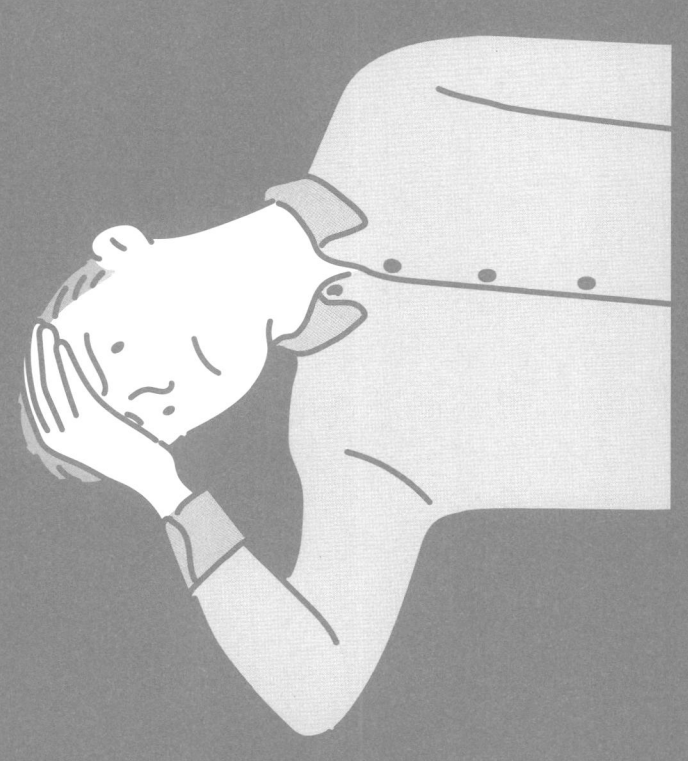

할 일부터 하는 방법,
관성을 활용한 2분 법칙

관성의 법칙[8]

뉴턴의 운동법칙 중 제1법칙이다. 외부에서 힘이 가해지지 않는 한 모든 물체는 자기의 상태를 그대로 유지하려고 하는 성질을 말한다. 정지한 물체는 영원히 정지한 채로 있으려고 하며 운동하던 물체는 등속 직선운동을 계속하려고 한다.

한 연구에서 참가자들에게 퍼즐을 풀도록 했는데, 퍼즐을 풀기 전 테트리스 게임을 즐기도록 허락했다. 한 집단에게는 퍼즐을 푸는 것이 인지 능력을 평가하기 위해서라고 말하고, 다른 한 집단에게는 테트리스와 같은 또 하나의 게임을 하는 것뿐이라고 말했다. 당연하게도 똑같은 퍼즐을 푸는 과제였지만 인지 능력 평가라고 이야기한 집단보다 게임이라고 이야기한 집단이 더 쉽고 빠르게 퍼즐을 풀었다.

이처럼 물리적인 한계선이나 목표치로 압박을 주기보다는 스스로 일에 대해 납득할 만한 새로운 정의를 내림으로써 우리는 일에 좀 더 친숙하게 또는 어렵지 않게 접근할 수 있다. '어쩔 수 없이 해야 해'라는 생각은 일에 대한 동기를 낮추는 가장 큰 요소이다. 열심히 일하려는 마음을 먹었는데 뒤늦게 들어온 팀장이 '자, 이번 주는 좀 더 열심히 해봅시다'라고 말한다면 모든 업무 의욕이 싹 사라지는 것과 같은 이치다. 이제는 이러한 상황에서 조금은 과감하게 '해야 한다'가 아니라 '하고 싶다'고 바꿔서 생각해보자. 설사 어쩔 수 없이 해야 하는 일일지라도 그 앞에 그럴듯한 이유를 붙여보자. '나는 이번 달 월급을 위해서 어쩔 수 없이 출근을 해야 한다' 대신에 '나는 월급을 받아서 가족들과 즐거운 여행을 가고 싶다'로 바꿔보자. 아주 단순하지만 생각의 방향이 완전히 전환됨을 알 수 있다. 그리고 일에 대한 인식도 긍정적인 방향으로 개선될 수 있을 것이다.

관성의 법칙이 뭔가요?

뉴턴Isaac Newton의 운동법칙Law of Motion이란 정체된 상태의 물체는 그대로 있으려고 하고, 움직이는 물체는 계속 움직이려고 하는 성질을 말한다.

이 말을 곰곰이 생각해보면, 관성의 법칙은 물리법칙 이상으로 우리의 생활상과 매우 밀접하다. 움직이지 않고 아무것도 하지 않으면 '아무것도 안 하고 싶다. 이미 아무것도 안 하고 있지만 더 격렬하게 아무것도 안 하고 싶다'는 상태가 되지만 무언가 열정적으로 시작하게 되면 그 움직임과 에너지, 열정이 꺼지지 않고 계속되길 바라고, 또 그렇게 행동하려 하는 우리의 모습과 매우 유사하기 때문이다.

사람들은 대부분 자신만의 습관이나 버릇을 가지고 있다. 그리고 습관이나 버릇은 쉽게 바꾸기 어렵다. 또한 한번 길들여지면 쉽게 발을 빼기도 어렵다. 이러한 습성은 상업적으로도 많이 활용된다. 예를 들면 방송사에서 드라마를 제작할 때는 보통 초반에 매우 많은 자본을 투자한다. 처음에 시청자들의 관심을 끌고 1편을 보게 만들어야 그 관성으로 일정한 시청률을 유지할 수 있기 때문이다. 대부분 방영 초기에는 전부 해외에서 촬영한다든지 노출 장면, 화려한 컴퓨터 그래픽 등을 넣어 시청자들의 이목을 집중시키려 노력한다. 반대로 처음에 반응이 지지부진했던 드라마는 아무리 중간에 새로운 인물이나 스토리, 파격적인 장면이 있어도 시청률이 반등하기 어렵다. 이 역시도 관성의 법칙과 관련되어 있다.

우리는 자주 무언가를 시도하지만 목표치에 다다르지 못하고 흐지부지 되어버리곤 한다. 워라밸도 마찬가지다. 관성을 만들어내는 것은 힘든 일이지만, 일단 그 관성만 생긴다면 더 빠르게 변화를 채찍질할 수 있다.

워라밸을 위해서는
미루는 습관을 없애는 게 중요해요

경영 컨설턴트인 데이비드 알렌David Allen 은 《끝도 없는 일 깔끔하게 해치우기(Getting Thing Done)》라는 책에서 '2분의 법칙'을 제시했다. 우리가 통상 미루는 일들은 엄청나게 어렵거나 단순히 꿈만 꿔야 하는 비현실적인 것들이 아니다. 충분히 해낼 수 있지만 몇 가지 사소한 이유 때문에 시작하지 못하고 오랫동안 바라기만 하기 때문에 미뤄지는 것들이다. 데이비드 알렌은 딱 2분만 투자해 구체적으로 생각하고, 계획하고, 실행하라고 말한다. 이를 두고 2분의 법칙이라 한다.

당연히 2분이 모든 것을 바꿔주거나, 성공을 보장해주지는 않는다. 2분 만에 뭔가가 해결되지도 않는다. 내 의지와 관계없이 뇌의 조종을 받아 우리는 또 쉬고 싶어 할지도 모른다. 하지만 위에서 말한 관성의 법칙을 대입해보면 2분은 움직이기 시작하는 데에는 충분한 시간이 된다. 2분만 투자해 우리가 하고자 하는 일로 조금만 나아간다면, 그 동력을 활용해 시작한 일을 점점 빠르고 쉽게 계속 진행하도록 만들 수 있다.

'마중물'이라는 말이 있다. 우물에서 물을 처음으로 퍼 올릴 때, 물을 끌어올리기 위해 위에서 먼저 한 바가지의 물을 쏟아붓는다. 그 한 바가지의 물이 더 많은 우물물을 끌어올릴 수 있는 원동력이 되어준다. 시작이 반이라는 말이 있듯이, 일단 바퀴가 움직이면 그때부터는 움직이는 게 어렵지 않다. 그리고 더 빨리 또는 새로운 방향으로 나아갈 수 있게 된다. 다이어트를 원하는 사람은 고칼로리 음식을 먹기 전에 딱 2분만 고민해보는 것, 책을 읽고 싶은 사람은 어떤 책이든 딱 2분만 읽어보는 것, 이러한 소소한 행동들이 나를 움직이게 하고 변화시키는 모멘텀momentum이 될 수 있다.

미루는 법을 없애기 위한
작은 행동들

우리가 해야 할 일 가운데에는 어려운 일도 있고 쉬운 일도 있다. 하지만 일단 '시작' 자체는 방법이나 난이도와는 상관없이 할 수 있는 일이다. 일단 쉽게 스타트를 끊기 위해서는 일을 시작하기 전후의 상황을 머릿속에 그려보는 것이 도움이 된다. 우리의 뇌는 자기가 생각하고 싶은 방향으로만 먼저 생각하려 하고, 반대로 부정적인 상상은 피하려는 본능을 갖고 있다. 그래서 가능하면 부정적 상황을 생각하지 않으려 한다. 그렇기 때문에 우리는 의도적으로 일을 하지 않았을 때와 일을 해냈을 때의 긍정적 결과와 부정적 결과를 상상하고 비교하는 습관을 길러야 한다. 그러다보면 그 일을 하지 않으면 안 된다는 생각까지 접근하게 되고, 결국 그 일을 시작할 수밖에 없게 된다. 이러한 사고방식을 자주 연습하면 보다 자연스럽게 일을 시작할 수 있다. 워라밸도 마찬가지다. 그저 '워라밸을 실천해봐야지'라고 생각만 해서는 안 된다. 워라밸을 지키지 않았을 때 발생할 법한 부정적인 상황을 구체적으로 떠올려보자. 워라밸을 지켜야 할 이유를 구체적으로 찾아낼 수 있게 되면, 그 구체적인 생각이 워라밸을 실천할 수 있는 첫 마중물이 되어줄 수도 있다.

하지만 자기 자신을 속이는 것은 큰 효과가 없다. 예를 들어 자꾸 지각하는 사람이 출근 시간을 앞당기기 위해 집 안의 모든 시계를 10분 정도 빠르게 맞춰놓았을 때, 과연 그 사람은 더 이상 지각을 하지 않게 될까? 도리어 그 반대의 상황이 벌어질 확률이 높다. 시계가 10분 앞서간다는 것을 알고 있기 때문에 더 여유를 부리게 되고, 그 여유는 평소의 습관에 따라 10분을 훨씬 넘어설 것이다. 비슷한 예로 일을 잘 끝내기 위해 데드라인을 앞으로 당기거나 목표치를 높이는 경우를 들 수 있다. 그렇게 하면 원래의 시간보다 조금 더 빨리, 또는 목표치에 더 가깝게 올라갈 수 있으리라는 생각 때문이다. 그런데 이런 방법을 시도해서 과연 성공한 적이 있을까? 아마 대부분 없을 것이다. 왜냐하면 결국 그렇지 않다는 것을 잘 알고 있기 때문이다. 아무리 속이려 해도 나는 이미 시간이 충분하다는 걸 알고 있다. 거짓말인 걸 알고 있는데

속을 리가 없다. 결국 이러한 전략은 스트레스와 일에 대한 압박, 조급함으로 다가와 오히려 나쁜 결과를 초래한다.

미국 하버드대학교에서 다음과 같은 실험을 했다.[9] 급여를 받게 될 참가자들에게 질문을 던지고 답을 하는 실험인데, 첫 번째 질문은 "급여의 2%를 자동이체해 저축하는 것에 참여할 의사가 있는가?"였다. 이때는 참가자 모두가 동의한다고 답했다. 하지만 그 다음 구체적인 저축 시점에 따른 2가지 질문에서는 참가자의 답변이 상당히 차이가 났다. 첫 번째 질문인 "지금부터 급여 이체가 시작된다"에는 단 30%만이 참여하기로 했고, 두 번째 질문인 "1년 뒤 자동이체가 시작된다"에는 77%가 동의했다.

이 현상은 '시간 선호의 비일관성' 또는 '동태적 비일관성'이라는 경제 용어로 설명할 수 있다. 합리적인 판단으로는 지금부터 저축을 하는 것(미래의 나를 위한 것 + 장기적인 높은 효용)이 좋겠지만, 대부분의 사람은 당장 현재의 내 효용에 더 큰 가치를 부여하게 된다. 이러한 현상은 어찌 보면 자연스럽다. 우리가 의도할 수 없는 자연스러운 뇌 반응의 결과이기 때문이다. 뇌는 가까운 작은 이익에 대해서는 감정과 관련된 부분이 활성화되고, 먼 미래의 큰 이익에 대해서는 인지 부분이 활성화되기에 대부분 본능적으로 감정적인 결정을 하게 된다고 한다.

학창 시절, 그렇게 수업 시간이 지루하다가도 수업이 거의 끝나갈 즈음이면 갑작스럽게 집중이 잘 된 경험이 있다. 어떨 때는 쉬는 시간이 빨리 올까 봐(예를 들면 시험 전 마지막 수업 때) 짧게 남은 수업 시간에 초집중해본 경험이 있을 것이다. 혹은 오래달리기를 하다가 마지막 짧은 거리를 앞두고는 갑자기 힘이 생겨서 온 힘을 다해 달려본 적도 있을 것이다. 왜 그럴까?

바로 지금 당장의 이익이 되는 '휴식'이 가시적으로, 그리고 구체적으로 보이기 때문이다. 인간은 본능적으로 먼 미래보다는 지금 당장의 혜택을 누리고 싶어 하기 때문에 당장 눈앞에 혜택이 있으면 나도 모르게 숨겨두었던 에너지가 발휘된다. 그렇기 때문에 뭔가에 집중해야하는 상황, 혹은 일에 집중이 안 되는 상황이 있다면 스스로에게 줄 실질적인 혜택을 마련하고 그 활용 방안에 대해 생각해보는 편이 더 합리적일 것이다.

그 대표적인 시간 관리 기법이 바로 뽀모도로Pomodoro 기법이다. 뽀모도로 기법은 1980년대 후반 프란체스코 시릴로Francesco Cirillo가 고안했다. 타이머를 이용해 25분간 집중해서 일을 한 다음 5분간 휴식하는 방식인데, 이렇게 일 한 번, 휴식 한 번으로 이뤄진 사이클을 뽀모도로라고 부른다. 굉장히 단순해 보이지만 하루를 아주 유용하게 활용하는 데 매우 효과적이다. 그리고 직접 새로운 혜택을 만들어낼 수도 있다. 예를 들면 4번의 뽀모도로를 완성하면 긴 휴식을 제공한다는 규칙이다. 그리고 하루에 몇 개의 뽀모도로를 사용했는지에 따라 내가 하루를 얼마나 생산성 있게 보냈는지 되돌아볼 수 있다.

스스로 규칙을 만들어 성공률 높이기

무언가 일을 해내기 위해서는 보통 목표를 세우고 세부 과제를 정한다. 심리학에서는 이 행동을 '목표의도Goal Intention'라고 말한다. 일차원적이고 단순한 작업이다. 하지만 더 잘해내기 위해서는 이보다 더 고차원적인 의도가 필요하다. 그것은 바로 '실행의도Implementation Intention'이다. 실행의도는 단순히 목표를 세우는 것이 아니라 목표를 정할 때 그것을 언제 실행에 옮길지, 어디에 있을 때 수행할지 구체화한다면 실행률이 높아진다는 이론이다. 예를 들어 '나는 책을 읽을 거야'라는 목표의도를 '저녁을 먹고 난 다음에는 책을 읽을 거야' 또는 '나는 지하철을 타고 이동할 때는 책을 읽을 거야'와 같이 구체화하는 방법이다.

로버트 포즌Robert Pozen이 쓴 《그는 어떻게 그 모든 일을 해내는가(Extreme Productivity)》라는 책에서는 OHIO 규칙을 말하고 있다. '한 번에 한 가지만 하라Only Handle It Once'는 뜻으로, 예를 들면 이메일을 열 때 '지금 답장을 쓰거나, 지우거나' 둘 중 하나만 결정한다. 중간은 없다는 생각으로 말이다. 이런 사례처럼 여러 가지 규칙을 만들어 스스로 적용한다면 지긋지긋한 미루기 습관을 어느 정도 고칠 수 있을 것이다.

동서고금을 막론하고 계획을 지키는 일은 누구나 어렵다. 그리고 미래를 위해서 현재의 시간과 노력을 투자하는 것 역시 매우 어려운 일이다. 사람은 당장의 즐거움과 당장의 욕구 충족을 추구하는 태생적인 본능이 있기 때문이다. 그렇기 때문에 '나는 왜 이렇게 의지가 없지?'라고 자책하지 않아도 괜찮다. 다만 남아있는 생을 위해서는 의지를 조금씩 높여야 한다는 점, 그리고 가능하면 노력하자는 다짐이 필요할 뿐이다. 혹시 일단 미루는 습관 때문에 당신의 워라밸도 계속 미뤄지고 있는 것은 아닐까?

몰입으로 효율성과 행복도 높이기

몰입(flow)

창조적인 성취감과 고조된 기능에서 오는 만족스럽고 기운찬 느낌, 낙관적인 자세로 주변 세계에 깊이 열중하는 것, 삶이 고조되는 순간에 물 흐르듯 행동이 자연스럽게 이루어지는 느낌

- 심리학자, 미하이 칙센트미하이(Mihaly Csikszentmihalyi)

어린 시절을 되돌아보면 친구들과 신나게 놀다가, 혹은 자기가 좋아하는 일을 하다가 꼭 해야 할 일을 잊어버린 적이 있었을 것이다. 예를 들면 심부름 가는 길에 친구들과 만나서 놀다가 그냥 집에 왔다거나, 아침 일찍부터 무언가 재미있는 일을 하다가 갑자기 정신을 차려 보니 늦은 오후가 되었던 상황 말이다. 그리고 어딘가에 열정을 쏟고 있는 사람이라면 이런 경험을 성인이 되고

나서도 종종 겪어보았을 것이다. 이를 심리학 용어로 '몰입'이라고 한다.

몰입은 2가지로 구분한다. 나도 모르게 너무 재미있어서 하게 되는 자발적 몰입, 어찌 되었든 꼭 해야 하는 일이기에 효율적으로 끝내려고 노력하는 수동적 몰입이다. 앞에서 말한 유년 시절에 겪었던 몰입들은 자발적 몰입일 테고 우리가 지금 살아가면서 하게 되는 몰입은 수동적 몰입이 더 많을 것이다.

굳이 설명하지 않아도 누구나 짐작하겠지만 위 2가지 몰입 중 더욱 기분 좋은 것은 자발적 몰입이다. 몰입을 하기 위한 핵심은 바로 '주의 집중'이다. 집중을 하지 못하는 상황에서는 나의 에너지가 몰입을 방해하는 외부의 자극으로 옮겨가려 하고, 결국 몰입은커녕 어떤 일도 마무리하지 못하게 된다.

이처럼 몰입이란 살아오면서 학습된 주의 집중이 반복된 결과다. 살아오면서 자발적인 집중을 해본 경험이 많은 사람과, 반대로 주변의 모든 자극들에 일일이 반응하고 집중을 분산시키면서 살아온 사람의 몰입은 같을 수가 없다는 뜻이다. 스스로 무언가를 선택하고 그에 집중할 수 있는 사람은 자기주도성이 높다고 할 수 있다. 이러한 사람은 당연히 더욱 활력이 넘칠 수밖에 없고, 내적 동기 역시 매우 높다. 그리고 이러한 사람은 결국 자신의 분야에서 성공하거나, 자신이 원하는 주도적인 삶을 살게 될 확률이 높다. 무언가에 주의를 기울이고, 집중하고, 몰입하는 것은 자신의 주도적인 삶과 능동적인 행복을 개척해나가기 위해서 반드시 필요하다.

몰입의 상태란?

심리학자들은 몰입에 빠진 상황을 '플로우flow'라고 표현한다. 단어의 뜻 그대로 자신이 좋아하는 무언가를 경험하고 이에 몰입하게 되는 그 순간은, 마치 물결을 따라 모든 일들이 자연스럽게 해결되는 느낌을 받기 때문이다. 흐르는 강에 튜브를 타고 앉아있으면 물결의 흐름에 따라 자연스럽게 하류로 내려가는 이치처럼 말이다. 몰입에 빠지면 자신도 모르는 능력이 나타나게 되고, 최고조 상태가 되면 신체적, 정신적 에너지가 몸과 두뇌에서 흘러나오면서 자신도 모르게 무언가의 일을 척척 해내곤 한다.

또한 몰입을 했을 때에는 시간의 개념이 뒤바뀌기도 한다. 몰입의 순간에는 시간이 흐르지 않거나 천천히 가는 느낌과 함께 내가 보고 있는 대상은 더욱 또렷해지고, 그 외의 주변은 배경처럼 멈춰있는 느낌을 받게 된다. 몰입을 경험해본 사람은 모두 뚜렷하게 설명하기는 어렵지만 말로 표현하기 힘든 생경한 느낌이라 말한다. 그리고 그 느낌은 몰입이 끝나고 나서까지도 매우 짜릿하게 감각 속에 남아있게 된다.

심리학자 칙센트미하이는 이처럼 설명할 방법이 없던 몰입 상태를 '플로우'라는 이름으로 명명하고 플로우에 빠질 때 나타나는 현상을 정리했다.[10] 행동하는 것과 자각이 분리되지 않고 통합되며, 나와 과제에 대해 통제감과 자신감을 느끼게 된다. 자의식이 사라져 두려움이 사라지고 자기 경계가 넓어지며, 과제에 대한 집중력 또한 높아진다. 그리고 플로우 상태에서는 시간이 빠르거나 또는 천천히 흐르는 것처럼 느껴진다고 한다. 무엇보다도 몰입했을 때에는 하고 있는 활동 그 자체가 목적이 된다. 최근 이렇게 몰입해본 적이 있는가?

몰입하는 사람은 행복할 가능성이 높아요

자발적 몰입은 매우 즐거운 일이다. 그것이 공부든 운동이든 취미활동이든 간에 몰입을 한다는 것, 그리고 자주 경험한다는 것은 만족감이나 행복감에 분명히 긍정적인 영향을 준다. 이와 관련하여 몰입이 행복에 영향을 준다는 사실을 밝힌 연구가 있다.[11] 하버드대학교의 매튜 킬링스워스Matthew killingsworth는 '행복 추적Track Your Happiness'이라는 경험 샘플링 앱을 설계해서 1만 5,000여 명의 사람들을 아이폰으로 추적했다. 연구 방법은 하루 중 아무 때나 앱을 통해 신호를 보낸 다음, 그들에게 신호를 받기 전 순간적인 경험에 대해 3가지 질문을 던지는 방식이다.

첫 번째 질문은 행복에 대한 질문으로 지금 기분이 어떤지를 체크하고, 두 번째 질문은 활동에 관한 질문으로 22가지로 구분된 설문 항목 중 어떤 활동을 하고 있는지 조사한다. 마지막 질문은 '딴생각'에 관한 질문으로 현재 자신이 하고 있는 활동과 관련된 생각을 하는지 혹은 딴생각을 하는지를 물었다.

앱을 통한 연구는 2009년 이후로 60만 개 이상의 데이터가 생성됐고 역대 행복에 관한 연구 중 가장 큰 규모였다. 이 역대급 규모의 연구 결과를 살펴보면 흥미로운 점을 발견할 수 있다. 첫 번째, 사람들은 하루 중 절반가량을 쓸데없는 잡생각으로 보낸다는 점이다. 그리고 이 잡생각은 기분을 우울하게 만든다. 잡생각이 긍정적일지라도 우리의 기분에 긍정적인 영향을 주지는 않았다. 두 번째, 무언가 행동하는 그 순간 딴생각을 하지 않고 지금 하고 있는 행위에 몰두할 때는 행복감이 커졌다. 즉 어떤 일을 하더라도 잡생각을 하느냐, 하지 않느냐가 행복감을 크게 좌우한다는 것이다.

내가 천재가 아니었던 충격적인 이유

스위치를 켜고 끄듯이 몰입을 내 마음대로 조절하기는 어렵다. 하지만 일상생활 속에서 몰입의 중요성을 알고 그 방법을 익혀간다면 우리 삶은 훨씬 더 건강하게 바뀔 수 있다. 사실 몰입이 얼마나 어려운지는 석학들이나 대성한 과학자, 기업인들의 일화를 봐도 알 수 있다.

만유인력의 법칙을 발견한 뉴턴에게 누군가 어떻게 그 법칙을 발견했느냐고 묻자 이렇게 대답했다고 한다. "나는 내내 그 생각만 하고 살았소." 실제로 뉴턴은 밥도 먹지 않고 만유인력의 법칙과 관련된 생각만 했다고 한다. 아인슈타인Albert Einstein 역시 "나는 몇 달이고 몇 년이고 생각하고 또 생각한다. 그러다 보면 99번은 틀리고 100번째가 되어서야 해답을 찾을 수 있게 된다"고 말했다. 혼다의 창업주인 혼다 소이치로本田宗一郎 회장도 저서에서 "나는 기술밖에 몰랐다. 아이디어가 떠오르면 잠자는 것도 잊었다. 엔진을 생각하면 머릿속에서 엔진이 돌아가 멈추지 않았다. 그래서 잠을 잘 수가 없었다"고 말했다. 세계적인 투자자인 워런 버핏Warren Buffett도 "나는 하루 24시간 내가 투자한 회사에 대해서만 생각한다"고 말한 적이 있다.

이처럼 천재적인 재능을 발현한 사람들은 공통적으로 불가능한 수준의 몰입을 거의 매일 하고 있었기에 위대한 결과를 창출할 수 있었다. 그렇다면 어떻게 이 정도의 몰입이 가능했을까? 이들의 몰입은 물질적 보상 때문이 아니었다. 그들의 몰입은 목표, 성취 등과 같은 자신의 만족과 기준에 따라 이루어진 것이다. 그들은 몰입이 주는 성취감, 그리고 스스로가 발전하는 모습에서 쾌감과 행복을 느꼈기 때문이다.

회사일,
몰입 안 한 게 아니라 못 했을 뿐

게임에 쉽게 중독되는 이유는, 게임은 단계가 올라갈수록 어려워지기 때문이다. 너무 쉬운 게임은 지루해서 질리게 되고, 반대로 너무 어려운 게임은 좌절감이 느껴져 하기 싫어진다. 이처럼 뭔가에 흥미를 느끼고 몰입하기 위해서는 도전이 가능해 보이는 과제가 주어져야 하고, 그 과제를 감당하고 해결할 수 있는 능력이 있어야 한다. 또 그것을 수행해나갈 때마다 단계별로 즉각적인 보상이 있어야 한다. 이를 심리학에서는 '점진적 난이도Progressive Difficulty'라 부른다. 몰입은 게임처럼 체계적으로 구성된 환경에서는 잘 발현되지만, 우리가 정작 몰입을 필요로 하는 곳, 직장에서는 반대의 현상이 일어난다.

사실 회사는 절대 몰입할 수 없는 구조를 갖추고 있다. 회사는 기본적으로 효율성을 추구한다. 그러다 보니 모든 일은 효율성에 기반한 시스템에 따라 움직이고, 창의성보다는 현재의 시스템에 적합한지를 먼저 따진다. 그리고 연차가 쌓여갈수록 업무에 대한 이해도 및 해결 능력이 발전하기에, 완전히 새로운 도전을 해야 하는 상황보다는 업무 해결의 효율성을 더 필요로 하는 상황이 많아진다. 결국 자신의 능력을 더 많이 발휘해야 하고, 현 수준을 뛰어넘는 수준의 업무가 지속적으로 나타나지 않는 이상 연차가 쌓일수록 직장에서 몰입에 빠질 가능성은 낮아질 수밖에 없다.

직장에서의 몰입은 국가별로도 큰 차이를 나타내고 있다. 2013년 갤럽에서 실시한 연구 조사에 따르면 우리나라의 직장 몰입도는 하위권 수준으로 조사되었다. 세부적으로 '업무에 몰입하는 직원'의 비율이 11%인 반면 '몰입하지 않고 대충 일하는 직원'이 67%, '적극적으로 몰입하지 않고 방해가 되는 직원'이 23%에 달했다. 반면에 최상위권에 자리한 미국은 각각의 비중이 30%, 52% 그리고 18%로 상대적으로 높은 몰입도를 보여주었다.

어떻게 몰입할 수 있을까요?

❶ 기술과 도전의 조합이 전제되어야

칙센트미하이는 몰입을 위해서는 2가지 조건이 적절하게 갖춰져야 한다고 말한다. 2가지 조건은 바로 '기술'과 '도전'이다. 보통 사람들이 몰입하기 쉬운 활동인 운동을 예로 들어보자. 운동을 즐기고자 하면 적당한 기술을 갖춰야 한다. 골프를 치는 자세라든지, 축구에서 공을 다루는 기술이라든지 말이다. 물리적 기술뿐만 아니라 적당한 심리적 기술도 필요하다. 상대방과의 기 싸움이나 전략을 미리 알아채는 것 역시 기술이다. 하지만 이러한 기술이 적당한 수준을 넘어 '매우' 뛰어나다면 몰입할 수 없는 상태가 된다. 매번 이기는 스포츠 경기만큼 지루한 것이 없기 때문이다. 그래서 기술이 익혀지는 만큼 도전이 필요하다. 나와 비슷한 수준의 기술을 가진 상대방, 혹은 내가 뛰어넘어야 할 경쟁자가 있다면 다시 목표가 생겨 운동에 몰입할 수 있게 된다. 반대로 도전 상대를 도저히 넘을 수 없다면, 이 역시도 몰입할 수 없는 상황에 해당된다.

결론적으로 몰입을 위해서는 기술과 도전이 적절히 조합되어 있어야 하고, 그렇기에 몰입이 잘 되지 않는 상황이라면 이 2가지 조건을 두고 분석해볼 필요가 있다. 몰입하고자 하는 과제가 지루하게 느껴진다면 기술보다는 목표를 높여야 하고, 과제가 버겁게 느껴진다면 목표를 낮추고 기술을 익혀야 한다.

❷ 정신적 에너지를 관리해 본 적 있나요?

몰입을 위해서는 당연히 시간적·육체적·정신적 에너지를 사용할 수밖에 없다. 하지만 우리가 하루 동안 사용할 수 있는 에너지는 한정돼있다. 그렇기 때문에 에너지를 어떻게 쓸 것인지 고민 없이 낭비하고 나면 정작 중요한 시간에 써야 할 에너지는 적어져버린다. 시간이나 육체적 에너지처럼 물리적인 부분은 생존을 위해 특정 양이 필수적으로 사용되기 때문이다. 반면 정신적 에너지는 그나마 절약이 가능하다. 외부의 간섭 없이 온전히 주도적으로 사용할 수 있기 때문이다. 하지만 대부분의 사람들은 정신적 에너지를 아껴야 한다는 생각 자체를 잘 하지 못한다. 정신적 에너지에 대한 인식이 아예 없는 것이다.

예를 들어 오후에 중요한 운동 시합이 있다면 보통 오전에 컨디션 조절을 위해 육체적 활동을 최대한 자제한다. 그리고 최적의 몸 상태를 만들기 위해 긴장을 푸는 등 워밍업도 한다. 하지만 오후에 중요한 회의나 발표가 있는 경우에는 어떤가? '오전에는 최대한 잡생각을 줄여서 오후에 정신적 에너지를 극대화해야겠다'는 결심이나 생각을 할까? 아마 그렇지 않을 것이다.

정신적 에너지를 무시해서는 안 된다. 하루에 섭취하는 에너지의 열량 중 20%는 두뇌의 에너지원으로 사용된다. 약 1,400g밖에 되지 않는, 체중의 2%만을 차지하는 두뇌가 우리가 섭취하는 에너지의 20%를 잡아먹는다고 생각하면 대단하지 않은가? 어떤 생각을 하게 되면, 뇌는 자동으로 몸에도 반응을 일으킨다. 걱정거리를 생각하게 되면 자연스럽게 심장이 더 빨리 뛰고, 심장이 빨리 뛰면 온몸의 피가 평소보다 더 빨리 순환된다. 피가 빨리 순환되면 온갖 장기가 평소보다 빠르게 움직이게 되면서 체온이 올라가거나 땀을 흘리게 되는 등 실질적인 변화까지 일어난다. 우리의 '생각'이 그저 별 노력 없이 머릿속에서만 빙빙 도는 것은 아니라는 뜻이다. 마인드 컨트롤을 통해 정신적 에너지를 관리하는 노력과 연습이 쓸데없이 소모되는 에너지를 줄이도록 도울 것이다. 이렇게 모아진 에너지는 다른 몰입에, 또는 워라밸을 위해 활용할 수 있는 큰 동력이 된다.

주변의 사소한 변화가 만드는 활력

> "남들이 나를 천재형이라고 말한다지만 그렇게(천재형으로) 보여지기 위해서 얼마나 많은 숨은 노력을 했겠는가. 그런 것은 아무도 이야기하지 않는다. 기술적인 운동은 타고난 천재성만으로 되는 경우도 있다. 하지만 마라톤은 그게 통하지 않는 운동이다. 노력이 바탕에 깔리지 않는다면 절대로 안 되는 것이 마라톤이다."
>
> — 마라토너, 황영조

오래달리기를 해보면 첫 출발 후 1km에 비해 마지막 1km가 특히 엄청나게 길게 느껴진다. 또한 똑같은 폭의 길을 걷더라도 높은 곳에서 걸을 때의 느낌과 낮은 곳에서 걸을 때의 느낌은 아주 다르다. 높은 곳에서는 길의 폭이 더 좁게 느껴져서 더 많은 불안감을 느끼게 된다.

이처럼 우리의 마음은 실제와는 상관없이 내 상황에 따라 다르게 인지하고 해석하는 '지각 왜곡Perceptual Distortion'이라는 특성을 가지고 있다. 그렇기 때문에 우리는 세상을 있는 그대로 바라보고 해석하는 것이 아니라 처한 상황에 따라 다르게 보고, 생각하고, 살아갈 수밖에 없다. 워라밸도 마찬가지다. 워라밸을 지킨다는 것은 워크에만, 또는 라이프에만 집중하는 게 아니다. 현재 내가 처한 상황에 따라 가끔은 워크를 위해 라이프와, 때로는 라이프를 위해 워크와 싸워야 한다.

행동유도성Affordance이란 어떤 형태나 이미지, 혹은 속성이 특정한 행위를 유도하는 힘 또는 성질을 말한다. 어떤 물건과 사람 사이에서 특정한 경험, 또는 관계에 따라 반응하는 정도가 다르다는 것, 그리고 이에 대한 연계성을 의미한다. 행동유도성은 우리가 인지하지 못하는 사이에 삶과 생활에 깊숙이 관여하고 있다. 예를 들면 잘 익은 과일의 붉은색을 보면 그 과일을 따고 싶은 충동이 생긴다. 무거운 가방을 메고 산을 오르게 되면 같은 언덕일지라도 더욱 가파르게 인식하게 되고, 같은 거리에 있는 물건이라도 내가 필요로 한다면 더 가깝게 느껴진다. 이런 현상은 모두 행동유도성에 따라 나타나는 반응이다. 행동유도성을 이용하면 우리가 무엇을 어떻게 바꾸느냐에 따라 세상을 바라보는 방식이나 행동이 변할 수도 있다.

지각은 우리의 생각을 현재 상황에 적절하게 바꿔서 맞춤화한다. 그렇기 때문에 본능적으로 상황을 어떻게 더 잘 활용할 수 있을지 생각하고, 이러한 경험이 축적되면서 진화한다. 행동유도성은 우리의 생존이나 본능과도 매우 연관이 있다. 남성의 이성에 대한 선호 연구를 보면 배가 고플 때는 덩치가 큰 여성을 선호하지만, 배가 부른 경우에는 날씬한 여성을 선호한다고 한다.[12]

이는 인류가 곤궁한 시기를 겪으면서 건강한 여성이 번식에 더 유리하다는 걸 알게 되었고, 그에 영향을 받아 진화해왔기 때문이라고 추정할 수 있다. 지금도 가난한 지역은 그렇지 않은 지역보다 더 몸집이 풍만한 여성을 이상적으로 여긴다는 사실을 보면 알 수 있다. 또한 위험을 느끼는 물건이라면 다른 물건과 동일한 거리에 있어도 더 가깝게 느끼고, 더 큰 의미로 받아들인다. 이 역시도 생존과 관련된 행동유도성으로 이해할 수 있다.

내 주변의 모든 것은
행동유도성을 담고 있습니다

문을 열고 나가려고 당겼는데, 열리지 않아 부딪친 경험이 있을 것이다. 그 문은 분명 당겨야 열릴 것같이 생겼는데, 밀어야 되는 문이었던 적도 종종 있을 것이다. 이처럼 우리가 일상에서 사용하는 물건도 사람과 상호작용을 한다. 모양이나 형태의 느낌 등으로 말이다. 그렇기 때문에 행동유도성은 특히 디자인 관련 분야에서 많이 연구되고 활용된다. 물건은 쓰이기 위해 만들어진다. 아무리 획기적인 기술력을 갖추고 있고 수려한 디자인을 뽐내고 있더라도 사람들이 쉽게 인식하지 못하거나, 그 물건이 무엇을 위해 만들어졌는지 쉽게 알 수 없다면 아무 의미가 없다.

유리는 깨고 싶게 만들거나, 반대로 조심하도록 만드는 행동유도성을 가진다. 또한 평평하고 넓고 텅 비어있는 벽면은 누군가에게 낙서를 하고픈 충동을 일으키기도 한다. 돌출되어있다면 만지거나 누르고 싶어진다. 어느 나라를 가든 누드 동상의 가슴이나 엉덩이 같은 부위는 사람들이 너무 많이 만져, 그 부분만 허옇게 색이 바래있는 걸 볼 수 있다. 역시나 행동유도성으로 인한 현상이다. 이와 같이 특정한 재료, 질감, 모양이 사람들에게 그에 적합한 특정 행동을 유발하는 것은 본능적이다. 그러므로 전자제품, 가구, 넓게는 건축과 공공 환경 조성 등에 있어서도 행동유도성을 유념하며 디자인해야 한다.

몇 년 전 한 지방에서 공연을 관람하기 위해 환풍구 위에 올라갔던 사람들이 단체로 추락한 사고가 있었다. 사건이 처음 일어났을 때에는 대부분 개인의 부주의를 탓했다. 그러나 시간이 지나면서 환풍구의 디자인에 행동유도성 개념으로 접근하면서 디자인 자체가 애초에 잘못되었다는 의견도 생겨났고, 많은 공감을 이끌어냈다. 누구나 활용할 수 있는 공공의 물건이나 시설이라면 그 생김새만 봐도 직관적으로 무엇인지 알아차리도록, 그리고 원래 의도한 행동을 유발하도록 행동유도성에 대해 더 많은 고민이 필요하다. 이제는 워라밸을 방해하는 행동유도성이 주변에 숨어 있지는 않은지 점검해볼 때다.

내가 머리가 나쁜 게 아니었다니!

인간이 특정한 모양과 환경에 자동적으로 반응한다면, 반대로 어떤 상황이나 모습을 인위적으로 만들어냈을 때 자기 자신을 스스로 속일 수 있다는 논리도 성립한다. 즉 각자의 목적에 알맞게 주위의 환경을 변화시켜 바람직한 행동들이 더 많이 일어날 수 있도록 하고, 반대로 줄이고 싶은 행동은 감소 또는 소멸되도록 할 수도 있다는 뜻이다. 심리학에서는 이를 '행동수정Behavior Modification'이라고 부른다. 쭉 뻗은 복도를 보면 아이들은 무조건 달리게 된다. 이러한 아이들의 행동유도성을 살피지 못한 채 야단만 치면 행동은 쉽게 고쳐지지 않는다. 무조건 야단치기보다는 복도 정 가운데에 커다란 화분을 두는 등의 환경 변화가 더 효과적일 수 있다. 또, 책을 많이 읽고 싶다면 단순히 집 안에 책장 개수를 늘리거나 책 읽기에 적합한 가구를 배치하는 것 같은 작은 변화만으로도 자연스럽게 책을 읽어야 한다는 생각을 가질 수 있다.

지금까지 많은 실험들이 환경이 우리의 사고에 영향을 미친다는 걸 입증해왔다. 대표적으로 라비 메타Ravi Mehta 교수와 주 루이Zhu Rui 교수의 실험이 있다. 그들은 창의적 과제 수행 결과 역시도 환경에 따라 달라질 수 있다는 것을 밝혀냈다.[13] 실험 방법은 학생들에게 컴퓨터를 활용하는 과제를 내고, 한 집단에게는 빨간색 배경화면을, 다른 집단에게는 파란색 배경화면을 설치한 컴퓨터를 배정하는 것이었다. 이 결과 파란색 배경화면의 컴퓨터에서 과제를 수행한 집단은 '창의'와 관련된 항목에서 우수한 과제 수행 결과를 보였고, 빨간색 배경화면의 컴퓨터에서 과제를 수행한 집단은 '기억력'과 관련된 과제를 잘 수행했다고 나타났다. 왜 그랬을까? 이는 색깔이 주는 이미지가 우리 사고와 행동에 영향을 미쳤기 때문이다. 파란색이 주는 도전이나 탐구와 관련된 이미지가 창의력에 영향을 주었고, 빨간색이 주는 주의나 경고의 이미지가 학생들에게 실수하면 안 된다는 압박을 주었기 때문이라고 한다. 이처럼 행동뿐 아니라 생각하는 방법과 결과까지도 다양한 환경의 지배를 받고 있으며, 그 영향력은 내가 눈치채지 못하는 사이에 이루어지고 있다.

하지만 행동유도성은 사람마다 차이가 있다. 즉 행동유도성을 염두에 두고 설계된 물건일지라도 누군가는 제작자가 의도한 대로 사용하고, 또 다른 누군가는 자신만의 생각으로 새롭게 활용할 수도 있다. 앞에서 말한 복도 가운데에 갖다놓은 커다란 화분을 보고 깨뜨리지 않기 위해 조심히 지나가는 아이들도 있겠지만 오히려 그 화분을 '재미있는 장애물'로 인식하고 더 세게 뛰어 화분을 뛰어넘으려는 아이도 있다는 것이다. 두 아이 중 누가 옳고 그

른지는 판단할 수 없다. 하지만 누가 두뇌를 더 고차원적으로 쓰고, 누가 더 일차원적으로 쓰는지는 알 수 있다.

행동유도성에 많이 의존하고, 누군가의 행동유도에 잘 걸리는 사람은 그렇지 않은 사람에 비해 상대적으로 두뇌를 나태하게 쓰고 있는 것이다. 하지만 이러한 나태함은 개인의 문제는 아니다. 각자의 성격이나 성향 차원의 문제라기보다는 인간의 본능 때문이라고 보아야 한다. 왜냐하면 우리 몸과 뇌는 일정한 에너지로 움직이기 때문에 사용하는 에너지를 최소화하는 알고리즘이 내재되어 있고, 따라서 누구나 가급적 익숙한 상황을 찾아 에너지 사용을 줄이려고 하기 때문이다.

하지만 익숙하지 않은 상황에서 본능적으로 익숙함을 찾는 대신 어떻게 행동할지 고민하는 경우가 발생하기도 하는데, 바로 '인지 정보'가 있을 때이다. 정보가 뇌에 들어오면 자연스럽게 이전에 갖고 있던 정보와 비교하고 분석하게 된다. 그리고 이를 통해 익숙하지 않은 상황으로의 변화를 이끌어낼 수도 있다. 그러나 매번 행동 변화를 위해 정보를 습득하고 비교 분석하는 절차를 겪기는 불가능하다. 아니, 피곤하다. 그래서 나온 대안이 환경을 변화시키는 것이다. 뇌는 환경만으로는 이를 정보라고 여기지 않는다. 예를 들어, 대형마트에서 계산대 앞에 있는 물건이나 진열대의 양 끝 가장 잘 보이는 자리에 있는 물건들을 보면 충동구매를 할 확률이 높다. 이는 고객들이 그 물건에 대한 정보를 잘 알고 있기 때문이 아니다. 제품이 놓여있는 환경이 구매라는 행동을 이끌어낸 것이다.

이는 곧 책상 위를 정리하는 것, 읽어야 하는 책을 눈앞에 두는 것처럼 단순한 환경 변화만으로도 원하는 행동을 유도하고 원하지 않는 행동은 억제시킬 수도 있다는 뜻이다. 우리의 두뇌는 본능적으로 나태함을 원한다. 두뇌를 이기기가 힘들다면, 환경에 변화를 줘서 극복을 도모해보는 것도 괜찮은 방법이다.

행동유도성을 깨뜨려
일상에 활력을 얻는 노하우

습관을 바꾼다는 것은 쉬운 일은 아니다. 습관을 바꾼다는 건 단순히 몸의 움직임만 바꾸면 되는 게 아니라 뇌의 반응까지도 바꿔야 하는 작업이기 때문이다. 그래서 습관을 바꿀 때 몸의 피로보다도 정신적인 스트레스가 더 크게 다가온다.

그럼에도 불구하고 생활을 변화시키고 싶다면 행동유도성에 종속되지 말고, 습관을 바꾸려고 지속적으로 노력해야 한다. 습관을 바꾸고 이를 통해 일상을 바꿀 수 있는 방법, 특히 새로운 준비물이나 별도의 시간을 낼 필요 없이 언제든 시도할 수 있는 간단한 변화 방법을 제시해봤다.

❶ 양손 활용하기

왜 오른손잡이가 많을까? 일상생활의 많은 물건들이 오른손잡이를 대상으로 행동유도성을 설계하였기 때문이다. 그래서 선천적인 왼손잡이도 오른손잡이가 되려고 노력하곤 한다. 하지만 최근에는 좌뇌와 우뇌를 모두 활용하기 위해 일부러 양손을 함께 사용하려는 사람들이 늘어나고 있다. 이러한 변화는 평소에 잘 사용하지 않는 감각기관을 일깨우고 활성화하는 데 좋은 계기가 된다. 특히 좌뇌와 우뇌를 고르게 활용하면, 뇌의 에너지가 더 커지기 때문에 다양한 문제 해결이 가능해진다. 이처럼 양손 활용만으로도 우리는 더 많은 복잡한 일을 해결할 수 있고, 또한 같은 일을 해결하더라도 에너지를 더 효율적으로 활용할 수 있다.

❷ 보폭 바꿔 걷기

인간이 다른 동물들과 다르게 문명을 이뤄낼 수 있었던 가장 중요한 이유는 두 발로 서서 걷는 직립 보행이다. 자유로워진 손 덕분에 여러 도구를 만들어낼 수 있었고, 도구들을 만들고 활용하게 되면서 뇌를 고차원적으로 사용하게 되었다. 그러면서 자연스럽게 뇌의 용적도 팽창한 것이다. 이처럼 걷기는 인간에게 중요한 의미를 가진다. 걸음걸이는 각자의 신체 조건과 걷는 상황에 맞게 효율적으로 설계되었고, 그 경험치가 쌓이면서 최적화된다. 그리고 걷는 데 소모되는 에너지는 하루에 활용하는 신체 에너지

중 절반 이상을 차지할 만큼 많다. 그렇기 때문에 이미 내게 최적화된 걸음걸이를 고의적으로 바꾼다는 것은 우리 몸에게는 굉장히 큰 변화다. 물론 그 반응이 내 신체에 긍정적일 수도, 부정적일 수도 있다. 그렇지만 경험치가 쌓여 익숙해진 리듬을 바꾸는 건 긴장감이 떨어져있는 신체에 새로운 변화를 주고, 따분한 일상에 좋은 자극제가 될 수 있다.

❸ 말의 속도와 톤 바꾸기

운동을 하면 몸의 근육이 발달하는 것과 마찬가지로 뇌 역시도 많은 자극을 주면 충분히 더 발달할 수 있다. 이를 증명하는 좋은 연구가 있다. 매일 머리와 등을 쓰다듬어준 쥐와 그렇지 않은 쥐를 비교했을 때, 매일 쓰다듬어준 쥐는 나무에서 새순이 돋아나듯이 뇌세포의 수상돌기에 가지가 지속적으로 증가하는 것을 관찰할 수 있었다고 한다. 이를 뇌유연성 Brain Plasticity 이라고 하는데 우리가 무엇을 듣고, 행동하고, 생각하느냐에 따라 뇌세포가 지금보다 더 발달할 수 있다는 의미다.

뇌유연성을 위해서 고의적으로 말의 속도나 톤을 바꿔보자. 언제 어디서든 손쉽게 할 수 있는 시도이다. 누군가와의 대화에서 아주 조금이라도 변화를 주면 함께 대화하는 상대에게 신선함을 줄 수 있고, 스스로에게 다양한 신체적, 정신적 자극을 부여해 삶의 활력을 높일 수 있을 것이다.

창의성을 위해
작은 불편이 필요할 때

> 창의력을 다 써버릴 수는 없다.
>
> 창의력은 사용할수록 계속해서 더 생겨난다.
>
> – 오스카 와일드 Oscar Wilde

하버드대학교에서 수행한 인지반사실험은 우리에게 시사하는 바가 많다.[14] 간단하게 설명하자면 학생에게 편한 공간에서 부담 없이 3가지의 다소 어려운 문제를 풀게 하는 실험인데, 변수가 없는 일상적인 상황에서 3문제를 풀도록 했을 때 모두 맞힌 학생들은 전체의 단 10% 정도였다. 그런데 한 가지 변화를 주고 나니 엄청나게 다른 결과가 나타났다. 문제를 모두 맞힌 학생들의 비율이 무려 30%로 증가한 것이다. 그 한 가지 변화는 바로 동일한 문제를 풀도록 하되, 문제를 '읽기 어려운 악필'로 작성한 것이었다. 어떻게 문제를 작성한 필체만으로 이러한 변화가 나타날 수 있었을까? 이에 대한 해답은 바로 뇌의 작동 방식에서 찾을 수 있다.

우리의 뇌는 평소에 2가지 시스템으로 구분되어 활용된다. 쉽게 말하면 평상시 모드와 쉴 때 모드 2가지 시스템인데, 노트북의 '절전 모드'와 '최적화 모드'에 비유해볼 수 있다. 평소 우리 뇌는 절전 모드로 작동된다. 절전 모드에서는 간단한 문제에 즉시 답하거나 직관적으로 판단할 수 있는 문제처럼 어렵지 않은 일들을 수행하게 된다. 반면 복잡한 문제를 해결해야 하거나 많은 집중을 필요로 하는 상황을 접하면 우리의 뇌는 바로 '최적화 모드'로 바뀌어 작동하게 된다.

이러한 뇌의 2가지 작동 방식은 상황을 맞닥뜨리면 자동으로 변환되는데, 이 변환을 좀 더 적극적이고도 빠르게 작동하도록 자극을 주는 방식이 바로 '인지 압박Cognitive Strain'이다. 즉 뇌가 최적화 모드로 빠르게 전환되고 그 상태가 지속되도록 특별한 장치를 마련하는 것이다. 위 실험에서의 인지 압박은 바로 '악필'이었다. 읽기 쉬운 글씨체였을 때 학생들은 절전 모드로 진입해 문제를 풀었기 때문에 정답률이 낮았지만, 읽기 어려운 글씨체를 맞닥뜨리면서 자동적으로 인지 압박이 발생되었고, 이를 통해 최적화 모드로 뇌가 전환되면서 앞 실험 때보다 더욱 신중을 기해 문제를 푼 것이다. 그로 인해 고차원적인 사고를 할 수 있었기 때문에 문제를 모두 맞힌 비율이 급격하게 높아질 수 있었다.

휴리스틱 사고의 시대

대부분의 사람들은 의사를 결정함에 있어 자신은 항상 최적의 해답을 만들어낸다고 착각한다. 그것은 말 그대로 착각이다. 우리는 현재 처한 상황이나 자신이 지니고 있는 지식들 그리고 지금 활용 가능한 뇌 에너지 사용량 등을 종합해 가장 이상적인 해답을 찾아내는 것이 아니다. 지금 현재 '현실적으로 만족할 만한' 수준의 해답을 만들어낼 뿐이다. 이를 표현하는 말이 바로 '휴리스틱Heuristics'이다. 휴리스틱은 의사 결정에 소요되는 인지적 부담감을 줄이기 위해 사용하는 방법으로, 고차원적인 사고보다는 자신의 경험에 기초하여 문제를 해결해내는 원리를 말한다. 휴리스틱은 신속한 의사 결정 상황에서는 도움이 될 수 있지만, 매우 개인적인 사고방식이기에 다양한 판단의 오류를 만들기도 한다.

우리는 휴리스틱을 활용해 사고하고 이를 통해 답을 찾아내는 상황을 일상에서 수도 없이 마주치게 된다. 일단 수학 문제처럼 논리적인 체계 속에서만 사고해야 하는 일들은 휴리스틱이 전혀 적용되지 않는다. 그 문제를 해결하고 답을 찾아낼 수 있는 명확한 알고리즘이 분명하기 때문이다. 하지만 '오늘 뭐 먹지?'와 같은 문제에는 어떤 알고리즘도, 정답도 존재하지 않는다. 이처럼 정답이 없는 수많은 문제를 마주하게 되고, 그나마 최적인 답을 만들어야 하기에 어쩔 수 없이 휴리스틱을 활용하는 것이다.

휴리스틱은 살아가는 데 있어 분명 필요할 때가 있다. 모든 상황에서 정해진 알고리즘대로 사고할 수는 없기 때문이다. 하지만 고차원적인 사고와 논리를 기반으로 정답을 찾아가는 것에 비해서 정확도가 떨어지는 방법임은 확실하다. 그리고 휴리스틱 사고를 하는 습관이 계속된다면 정말로 중요한 문제나 어려운 문제를 해결하는 순간에는 정작 어려움을 느끼게 되기도 한다. 시장경제는 '사람은 합리적인 선택을 한다'는 가정하에 설계되어있다. 하지만 과연 사람은 정말 항상 합리적인 선택만을 할까? 합리적인 선택만 해왔다면 우리의 삶은 더 윤택하고 부유했을 테지만, 현실은 그렇지 않다. 그 이유의 핵심이 너무 잦은 휴리스틱 사고에 있다.

이처럼 문제가 될 수도 있는 휴리스틱을 논리적 사고에 더해 아주 잘 활용한 예가 있다. MBC 〈무한도전〉의 '정 총무가 쏜다' 편에서 정준하는 약 10명이 무작위로 먹은 회전초밥의 최종 금액을 순식간에 계산해 근사치를 맞힌다. 알고리즘을 활용한 정확한 계산이 불가능한 상황이었기에 정준하는 회전초밥집에서 식사를 했던 자신의 경험을 기반으로 휴리스틱 사고를 했고, 정답에 가까운 근사치를 도출해내 모두를 놀라게 했다.

알고리즘: (2,000원짜리 접시 ×a개) + (3,000원짜리 접시 ×b개) + …
정준하의 휴리스틱: 접시가 한 200개 되는 것 같다. 그중 절반은 (가격대의) 절반으로 따지면 한 5,000원 정도다. 거기에 나머지는 1,500원, 4,000원 이런 접시가 많다.

만약 정준하가 그저 웃음거리로 가격을 맞히려 했다면 회전초밥의 가격을 그렇게 근사치로 셈할 수 있었을까? 금전적 손해와 아주 직접적으로 연관된 상황이었기 때문에, 경험에 기반한 휴리스틱을 활용하되 자신 나름의 알고리즘을 기반으로 논리적인 사고를 했기에 맞힐 수 있었다고 본다. 우리의 평상시 사고방식인, 쉽게만 생각하는 휴리스틱은 장점과 단점이 분명하게 존재한다. 그렇기에 우리는 휴리스틱을 사용하고 있다는 것을 언제나 자각해야 한다. 그리고 어떤 상황에서든 휴리스틱으로만 사고하면 안 된다. 내 삶과 직결된 워라밸도 마찬가지다. 그저 지금까지의 경험만 생각하며 불가능하다고 단정 짓고 있는 건 아닐까? 좀 더 논리적으로, 체계적으로 생각해볼 필요가 있다.

일상생활 속의 불편함, 그리고 긍정적 변화

인간은 누구나 본능적으로 편안하고 안락한 삶을 원한다. 하지만 우리가 추구하는 편안함이라는 것이 과연 '자발적인 편안함'

인지, 아니면 '강요된 편안함'인지 생각해볼 필요가 있다. 우리의 신체는 경쟁이 아니라 생존을 위해 살아오면서 진화해왔기 때문에 어쩌면 편안함과 안락함보다는 위험을 회피하고, 생존에 적합한 환경을 찾기 위해 몸을 활용하는 것에 익숙할지도 모른다. 그저 아무 움직임과 생각이 없는, 편안하기만 한 상태는 우리 인류가 몇 만 년간 생존을 위해 살아온 기간에 비한다면 아주 티끌 같은 짧은 시간일 수도 있다. 편안한 상태가 우리 몸에 좋지만은 않다는 이야기다.

미국 실리콘밸리의 혁신적인 기업에서부터 시작된 스탠딩 standing 책상 활용은 이제 많은 기업에서 일반화되었다. 스탠딩 책상의 효과는 연구와 경험을 통해 점점 더 많이 증명되고 있다. 인류학자들 역시도 '인간은 일어서있고 또한 걷도록 고안되어있다'고 말한다. 그렇기 때문에 앉아서 편안하게 일하는 것보다 서서 일하는 것이 창의력 발휘 측면에서 더욱 도움이 된다고 한다.

우리나라에서도 창의성이나 새로움을 중시하는 기업들은 이러한 스탠딩 문화를 벤치마킹하곤 한다. 스탠딩 책상 이용은 컴퓨터를 활용하는 대부분의 업무 상황에 매우 적합하고, 앉았다 일어날 필요 없이 자유롭게 오갈 수 있게 되니 더 효율적으로 의사소통할 수 있다. 물론 건강에도 좋은 영향을 준다. '더 안락하게, 더 편하게, 생산성이 높도록'을 선호하며 비싸고 좋은 의자를 선호했던 것과는 달리 인간의 몸은 사실 약간의 불편함을 원하고 있었다. 학창 시절 선생님들은 알고 계셨다. "졸리면 뒤에 나가서 공부해!"라고 말씀하신 선생님의 큰 뜻을 이제야 좀 알 것 같다.

또한 좀 더 이야기해야 하는 주제는 소음이다. 일반적으로 소음은 신체와 정신 건강에 부정적인 영향을 미친다고 여긴다. 세계보건기구WHO에서도 소음이 개인의 신체적·정신적·사회적 기능을 일시적 또는 장기적으로 저하시킬 수 있다고 경고한다. 하지만 '백색소음White Noise'이 대중적으로 알려지면서 소음에 대한 사람들의 의견은 점점 다양해지고 있다.

백색소음은 넓은 주파수를 유지하지만 특정한 패턴을 가지지 않는 소음으로, 사실 일상생활에 방해가 되지는 않는다. 백색소음은 일상생활에 녹아들기 때문이다. 마치 여러 가지 빛을 섞게 되면 결국 흰색이 되는 것과 같은 개념으로 이해하면 쉽다. 이는 특정 주파수를 유지해서 결국 사람들의 귀를 자극시키고, 집중력을 분산시키는 '색상소음Color Noise'과는 구분된다.

백색소음은 우리의 삶에 도움이 되는 소음으로 널리 알려져 있다. 백색소음은 사람의 마음을 안정시켜 숙면을 도와주고, 스트레스 감소, 집중력과 암기력을 높이는 등 도움을 준다. 실제로 한국산업심리학회의 연구 결과를 살펴보면 백색소음을 들을 때의 뇌를 분석해본 결과 정적 상태보다 집중력은 47.7%, 기억력은 9.6% 향상되고 스트레스는 27.1% 감소했다고 한다. 또한 같은 양을 공부하더라도 그를 위한 학습 시간도 13.6%나 단축되는 효과를 보였다고 한다. 신체적 변화는 정신적인 변화도 이끌어낸다. 호흡에 대한 집중력을 높여줌으로써 부정적인 감정을 다스릴 수 있도록 도와주고, 이러한 정신적 변화는 몸의 긴장을 줄여줘 두통이나 위장장애, 불면증을 개선시키며 신체에까지 긍정적인 효과를 미친다고 한다.

보통 동물들은 대개 자신에게 위협이 될 것 같은 소리에 매우 민감하다. 소리가 들리면 모든 신경이 곤두서게 되면서 그 소리에 엄청난 집중을 한다. 하지만 현대인들은 동물과는 다르다. 굳이 신경을 곤두세울 필요 없이 안정적인 환경에서 살아가는 우리에게는, 내 집중력을 빼앗기지 않는 범위 내에서 백색소음과 같은 적당한 소음으로 불편을 겪는 편이 도리어 도움이 되기도 한다.

무질서와
창의력의 관계

'무질서의 비용'이라는 경제학 용어가 있다. 사람들이 자신의 이익만을 추구하거나 타인에 대한 배려 없이 자신의 의지대로만 행동하게 된다면 사회의 전체 시스템 효율성이 낮아지게 되면서 결국 이로 인해 모두가 지불하게 되는 비용을 뜻한다. 결국 '무질서의 비용'이란 사회 전체의 효율성을 높이기 위해서는 사회와 시스템이 촘촘하게 잘 짜여있어야 한다는 의미를 담고 있다.

그런데 빠져나갈 구멍이 없는 촘촘한 시스템이 사회 구성원 모두에게 과연 정말로 도움이 될까? 모두가 그렇지만은 않을 것이다. 실제로 잘 짜인 시스템은 궁극적으로 우리의 삶과 사고를 그 시스템에 맞춰 어느 한쪽으로 계속 몰아가게 만들 수 있기 때문이다. 예를 들면 우리가 평소에 자주 활용하는 구글이나 페이스북 같은 온라인 세상은 '애드센스'나 페이스북의 마케팅 프로그램을 통해 우리가 모르는 사이에 사용자 정보 기반 프로그램인 'People-based Marketing' 등을 수행하고 있다. 그들은 사용자들이 모르는 사이에 사용자의 관심을 알기 위해 정보를 수집하고, 그렇게 모은 정보는 또 다시 나에게 전송한다. 광고나 맞춤형 서비스를 통해서 말이다. 그렇기 때문에 우리는 자연스럽게 원하는 정보의 범위를 벗어나지 못하고, 뭔가 새로운 정보를 찾아보려 하다가도 그럴 겨를도 없이 그들의 의도에 따라 유사한 정보만 받아들이게 된다. 내가 무언가를 사거나 지불하기 전까지 말이다. 심지어 최근 포털 사이트들은 개인 맞춤형 뉴스까지 제공하고 있어, 이제는 소비나 관심 분야뿐만 아니라 사상이나 정치적 견해까지도 편협해질 수 있는 상황에 이르렀다. 기술의 발전은 시간이 지날수록 더욱 촘촘하고 고도화된 알고리즘을 구축한다. 이제는 눈에 보이지 않는 또 다른 통제가 사회 전반에 깔려 나를 감시하고 있는 셈이다.

이러한 통제는 무질서의 비용을 감소시키는 효과는 있을지 몰라도, 개인의 혁신과 사회의 민주주의를 위협할 수도 있다. 적당한 무질서 상황은 세상을 다양한 시각으로 바라볼 수 있게 만들어준다. 그리고 그러한 시각은 또 다른 아이디어의 씨앗이 될 수 있다. 우리의 역사를 돌아보면 인류는 항상 무질서 속에서 새로운 것들을 찾아냈었고, 이러한 에너지들은 사회를 발전시키는 가장 중요한 원천이 되었다. '무질서의 비용'은 존재할 수 있다. 하지만 이 비용은 충분히 지불할 가치가 있는 비용이다.

잠을 줄이며 일하는데도
생산성이 낮은 이유

> 신은 현실 세상에 있어서 여러 가지 근심의 보상으로서 우리들에게 희망과 수면을 주었다.
>
> -볼테르Voltaire

모든 포유류는 잠을 잔다. 사람과 영장류는 약 8시간 정도 잠을 자고, 파충류, 조류, 곤충들도 잠과 비슷한 형태의 행동을 한다. 왜 잠을 자게 된 걸까? 많은 과학자들이 잠에 대한 연구를 해왔지만, 뚜렷하게 밝혀진 정답은 없다. 다만 가장 널리 알려졌으며 인정받고 있는 건 '휴식'의 개념이다. 우리가 섭취한 에너지는 24시간 동안 쉬지 않고 작동하기엔 턱없이 모자라기 때문이다.

이에 대한 근거로, 설치류와 같이 작은 동물들은 신진대사가 매우 빠르기 때문에 몸집이 큰 동물보다 빠르게 에너지를 소비한다.

그래서 몸집이 작을수록 더 많이 자려고 한다. 실제로 쥐나 햄스터는 하루에 14시간가량을, 다람쥐는 15시간 이상을 잔다고 한다. 반면에 기린이나 말은 하루에 3시간 정도, 코끼리나 소도 4시간 밖에 잠을 자지 않는다고 한다.

잠은 결정적으로 우리 삶의 효율을 높여준다. 우리의 기억과 생리현상에도 직·간접적으로 관여하기 때문이다. 아직 잠에 대해 완벽한 연구가 이루어지지는 못했지만, 적어도 우리는 왜 잠을 자야 하는지, 얼마나 잠이 우리 인생에서 중요한지에 대해 살아오면서 겪은 경험을 통해 잘 알 수 있다.

수면 장애 사회
대한민국

한국의 일평균 수면 시간이 2016년 OECD 조사 대상 18개국 중 최하위를 기록했다.[15] 조사에 따르면 한국인의 수면 시간은 7시간 41분(461분)으로 나타났다. 이는 조사국들의 일평균 수면 시간 8시간 22분보다 40분이나 짧다.

또한 건강보험심사평가원에서 제공한 자료에 따르면, 우리나라는 불규칙한 수면으로 인해 병원을 찾는 사람들과 수면제 처방량도 매년 증가하고 있다. 구체적으로는 기질성 불면증(기면증·수면무호흡증 등 신체 질환 동반)과 비기질성 불면증(스트레스 등 심리적 원인으로 발생) 등 수면 장애로 진료를 받은 사람은 2015년 72만

1,045명으로 지난 4년 동안 약 37% 급증했다고 한다. 수면제 처방 청구 건수도 2011~2016년 사이 32% 늘었다.[16] 이는 대한민국의 고질병인 과도한 스트레스와 우울증에서 기인한다고 보고 있다. 따라서 최저 수준을 기록하고 있는 한국인들의 삶의 질과 수면 장애는 분명 매우 밀접하게 관련되어 있을 것이다. 그렇기에 국가적인 차원에서의 접근과 개선이 필요한 문제다.

워라밸에 있어서도 잠은 매우 중요한 요인 중 하나다. 이제는 바야흐로 잠을 많이 자는 사람은 게으르다는 편견, 그리고 잠을 줄여서 무언가 더 해야 한다는 쓸데없는 강박을 버릴 때가 되었다.

잠과 뇌의
그 복잡하고도 미묘한 관계

기억은 지속시간에 따라 단기기억과 장기기억으로 구분될 수 있다. 단기기억은 몇 분에서 몇 시간 정도 뇌에 머무르는 것이고, 장기기억은 하루 이상 지속적으로 기억하고, 향후 필요할 때 꺼내 쓸 수 있는 기억을 말한다. 장기기억이 많을수록 우리는 좀 더 안정적이고 지적인 생활을 지속할 수 있다.

이러한 기억을 장기화하려면 기억 간의 연결을 강화시켜야 하는데, 이를 응고화라고 한다. 자세히 말하자면 기억을 담당하는 뇌의 시냅스와 시냅스 간의 연결을 더욱 단단하게 단백질로 감싸는 작업이다. 이러한 연결들이 끊임없이 이어지고, 단단해지면서 우리는 더 많은 장기기억을 가질 수 있다. 그런데 이 응고화가 가장 활발하게 이루어지는 때가 바로 잠잘 때다. 자고 있으니 아무것도 하지 않을 것 같았던 우리의 뇌는, 잘 때 더 열심히 복습을 하고 있었던 셈이다.

또 생쥐를 대상으로 한 실험에서는 잠을 자는 동안 신경 퇴화와 관련된 손상 세포가 없어지는 것을 관찰할 수 있었다.[17] 상대적으로 두뇌를 덜 활용하는 수면 시간 동안 뇌세포들 사이가 여유롭게 벌어지면서 공간이 평소에 비해 60% 이상 증가했고, 이때 퇴화되거나 쓸데없는 세포들을 바깥으로 내보낼 수 있었기 때문이다. 하지만 반대로 잠을 자지 않으면 뇌 안에 독소가 더 쌓이고, 위와 같은 정화 작용이 일어나지 않아 알츠하이머나 파킨슨병 같은 신경퇴행성질환까지 초래할 수도 있다고 한다.

즉, 우리의 뇌는 자는 동안에도 깨어있다. 다른 활동을 하고 있을 뿐이다. 이를 증명하는 연구로, 실험 참가자들에게 일정 단어를 듣고 그 종류를 구분하게 했고, 잠이 들 때까지 이 작업을 계속하도록 했다. 그리고 잠이 든 다음에 다시 똑같은 질문을 했을 때 몸은 반응하지 않더라도 뇌는 자동적으로 구분하려는 반응을 보였다. 그리고 잠에서 깬 후 실험을 했다는 것을 알려주었을 때 참가자들은 실험을 전혀 기억하지 못했다. 이처럼 잠은 휴식뿐 아니라 뇌의 기능에도 긍정적인 영향을 준다. 잠을 줄여 무언가를 더 하는 것보다, 오히려 잠을 푹 자는 것이 더욱 생산적일 수도 있다.

잠과 신체적 통증의 관계

질 좋은 잠은 신체의 통증과도 밀접한 관계가 있다. 일단 잠을 잘 자지 못하게 되면 우울감과 짜증, 무력감 등과 같은 부정적인 심리적 상태가 지속되며 불안정해지고, 자연스럽게 부정적인 신체 반응을 일으킨다. 잠을 자면서 육체 활동이 최소한으로 멈춘 상태, 그리고 반대로 몸을 지속적으로 움직이는 상태를 서로 비교하면 우리 몸은 당연하게 몸을 움직이지 않으며 자는 상태를 더 선호한다. 관련 연구로 1만 명이 넘는 환자들을 대상으로 수면의 질을 확인해본 결과, 수면과 관련된 지표(수면 시간, 수면에 걸리는 시간, 불면증 빈도 등)가 좋지 않을수록 기존의 통증에 대해 느끼는 정도 및 예민도에 부정적 영향을 주는 것으로 나타났다.[18] 이는 호르몬과도 관계가 있는데, 숙면을 취할 때는 신체의 통증 완화에 도움을 주는 엔도르핀이 분비된다. 하지만 잠을 잘 자지 못하면 엔도르핀 분비가 줄어들게 되기 때문에 사람은 신체의 통증에 더 민감해지게 된다. 비가 오거나 흐린 날에 엔도르핀의 반대인 멜라토닌 호르몬이 과다 분비되어 우울함을 느끼고 통증에 대한 민감도가 높아지는 현상과 비슷한 원리이다.

그렇다면
어떻게 잘 잘 수 있나요?

잘 자기 위해서는 자신의 신체가 얼마나 자야 좋아하는지를 알아야 한다. 그렇기 때문에 잠을 얼마나 자야 하느냐에 정답은 없다. 잠이란 개인적인 측면(에너지의 양, 식생활 등)이 매우 크게 작용하기 때문에 잠의 양은 자기 자신이 측정해 활용해야 한다. 그리고 단순히 잠의 양만 따질 게 아니라 깊이 잠든 시간의 양이 얼마나 되는지도 따져보아야 한다. 얼마만큼 자야 한다고 양을 정할 필요는 없다. 다만 어떻게 하면 좀 더 편안하게, 양질의 잠을 잘 수 있는지를 알기 위해서는 다양한 방법을 적용하고 활용해볼 필요가 있다.

❶ 침대는 잠만 자는 장소입니다

우리의 뇌는 어떤 면에서는 매우 단순하다. 졸린 상황에서 잠을 자야지 하고 침대에 누우면 뇌는 '잘 시간이군'이라고 여기고 자기 위한 준비를 한다. 하지만 잠깐이라도 스마트폰으로 검색을 하게 되면, 우리 뇌는 바로 '자는 게 아니었군, 스마트폰을 하는 시간이군'이라고 여기면서 스마트폰을 하기에 최적화된 뇌로 바꿔버린다. 그리고 이러한 경험이 자주 쌓이게 되면 우리 뇌는 침대에 누울 때마다 '스마트폰'이라는 명령어에 익숙해진다. 그렇게 시간이 지나면 결국 침대에서 스마트폰을 하는 게 습관이 되고, 나도 모르게 자기 전에 언제나 잠깐씩 스마트폰을 보게 되는 것이다. 심지어 뇌는 그 익숙함으로 인해 잠자기보다 스마트폰을 보는 편이 노력이 덜 든다는 것을 알게 되면서, 내 몸에 스마트폰을 더 보자는 명령을 내리게 된다. 하지만 반대로 '침대에 누워서는 잠만 자는 거야'라고 생각하고 자주 훈련한다면 뇌는 이 명령에 적응하면서 시간이 지날수록 평소보다 침대에서 더 쉽게 잠이 들 수 있게 된다.

❷ **낮잠 훈련을 해 보세요**

'시에스타la siesta'는 이탈리아, 그리스 등 지중해 연안 국가와 라틴아메리카의 낮잠 풍습을 말한다. 한낮에는 무더위 때문에 일의 능률이 오르지 않으므로 낮잠으로 원기를 회복하여 저녁까지 일을 하자는 취지로 생긴 생활 방식이다. 유구한 역사를 통해 터득한 비법인데, 의학적으로도 큰 효과가 있다는 사실이 다수의 연구를 통해 밝혀지고 있다. 특히 미국 수면학회와 항공우주국NASA 등의 실험 연구를 보면 낮잠을 20~30분 잤을 때 업무 수행 능력은 34%, 집중력은 54% 늘어났다고 밝혀졌다.[19] 다만 짧은 시간 내에 낮잠에 빠지도록 하는 능력은 수많은 집중과 연습을 통해서만 가질 수 있다. 연습을 통해 어느 정도 터득한다면 짧은 낮잠으로도 생활을 개선할 수 있을 것이다.

❸ 밤 시간의 리듬파워

다음 날 워크를 위한 가장 큰 준비인 잠을 위해서는 규칙적인 패턴의 생체리듬이 중요하다. 매일 밤 생체리듬이 바뀌거나 잠에 들고 깨는 시간이 다르다면 잠을 편안히 잘 수 없게 된다. 차라리 늦게 자고 일찍 일어나더라도 잠에 드는 시간은 규칙적인 편이 더 좋은 잠이라고 한다.

양질의 잠을 자기 위해서는 주변 환경 개선이 반드시 선행되어야 한다. 그중 가장 중요한 것은 밝지 않은 조명이다. 밝은 조명은 우리의 뇌가 여전히 낮 시간이라고 생각하게 만드는데, 이는 잠에 도움이 되는 멜라토닌의 배출을 억제시키기 때문에 잠을 자기 위한 체내 리듬을 엉키게 만든다. 또한 자기 전에 과격한 운동을 하거나 빠른 템포의 음악을 듣는 것 역시 심장박동을 증가시켜 숙면에 방해 요인으로 작용한다. 기억하자. 라이프를 윤택하게 하는 방법 중 가장 쉬우면서도 효과적이고, 워크에도 좋은 영향을 주는 것은 바로 잠을 '잘 자는 것'이다.

디지털 디톡스로
삶에 쉼표 만들기

모든 것을 0과 1로 표현할 수 있는 디지털 세상에서 살아가는 현대인들에게 이전에는 없었던 새로운 문제점들이 나타나고 있다. 그중 가장 가깝게 다가온 증상이 바로 디지털 치매Digital Dementia이다. 디지털 치매는 디지털 기술의 과도한 사용으로 인해 인지 능력이 심각하게 저하되는 현상을 의미한다. 원래 알던 길도 내 비게이션 없이 가는 데에 어려움이나 두려움을 느낀다든지, 또는 외우고 있었던 가족들의 전화번호를 막상 생각해내려 하면 도통 기억이 나지 않는 경우이다. 생활을 편리하게 도와주던 문명의 발전이 이제는 각종 문제를 야기하고 있다. 결국 우리의 워라밸에도 부정적인 영향을 끼친다. 분명 문제가 있는 상황이다.

디지털 디톡스란?

디톡스Detox의 어원은 유독 성분이나 독소를 의미하는 단어 'toxin'에서 찾아볼 수 있다. 인간의 몸은 외부에서 들어오는 유해 성분을 간과 같은 중요한 장기가 자체적으로 걸러내, 유독 성분을 해독하고 약화해 건강을 유지할 수 있도록 한다. 이러한 해독 작용을 detoxify 또는 detoxicate라고 하며, 이를 줄여서 디톡스라고 한다. 최근 육식 위주의 식습관과 오염된 환경으로 인해 현대인의 식생활에 문제가 제기되었다. 이에 대한 해결책으로 단식이나 장 청소 등 몸 안의 독소를 빼는 디톡스가 대두되기 시작했다. 여기에서 유래하여 현대인의 디지털 중독을 해소하고 올바른 전자기기 활용을 돕기 위한 '디지털 디톡스 운동'이 생겨난 것이다.

디지털 기기는 이제 편리하고 유용하기만 한 물건이 아니다. 현대인들은 디지털 기기에 지나치게 의존해 피로감까지 느끼게 되었다. 디지털로 인한 독소가 우리의 건강마저 해치고 있는 상황이다. 이에 디지털 기기 사용을 줄임으로써 디지털에서 벗어나, 보다 현명하고 효과적으로 디지털 기기를 사용하자는 움직임이 일어나고 있다. 이런 면에서 디지털 디톡스는 디지털 다이어트diet, 언플러깅unplugging 등으로 불리기도 한다.

디지털 치매의 시대, 나는?

다양한 디지털 기기와 SNS의 등장으로 많은 현대인들이 디지털 중독에 빠졌다. 요즘 지하철에서는 책이나 신문을 읽는 사람을 거의 볼 수 없다. 사람들과 밥을 먹으면서도 스마트폰을 사용하는 일도 일반화됐다. 대화를 나누기 위해 카페를 찾은 연인조차도 한 손으로는 서로의 손을 잡고 있지만 다른 한 손으로는 스마트폰을 잡고 거기에서 눈을 떼지 못한다. 이처럼 단 몇 초도 버티지 못하고 스마트폰에 중독된 모습을 보이는 사람들을 '디지털 중독'이라 칭한다. 요즘에는 스마트폰의 중독성이 담배나 술보다 훨씬 높다는 연구까지 나오고 있는 상황이다.

무언가에 중독이 되었는지 알아내기 위해서는 뇌의 도파민 분비량을 분석한다. 도파민이 부족하면 쉽게 질리거나 귀찮은 상황이고, 많이 분비된다면 흥미가 발생한다고 볼 수 있다. 그런데 이 분비가 지나치게 많아지면 마치 중독처럼 생각이나 행동을 끊지 못하게 된다. 실제로 이메일을 확인하는 순간에, 그리고 스마트폰의 메시지가 오는 순간에 뇌에서 도파민이 과다하게 분비되는 모습이 확인되었다고 한다.[20] 항상 즉각적이고 새로운 자극을 주는 스마트폰에 우리는 이미 중독되어버린 것이다.

디지털 중독은 디지털 치매로 발전할 가능성이 크다. 보통 일반적인 치매는 뇌의 노화로 인해 발생된다. 그러나 디지털 기기에 너무 의존한 나머지 뇌의 기능이 감퇴되고, 그로 인해 일상생활에 필요한 기억력까지도 퇴화해버리는 디지털 치매는 20~30대 젊은 층에게서 빈번히 발생한다. 많은 사람들은 스마트폰에 많은 시간을 저당 잡히고 빼앗겨버렸다. 앞에서도 말했듯이 우리의 뇌는 새로운 자극으로 인해 쉬지 못하고 끊임없이 가동된다. 그리고 여기에 스마트폰이 차지하는 비율은 상당하다. 뇌에 적절한 휴식을 주고, 그 휴식을 통해 일상에 활력을 부여하기 위해서는 디지털 디톡스가 필요하다. 디지털 디톡스로 되찾은 시간은 워라밸로 향하는 우리를 크게 도와줄 수 있을 것이다.

그냥 스마트폰을 꺼두면 디지털 디톡스인가요?

TV를 바보상자라고 부르던 시기가 있었다. TV의 일방향적 전달 방식이 뇌의 능동적 사고를 방해하여 인간을 바보로 만든다는 주장이었다. 그 시기 많은 사람들이 자녀의 교육을 위해 TV를 버리거나 구석진 방으로 보내버리기도 했다. 하지만 지금은 디지털 기기를 통해 정보나 지식을 효율적으로 습득할 수 있다는 것을 완전히 부정할 수는 없다. 게다가 요즘은 양방향으로 소통하는 콘텐츠가 개발되면서 디지털 기기가 학습 능력 향상에 긍정적인 영향을 끼친다는 연구 결과도 무수히 쏟아지고 있다.

디지털 디톡스가 무조건 디지털 문명을 배제하자는 뜻은 아니다. 이미 디지털 기기를 활용하지 않고는 살아가기 어려운 세상이 되어버렸으니 말이다. 실제로 한 연구에서도 회사에서 모든 직원들이 하루에 2시간은 디지털 기기에서 벗어나 개인의 창의성과 경쟁력을 키울 수 있는 방법을 활용하도록 제시했는데, 결과적으로는 개인의 발전은 물론 팀워크에까지도 부정적 영향이 나타났다고 한다. 우리의 일상과 업무는 이미 디지털 문명과 매우 촘촘하게 연결되어있어 일상과 업무를 구분하기 불가능한 상태가 되었기 때문이다. 즉 디지털 시대를 살아가는 우리에게 디지털 디톡스란, 각자 주체적인 삶과 디지털 의존적인 삶 사이에서 균형점을 찾고 균형 상태를 지속적으로 유지하는 것을 목표로 해야 한다.

나는 디지털 치매인가?

일본의 고노 임상의학연구소에서는 디지털 치매를 자가 진단할 수 있는 디지털 치매 자가 진단법을 발표했다. 이 가운데 한 가지라도 해당이 된다면 디지털 치매를 의심해봐야 한다고 경고한다.

- 외우는 전화번호가 회사 번호와 집 번호뿐이다. ☐

주변 사람과의 대화 중 80%는 이메일로 한다.	☐
계산서에 서명할 때 빼고는 거의 손으로 글씨를 쓰지 않는다.	☐
처음 만났다고 생각했는데, 알고 보니 전에 만났던 사람이었다.	☐
"왜 자꾸 같은 얘기를 하느냐"는 지적을 받은 적이 있다.	☐
자동차 내비게이션 장치를 장착한 뒤 지도를 보지 않는다.	☐

디지털 디톡스,
어떻게 시작할까요?

❶ 얼마나 스마트폰을 자주 사용하는지 알기

'하루 중 얼마나 스마트폰을 사용하십니까?'라고 질문하면 대부분 '두어 시간이요?' 또는 '많이 사용하긴 하는데 글쎄요'라고 답한다. 스스로도 얼마나 많이 하고 있는지 감이 오지 않기 때문에 내가 지금 문제인지 아닌지도 판단이 되지 않을 것이다. 먼저 스마트폰을 사용하는 시간을 숫자로 정확히 알고, 줄이고자 하는 목표도 명확히 정해야 한다.

가장 손쉬운 측정법으로는 스마트폰의 설정 페이지에서 우리가 하루에 얼마나 많은 양의 배터리를 사용하는지, 어떤 애플리

케이션application으로 가장 많은 데이터를 사용했는지 찾아보는 방법이 있다. 어떤 앱에 가장 많은 시간을 투자하는지, 그 앱이 그만큼의 에너지와 시간을 투자해야 할 만큼 나에게 중요한지 스스로 객관적인 파악을 할 수 있도록 도와준다.

좀 더 적극적인 방법으로는 오늘, 이번 주, 이번 달 스마트폰을 사용한 내역에 대해 다양한 정보를 보여주는 앱을 활용해보는 것이다. 아주 디테일한 정보를 제공하는 한 앱은 전원을 켠 횟수, 시간 등까지 자세하게 보여주고, 어제와 비교해 더 사용했는지 줄었는지를 가시적으로 보여준다. 또한 함께 활용하는 사용자들과의 나잇대 비교 등을 통해 나의 스마트폰 활용 수준을 비교해주기까지 한다. 이처럼 자신의 스마트폰 사용 패턴에 대한 정확한 진단과 평가가 선행되면 나에게 맞춤화된 디지털 디톡스를 시작할 수 있다.

❷ 스스로 규칙 정하기

일단은 물리적으로 벗어나고자 하는 노력이 먼저다. 이를 위해 푸시push 알림 서비스를 끄는 것이 중요하다. 별로 중요하지 않은 앱인데도 일단 설치되어 있으면 나도 모르게 열어보기 마련이다. 게다가 푸시알림 서비스까지 켜져있다면, 궁금증이 자극되고 자꾸 열어보게 된다. 그리고 꼭 중요한 알림이라고 생각하고 푸시 서비스를 켜둔 앱도 사실은 시간만 잡아먹을 뿐, 그다지 중요하지 않은 것들이 대부분이다.

   푸시 서비스를 껐다면 그 다음은 하루 중 스마트폰을 쓰지 않는 시간을 정한다. 한 설문조사에 따르면 스마트폰을 활용하는 이유로 '목적 없이 본다'가 가장 많다고 한다.[21]

   여유 시간에 본능적으로 스마트폰을 꺼내는 것은 이제 그만두고, 특정 시간이나 상황에서는 스마트폰을 쓰지 않는다는 규칙을 스스로 정해보자. 예를 들면 '엘리베이터, 지하철에서는 보지 않는다', '자기 전 1시간 정도는 반드시 하지 않는다', '침대에서는 스마트폰을 절대 하지 않는다' 등 말이다.

❸ 누구를 위한 SNS인가?

우리 주변을 보면 내게 진짜 필요한 건 무엇인지, 내가 정말 좋아하는 건 무엇인지를 알려고 하기보다는 그저 남들이 하는 것, 또는 뭔가 새로운 것만 무작정 하려는 사람들이 많다. 그리고 남들은 보통 하는 것을 나는 안 하고 있다면, 혹은 못 한다면 무언가 뒤처진다는 느낌을 받는 사람들도 있다. 이러한 사람들은 일반적으로 남들에게 보이는 내 모습에 몹시 신경을 쓴다. 그들은 화려하게 꾸미거나 비싸고 독특한 취미활동에 많은 시간과 에너지를 소비한다. 하지만 그런 행동들이 진정 나를 위한 행동인지는 의문이다. SNS로 재미도 느낄 수 있고 새로운 인간관계도 형성할 수는 있지만, 그로 인해 소비되는 시간이 과연 적정한지도 의문이다. 흔히 SNS는 그냥 '내가 그저 좋아서 운영하는 것'이라고 생각한다. 그러나 진정 나를 위한 만족만으로 하는 것인지 잘 생각해볼 필요가 있다. 혹시 '좋아요'의 숫자나 추천 수에 민감하지는 않은가? 사실 남에게 잘 보이고 싶은 마음이 더 큰 것은 아닐까?

스마트폰 속에는 수많은 사람들의 연락처와 SNS 친구들, 팔로워들이 있다. 또 이메일을 통해 많은 사람들과 비즈니스 관계를 맺고 있다. 하지만 내가 정작 필요한 시기에 중요한 부탁을 해야 하거나 도움을 줄 수 있는 사람을 찾으려 한다면, 과연 그중 몇 명에게 도움을 청할 수 있을까? 물론 친구 사이를 필요에 의해서만 구분하는 것은 아니다. 하지만 많게는 수백 명씩 쌓여있는 그 관계 속에서 나의 민낯을 보여줄 수 있는, 기쁨과 슬픔을 온전히 나눌 수 있는, 진정한 조언을 해줄 수 있는 친구가 과연 몇이나 되겠느냐는 것이다. 우리의 인생에 있어 다소 많은 시간을 투자하는 SNS, 과연 누구를 위한 활동인지 그리고 당신의 라이프를 위한 시간이 얼마나 낭비되었는지 고민해볼 필요가 있다.

워라밸을 돕는
컬러 테라피

컬러 테라피 Color therapy, 색채 치료
색채의 전달을 통해 심리 진단 및 치료를 하는 방법을 일컫는다. 인간이 색채에 자극을 받아 어떤 반응을 하는 동안 뇌 속에서 일어나는 메커니즘을 통해 사람의 심리를 진단하고 치료한다.[22]

17세기 뉴턴이 프리즘을 통과한 태양빛이 7가지로 나눠진다는 사실을 발견한 이래로 색은 가시광선이라는 개념으로 자리 잡혔고, 이 색들을 조합해 다른 여러 가지 색이 만들어졌다. 그리고 빛으로서의 색들이 각자 가지고 있는 파장은 사람에게 어떤 영향을 준다고 생각하게 되면서, 색채를 통해 인간의 환경을 쾌적하게 만들어보고자 하는 노력은 끊이지 않고 있다.

사람은 여러 감각기관 중 특히 눈에 대한, 즉 시각적 정보에 대

한 의존도가 매우 높기 때문에 색에서 많은 자극을 받는다. 그중에서도 녹색은 사람에게 정서적 안정감을 주고, 신체 기능까지 향상시키는 색으로 널리 알려져있다. 녹색이란 원시 사회부터 우리 주변에서 가장 흔한 색이었고, 인류가 진화하면서 상대적으로 많이 사라진 색이기도 하다. 그래서 녹색의 결핍 때문에 현대인들에게 여러 가지 정서 및 신체적 문제점이 나타났다는 주장도 있다. 이런 이유로 녹색을 활용한 대체치료요법도 매우 활성화되었다.

컬러 테라피가
우리 몸에 미치는 영향

스트레스는 질병이다. 최근에는 인간의 모든 병이 스트레스로 인해 발생한다고 여겨지면서 스트레스 관리의 중요성이 매우 커지고 있다. 하지만 스트레스 관리는 약물치료로는 한계가 있다. 약물치료는 그 순간의 신체적 활동을 억제시킬 뿐 근본적인 변화를 기대하기는 어렵기 때문이다. 그런데 컬러 테라피는 눈이라는 감각기관을 통해 즉각적인 변화를 가져온다. 색을 인지하는 순간 인간의 뇌 안에서는 여러 가지 파장이 일어나면서 뇌파의 변화가 즉각적으로 일어난다.

좀 더 구체적으로 들어가면, 눈은 카메라와 같이 빛을 모으는 역할을 한다. 그 빛을 모아 사물을 만들어 관찰하게 되는데 빛의 종류나 양에 따라 홍채의 크기가 변하면서 망막 등의 여러 근육을 움직인다. 특히 망막에는 빛에 감응하는 간상세포와 원추세포가 들어있으며 이러한 세포의 움직임은 뇌에 있는 뉴런에게 전달되고, 전기화학적 신호를 만들어 뇌를 움직이도록 한다.

아주 짧은 시간이지만, 눈으로 보는 행위는 근육과 뉴런, 화학신호 등이 뇌에게 자극을 주는 프로세스를 거친다. 이러한 프로세스를 기반으로 우리는 색에 따라 뉴런이 어떻게 변화하는지, 뇌파가 어떻게 변화하는지를 비교 분석할 수 있다.

녹색의
다양한 기능

녹색은 가시광선 스펙트럼 중 가장 가운데에 있는 색으로 휴식감, 안정 등과 같은 심리적 요인은 물론 신체적으로도 심장박동의 정상적 작동 등에 도움이 된다고 알려져 있다. 그렇기 때문에 녹색은 가장 일반적으로 눈의 피로를 줄여주기 위해 활용된다.

또한 녹색은 자연에 가까우면서도 균형 잡힌 색이다. 그렇기 때문에 사람에게 심리적인 안정감을 준다. 수술실에 들어가는 의사의 수술복이 초록색인 이유도 환자와 의사 모두에게 안정감을 주며, 붉은 피가 옷에 튀더라도 다른 색보다 눈에 잘 띄지 않아 의사가 좀 더 편안하게 수술을 진행할 수 있도록 해주기 때문이다. 녹색을 인지하면 우리의 뇌는 언어, 기억, 정서 등을 담당하는 부분에서 반응을 보인다. 그리고 이러한 반응은 신체적으로 맥박이나 혈압을 안정시키고, 스트레스를 감소시키기도 한다.

녹색 채소 섭취는 우리가 일반적으로 알고 있는 것보다도 더 많은 부분에서 건강에 도움을 준다. 《Nature Immunology(자연면역학)》에 나온 연구 결과를 보면, 식사를 하면서 섭취하는 녹색 채소들이 장 건강에 반드시 필요한 면역세포를 만들어내는데 이 면역세포들이 하는 역할이 바로 알레르기 및 염증 질환 완화, 비만 조절, 대장암 예방 등이라고 한다. 또한 녹색 채소는 치료 효과 면에서 붉은색과 함께 가장 강한 효과를 가진 색깔로, 섭취만으로도 교감신경계에 작용해 신장과 간장의 기능을 도와주고 해독 작용까지 한다고 한다. 이러한 해독 작용은 피와 세포재생에 도움을 주기 때문에 노화도 예방할 수 있다고 하니, 음식으로서도 녹색은 우리의 건강을 위해서는 매우 눈여겨봐야 할 것 중 하나다.

색은 집단이나 사회, 문화를 상징하는 역할도 한다. 색은 무의식 중에 이미지를 만들어내고, 시각적 효과뿐 아니라 특정 집단이나 문화를 설명하는 중요한 단서가 되기도 한다.

녹색은 사회적으로 어떤 이미지를 주는 것일까? 우리 주변에서 녹색을 가장 빈번하게 볼 수 있는 곳은 어디일까? 바로 '녹색 창'이라는 별칭으로 불리는 인터넷 포털 사이트 '네이버'다. 네이버는 탐험가를 모티브로 '지식과 정보의 탐험'을 표현하고, 정보에 대한 신뢰와 안정감을 주는 녹색을 브랜드의 대표 색으로 사용해 정확한 정보 제공이라는 서비스 철학을 표현한다. 또 녹색을 대표 색으로 활용하는 유명 브랜드로 스타벅스를 들 수 있다. 스타벅스는 초창기에 커피색의 로고를 활용했으나 안전, 중립, 평화, 자연을 생각하는 '환경 경영'의 지향을 나타내기 위해 초록색으로 브랜드 색깔을 변경했다. 이로써 건강한 기업의 이미지를 구축해 관련된 다양한 사업을 할 수 있게 되었다. 녹색은 이처럼 사회적으로나 상업적으로 매우 긍정적이고 건강한 이미지로 작용하고, 우리의 라이프에 긍정적인 영향을 줄 수 있는 색이다. 녹색은 워라밸을 위해 충분히 활용할 만한 가치가 있다.

일상에서
쉽게 녹색 기운 받기

우리는 본능적으로 눈이 피로하거나 집중력이 떨어지면 바깥의 먼 산을 바라보곤 한다. 하지만 반드시 먼 곳의 초록 산을 바라보아야 효과를 나타내는 것은 아니다. 《원예학회(Horticultural Science)》에 실린 한 연구에 따르면 초록색 잎이 달린 식물을 책상 가까이에 두고 키우는 것만으로도 업무의 만족도와 행복감이 높아진다고 한다. 녹색과 푸른 잎은 시각적인 편안함과 안정감을 주는데, 주변에 두는 것만으로도 '녹색 효과'가 나타난다고 한다. 하루의 대부분을 보내는 사무실을 한번 둘러보자. 작은 화분이라도 있는가? 이게 다가 아니다. 녹색 효과는 삶의 만족도나 운동의 효과, 창의성 증대 등의 면에서도 도움을 준다. 영국 엑서터대학교의 연구는 녹색 공간이 많은 곳에 사는 사람들은 그렇지 않은 사람들보다 평균적으로 삶의 만족도가 높다고 밝혔다.[23] 나무와 숲이 우거진 곳에서 운동을 하면 녹색 효과로 인해 운동 효과가 향상된다는 연구 결과도 있다. 헬스클럽에 등록하고 두어 번 정도만 들락날락했던 자신을 너무 자책하지는 말자. 의지박약의 문제가 아닐지도 모른다. 다음부터는 작심삼일을 하지 않기 위해 헬스클럽 선택에 있어 판단해야 할 요소 한 가지가 더 늘었다. 이제는 헬스클럽에 녹색의 비율이 얼마나 되는지도 한번 살펴보자.

사무실에 화분이 없는 이유는, 일반적으로 사무실에 화분을 두면 산만하게 느껴질 수 있기 때문일 것이다. 그리고 대개 경영진들이 깔끔하고 획일화된 사무실을 좋아하기 때문에 군더더기 없이 깔끔한 사무실에서 일하는 경우도 많다. 하지만 한 연구는 이런 깔끔한 사무실이 생산성에 악영향을 미친다는 것을 밝혀내기도 했다.[24]

이 연구는 3개의 집단으로 구분해 사무실의 생산성 변화를 측정했는데, 한 집단은 직원들 스스로에게 책상 위에 화초를 1개 이상 두도록 했고 또 다른 집단은 회사 차원에서 여러 화초를 사무실 곳곳에 임의로 배치했다. 나머지 집단은 기존의 사무 공간에 어떤 변화도 주지 않았다. 시간이 지난 뒤 직원들의 회사 만족도,

업무 효율, 업무 성과의 증가폭 등을 조사해 비교해본 결과 식물이 많이 있는 사무실에서 일할 때 그렇지 않은 사무실에서 일할 때보다 생산성이 15% 상승했고, 일에 대한 집중력, 회사에 대한 만족도 등이 모두 증가한 것으로 나타났다.

    기본적으로 식물 자체가 실내 이산화탄소를 흡수해 공기를 정화해주고, 습도 조절도 해주기 때문에 노동자의 작업 환경이 개선되는 효과가 있다. 또한 녹색을 바라보았을 때 나타나는 정서적 안정감 덕분에 업무 효율성과 생산성도 향상될 수 있다. 사무실에 화초가 많다는 사실은 고용주가 직원들의 복지와 일하는 환경에 신경을 쓰고 있다는 인상을 준다. 그래서 사무실 조경에 투자하는 것은 기업의 대외적 이미지에도 도움이 된다. 물론 노동자의 삶의 질도 높아지고 생산성마저 높아지니, 결국 회사에게도 이익이다.

라이프는
원래 숲에서 태어났습니다

숲 치유, 산림 테라피 등으로 불리는 숲에서의 힐링은 숲에 가기만 해도 바로 느낄 수 있는 신체적이고 정신적인 회복 활동을 말한다. 인류는 약 500만 년 동안 진화를 거쳐왔고, 대부분의 진화는 자연 속에서 이루어졌다. 지금 인간은 도시화된 곳에서 살고 있지만 환경만 바뀌었을 뿐 사실 몸은 과거와 크게 다를 바 없다.

그렇기 때문에 신체는 자극을 받으면 자연스럽게 반응해 우리가 원래 가지고 있던 자연성을 회복하려 하는 것이다. 그리고 똑같은 양의 운동을 하더라도 실내보다 숲 속에서 했을 때 더 많은 쾌감을 느끼고 정신이 맑아지는 현상 역시 우리의 몸이 숲에 자동으로 반응하기 때문이다.

《허핑턴포스트》의 한 기사에 따르면, 직장에 근무하는 중년 직장인 중 자각은 없지만 면역이 떨어져있는, 이른바 '만성피로'에 시달리는 직장인들이 이틀 동안 6시간의 숲 산책을 한 결과 NK세포(자연살해세포. 면역기능, 항암지표로 사용) 활성도가 첫날에는 27%, 둘째 날에는 53%까지 증가되었다고 한다.[25] 또한 스트레스와 관련된 코르티솔 호르몬이나 부정적 뇌파 역시 매우 감소되는 등 숲이 주는 신체적·정신적 개선 효과는 다양한 연구를 통해 입증되고 있다.

세계적으로 숲 치료에 가장 앞선 국가는 독일이다. 120여 년 전 당시 독일 뵈리스호펜 마을의 가톨릭 사제였던 세바스찬 크나이프가 제창한 크나이프 요법 Kneipp's Therapy 이 대표적이다. 그는 청년 시절에 걸렸던 결핵을 냉수욕 등으로 완치한 경험을 근거로 이 자연요법을 개발했다. 크나이프 요법은 의사의 처방에 의해 숲을 의료 목적으로 활용하는 것이다. 이것은 예방의학으로써 유용한 치료 행위로 간주되어 심지어 사회·건강보험도 적용되고, 치료를 위한 체재비와 의료비 대부분 보험 적용이 된다고 한다.

우리나라는 국토의 약 60% 이상이 숲으로 되어있다. 위에서 말한 크나이프 요법을 활용하는 독일은 숲이 국토의 약 32% 수준이다. 알프스가 있는 스위스가 30%, 캐나다가 34% 등 우리가 생각하는 대규모 산림국의 실제 산림 비율은 우리나라에 비하면 매우 적은 수준이다. 독일만큼은 아니더라도 우리나라도 향후에는 우리의 라이프를 위한 다양한 숲 치료 활동이 더욱 활발해지리라고 전망해본다.

플랜테리어를 아시나요?

고려가요 〈청산별곡〉에는 다음과 같은 구절이 나온다. '살어리 살어리랏다 청산靑山애 살어리랏다 멀위랑 다래랑 먹고 청산애 살어리랏다 얄리 얄리 얄랑셩 얄라리 얄라.' 현대인이 보기에는 삶이 곧 자연이었을 것 같은 고려 시대에도 그들은 자연을 동경하며 자연과 가까이 지내려 했음을 알 수 있다. 지금 빌딩 숲에 둘러싸여 산과 자연은 TV로만 감상하는 현대인들도 물론 자연을 동경한다. 느끼고 싶어 한다. 이에 최근 각광받고 있는 산업이 플랜테리어다.

플랜테리어는 Plant와 Interior의 합성어로 자그마한 식물이나 식물 같은 소품, 또는 초록색 그림과 사진 등을 통해 도시의 삭막함을 줄이는 인테리어를 말한다. 플랜테리어는 현대인의 피곤

한 심신과 상처받은 마음을 치유해주는 기능을 한다. 또한 식물이 가진 공기 정화, 냄새 제거 효과도 얻을 수 있기 때문에 플랜테리어를 찾는 사람은 계속 늘고 있다. 사람들의 건강, 즉 라이프에 긍정적인 플랜테리어는 단순한 유행을 넘어 장기적인 트렌드로 자리매김할 것으로 보인다. 플랜테리어에는 딱히 정해진 규칙이 없다. 그저 자신의 여건에 맞게 꾸미면 된다. 워라밸을 위한 소소한 변화, 내 사무실 안 작은 화분 하나부터 시작하는 게 어떨까?

5

워라밸을 위해 알아야 할 소통 기술

'예스맨'은 워라밸의 가장 큰 적

"나는 호구인가? 왜 나한테만 사람들이 부탁하는지, 그리고 나는 왜 싫으면서도 자동적으로 'Yes'라는 대답을 하는 건지, 그리고 왜 바로 후회하는지. 결국 남에게 좋은 사람이 되려다가 정작 나에게 나쁜 사람이 되었다. 늘 피곤하다. 일단은 남이 보는 내 모습이 어떨까 신경 쓰여서 피곤하고, 할 일이 너무 많아서 피곤하고, 잘해야 한다는 강박관념에 피곤하다."

"나는 그저 합당한 이유가 있어 거절하고, 내가 먼저기 때문에 나를 챙기고 그 다음 남을 챙기려는 건데, 당연한 거 아닌가? 자기 일은 자기가 알아서 하는 거지 왜 내가 챙겨줘야 하는지 모르겠다. 이기적이라는 말도 듣지만, 남의 말은 잘 신경 쓰지 않는다. 그렇지만 남에게는 절대 피해 주지 않는다는 것이 철칙이다."

소위 말하는 '멘탈 을'과 '멘탈 갑'의 속마음이다. 당신은 어느 쪽에 속하는가? 아마도 다수는 멘탈 갑이 되고 싶어 하면서도 '생계형 멘탈 을'일 것이다. 나 혼자 사는 세상이 아니니 남 신경도 적절히 써야 하고, 내가 맡은 업무도 잘해서 남에게 인정도 받아야 하는 그런 사람들 말이다. 어떻게 살아야 하는지에 정답은 없다. 그건 자신의 선택, 성향과 관련된 문제기 때문이다. 하지만 워라밸을 지키기 위한 삶이라면 나의 정신 건강에 대해 조금 더 나 중심으로, 더 현명하게 생각해보는 자세가 필요하다고 본다.

Yes와 No 사이
그 살얼음판 같은 관계

여러 연구에 따르면, 낯선 사람이 부탁을 할 때 부탁을 받은 대부분의 사람들은 단지 자신의 마음이 불편해지는 게 싫기 때문에 부탁을 수락하는 경우가 많다고 한다. 그리고 이렇게 수락할 확률은 서로 대면하고 있는 상황에서 더 높아진다. 또한 만약 누군가 처음 부탁을 했을 때 거절을 한다 해도, 상대가 재차 부탁을 한다면 결국 그 부탁을 들어주게 될 때가 많다고 한다.

결국 부탁의 수락 여부에는 여러 이유가 있지만, 그중에서도 가장 크게 작용하는 건 '상황을 불편하게 만들지 말자'는 마음이다. 단지 부정적인 감정을 가지기 싫다는 이유로 들어주기 힘들거나 어려운 부탁을 수락한다니, 너무 비합리적인 선택 아닌가?

한 실험에서는 대학생 100여 명에게 도서관에 있는 아무 책에나 '피클'이라고 써서 책을 훼손하라고 부탁했다. 연구진은 실험 대상자 중 30% 내외만 응할 것으로 예상했으나 실제로는 절반 이상이 부탁에 응했다고 한다. 왜 이런 행동을 했을까? 그것은 위에서 말한 '불편한 감정'과 더불어 우리가 본능적으로 가지고 있는 '소속감과 연대감' 때문이다. 거절이 상대방에게 불편함을 느끼게 할 수 있다는 우려와 함께, 소속과 연대까지 해칠 수 있다고 생각하기 때문에 어쩔 수 없이 상대방의 부탁에 응하게 되는 것이다. 물론 거절은 상대방의 마음을 상하게 만들어 소속과 연대를 일부 방해할 수는 있으나, 규칙을 어기면서까지 공공도서관의 책을 훼손할 만큼 그 인식이 중대한 것일까? 이를 심리학에서는 '엄격편향Harshness Bias'이라는 단어로 설명한다. 엄격편향은 실제보다 남이 나를 나쁘게 평가한다고 믿는 현상을 말한다. 그래서 우리는 거절을 하고 나면, 상대방이 느끼는 것보다 더 과하게 확대해서 실재하지 않는 부정적인 감정을 스스로 만들어내곤 한다. 거절해도 괜찮다. 남들은 내가 생각하는 것만큼 나에게 큰 관심도 없을 뿐더러, 큰 감정적 교류를 원하지도 않을 때가 대부분이기 때문이다. 당신이 거절한다면 그 사람은 아무 상처 없이 누군가 다른 사람에게 부탁할 것이다. 물론 워라밸도 마찬가지다. 워라밸을 지킨다고 해서 엄청나게 남들의 지탄을 받을 것이라 생각하는 것은 과한 걱정이다. 사람들은 그렇게까지 남에게 관심을 가지지 않는다. 처음에는 좋지 않은 눈길로 보더라도, 맡은 일을 제대로 해내기만 한다면 곧 그 시선도 사라질 것이다.

　누군가의 부탁에 'Yes'라 말하는 것은 좋은 일이다. 부탁을 들어주는 나도 기쁘고, 부탁한 상대방도 도움을 받을 수 있기 때문이다. 누군가에게 내가 인정받는 기분 때문에 Yes라고 말하는 그 순간은 기쁜 감정이 들게 된다. 하지만 내키지 않는 부탁을 순간적으로 수락한 뒤에는 너무 많은 것을 감내해야 하는 상황이 생긴다. 남의 부탁을 들어주기 위해서는 그만큼 남을 위해 나의 시간과 에너지를 써야 하기 때문이다. 사람들은 일반적으로 부탁을 할 때 그 일이 상대에게 얼마나 힘든 일인지, 그리고 얼마나 잘할 수 있는지 고려하지 않는 경우가 많다. 또는 상대의 역량에 대해 오해하고 있을지도 모른다. 그리고 부탁을 수락하는 사람도 자신을 둘러싼 상황을 완벽하게 파악하지 못한 채 Yes를 외칠 때가 많다. 'Yes'라고 말하는 것은 참 쉬운 일이다. 하지만 'No'라고 말했을 때 자신을 위한 더 많은 시간과 에너지를 만들어낼 수 있다는 사실을 알아야 한다.

거절과 회복탄력성

회복탄력성은 '어려움과 역경을 헤쳐나갈 수 있는 마음의 힘'을 말한다. 우리 몸에 근육이 많으면 신체 활동을 더 잘할 수 있는 것처럼, 마음에도 근육을 만들어 어려움과 역경을 이겨낼 수 있다는 논리다. 우리가 아직 사회에, 또는 내 몸에 익숙하지 않은 워라밸을 해내기 위해서는 회복탄력성을 좀 키울 필요가 있다. 운동을 열심히 하면 근육이 생기는 것처럼, 많은 역경들을 피하지 않고 부딪쳐 해결한다면 회복탄력성도 분명히 높아질 수 있다.

그렇다면 회복탄력성은 어떻게 키워야 할까? 회복탄력성을 높이기 위해서는 먼저 자기 조절 능력을 갖추어야 한다. 자신이 처한 상황을 객관적이고 정확하게 파악할 수 있어야 하고, 순간적인 충동은 최대한 억제해야 한다. 이를 위해서는 먼저 감정을 조절할 수 있는 능력이 필요하다. 또한 대인 관계 능력도 갖추어야 한다. 주변과의 적극적인 소통을 통해 부정적인 상황을 주도적으로 타개해나가고 타인과의 공감으로 원활한 인간관계를 만들어내야 하기 때문이다.

회복탄력성, 알면 알수록 실천하기 어려운 도덕책 속 이야기처럼 들리기에 '이게 내가 실제로 실천할 수 있는 것들인가'라는 의문이 들 수도 있다. 하지만 그럼에도 실낱 같은 희망을 찾자면, 회복탄력성은 후천적인 노력을 통해 충분히 개발할 수 있다는 점이다. 그리고 또 하나 확실한 건, 회복탄력성이 높으면 삶이 훨씬 행복해질 수 있다는 사실이다. 대인 관계 능력, 자기 조절 능력 다는 못 챙기더라도 딱 하나만 실천해보자. 바로 거절이다. 회복탄력성은 거절하고, 또 거절당하면서 충분히 키울 수 있다.

어떻게 거절해야 할까요?

우리는 살면서 잘 거절하는 법을 반드시 익힐 필요가 있다. 매사 거절을 하지 못하고 질질 끌려 다닌다면, 내 생활을 보호하지 못하고 결국 남이 내 삶의 중심이 될지도 모른다. 하루 종일 바빴는데도 정작 돌아보면 무엇을 했는지 모를 때가 있다. 남 뒤치다꺼리만 하다가 하루가 지나가버리기도 한다. 언제까지나 그렇게 살 수는 없는 노릇이다. 거절을 하고 못하고는 손바닥 앞뒷면처럼 내 마음먹기에 달린 문제다. 어려울 것 없다. 일단 시도해보자. 거절하는 법을 익히고 잘 활용한다면 내가 삶의 주인공이 되는 워라밸이 다가올 것이다.

❶ 미리 연습하기

부탁은 갑작스러운 순간에 훅 들어온다. 사전에 거절 연습이 되어 있지 않은 상태에서 부탁이 들어오면 나도 모르게 수락해버려, 어느새 내 앞에는 알 수 없는 일거리가 놓여있는 경우가 허다하다. 그렇기 때문에 우리는 평소에 거절하는 연습을 해두어야 한다.

가장 먼저 준비해야 할 것은 거절을 하기 위한 첫 문장이다. 적합한 표정과 목소리를 함께 겸비하면 더욱 좋다. 당황하지 않고, 모든 부탁의 순간에 공통적으로 활용하는 나만의 거절 준비 문장을 만드는 것이다. 예를 들면 "아 그래? 근데 내가 잘 이해 못한 것 같은데 다시 설명해줄 수 있어?", "잠깐만, 언제까지라고 했지?" 등이다. 그리고 상대방의 대답이 돌아오는 짧은 순간에 재빨리 계산을 해본다. '이 일이 나에게 도움이 되는가?' 또는 '내가 이 부탁을 들어줄 수 있는 능력과 여력이 되는가?' 같은 자문과 함께 말이다. 일단 이 정도의 첫 문장만 연습해두면 어느 정도의 부탁은 바로 'Yes' 하지 않을 수 있게 된다. 깊은 생각 없이 일단 부탁을 수락하는 경우는 그 순간의 어색함을 참지 못하거나 당황스러움을 감추기 위해 발생하는데, 이런 잠깐의 보류만으로도 어색한 순간이나 갑작스러움, 당황 정도는 손쉽게 해결할 수 있기 때문이다.

❷ 미리 규칙 정해두기

수락을 할지 말지에 대한 나만의 규칙을 미리 정해두는 것도 매우 유용하다. 그리고 이러한 나만의 규칙은 거절뿐만 아니라 여러 상황에서도 나의 중심을 잡아주는 데 유용하게 쓸 수 있다. 방법은 매우 간단하다. '특정 상황이나 특정 시간, 특정 장소에서는 반드시 거절한다', '특정인의 부탁은 반드시 들어준다' 등과 같은 스스로와의 약속을 만들면 된다. 이러한 규칙을 만들게 되면 부탁의 순간에도 아주 냉철하고도 빠르게 결정할 수 있다. 또한 상대방에게 부탁을 들어주지 못하는 이유를 굳이 변명하거나 더듬거리지 않고 명확하게 설명할 수 있기 때문에, 상대방도 쉽게 수

긍할 수 있게 된다.

❸ 비용으로 전환시키기

우리는 거절의 순간에 내가 손해 볼 상황을 생각해야 한다. 시간이 그저 거저 생긴다고 여기면 안 된다. 나의 시간은 곧 돈이고, 부탁을 들어주기 위해서는 나의 에너지가 소모된다. 내 시간과 에너지는 공짜가 아니다. 일반적으로 부탁을 받게 되면 '이 부탁을 받아들이면, 1시간 정도 걸리고 그럼 퇴근 시간이 조금 늦어지겠네, 집에 좀 늦겠네……'처럼 머릿속에서 시간의 흐름에 대한 그림이 그려진다. 하지만 막연할 뿐, 그 부탁으로 인해 내가 얼마나, 어떤 손해를 보는지는 구체적으로 헤아릴 수 없다. 이처럼 나조차도 막연하기에 확실하게 거절하기가 어려운 것이다. 그렇기 때문에 부탁에 대한 '비용' 산출이 중요하다. 이를 위해서는 먼저 나의 가치를 판단해두어야 한다. 나의 한 시간은 얼마인지 말이다. 그렇게 되면 누군가의 부탁을 들어줌으로써 얼마의 손해를 보게 되는지 바로 계산할 수 있다. 자신의 몸값을 정해보자. 1시간에 얼마인지, 그리고 그 시간에 써야 하는 두뇌 또는 신체 에너지가 얼마나 되는지. 그러면 거절의 순간에 당신은 좀 더 단호해질 수 있다.

❹ 도와주는 것처럼 보이는 방법 활용하기

거절하고 싶지만 쉽게 거절할 수 없는 부탁들이 있다. 회사에서 누군가가 내가 소중하게 여기는 자료를 요청한다든지, 도움을 거절할 마땅한 답변이 없는 경우 말이다. 이럴 때 직접 도움을 주고 싶지 않다면 적어도 다른 대안을 제시하는 노력 정도는 보여줘야 한다. '제가 그 분야의 전문가를 소개시켜 줄게요'라든지 '그 부분에 대해서는 저보다는 ○○○책을 보시는 게 더 도움이 되실 거예요' 또는 '인터넷에서 ○○○라고 검색하시면 더 많은 자료가 나옵니다' 등의 답변이 그 예다. 이는 상대방을 속이는 것도 아니고, 내 마음에 따라 거절을 하면서 더 좋은 대안을 줄 수도 있기 때문에 상대방도 만족할 수 있다. 하지만 그럼에도 불구하고 상대에 대한 배려 없이 막무가내로 직접적인 도움을 요청하는 사람에게는 단호히 거절해도 좋다. 그 사람은 당신이 생각하는 만큼 당신을 중요하게 여기지 않을 확률이 굉장히 높기 때문이다. 그리고 그런 사람은 언젠가 당신이 부탁을 하게 된다면 쉽게 거절할 확률 역시 높다.

우리는 종종 정말로 도움이 되지 못하는 상황에서도 'Yes'를 해버릴 때가 있다. 하지만 정말 도움이 되지 못하는 상황에서는 오히려 'No'가 배려가 된다. 상대방이 부탁을 하는 이유는 자신에게 도움이 필요해서지, 그저 'Yes'라는 대답을 듣고 싶어서가 아니기 때문이다.

❺ '못 해요'가 아니라 '안 해요'라고 답하기

'말이 씨가 된다'는 속담이 그냥 나온 말은 아니다. 실제로 우리는 말하는 대로 행동하려는 경향이 있다. 이를 심리학적 용어로 '자기충족적 예언Self-Fulfilling Prophecy'이라고 한다. 말 그대로 미래에 대해 '나쁠 것이다'라고 예상하면 나쁜 일이 벌어지고, '좋을 것이다'라고 말하면 실제로 성공할 확률이 높아진다는 것이다. 하지만 자기충족적 예언이 실제로 나타나는 이유는, 사람은 객관적인 상황보다 자신이 믿고 있는 상황에 더 잘 반응하며 그러한 반응들이 여러 차례 모이면 결국 어떤 구체적인 상황으로 나타나게 되기 때문이다.

이와 관련된 한 실험이 있다. 두 개의 그룹으로 나눠진 참가자들에게 음식을 권하고, 첫 번째 그룹에게는 "저는 못 먹어요"라고 말하도록 했고 두 번째 그룹에게는 "저는 안 먹어요"라고 대답하도록 했다. 그저 대답을 수없이 반복하는 상황이 종료되고 참가자들이 집으로 돌아갈 때 그들에게 아이스크림을 하나씩 제공했다. 사실 아이스크림을 제공하는 이 순간이 진짜 실험이었는데, '못 먹어요'라고 대답했던 실험자들은 60% 정도가 아이스크림을 받았다. 하지만 '안 먹어요'라고 대답했던 실험자들은 30% 정도만 아이스크림을 받았다. 즉 '할 수 없다'라는 수동적인 답변 대신 '하지 않는다'라는 능동적인 대답을 한 것이, 타인의 권유(아이스크림 받기)를 들어줄 확률을 무려 30%나 낮춘 것이다.

이처럼 수동적인 답변과 능동적인 답변의 습관으로 인한 차이는 행동으로 분명하게 나타난다. 능동적인 선택의 상황에서는 자연스럽게 자신의 선택에 대한 자기 결정이 높아지게 된다. 이처럼 우리는 스스로 '셀프 최면'을 걸 수 있다. 이를 거절에 활용해보자. 누군가의 권유나 부탁을 거절해야 하는 상황에서 가능하면 '할 수 없어요'가 아니라 '하지 않아요'라고, 조금 더 적극적이고 내 의지가 중심이 되는 단어를 활용해보자. 스스로 더 단호해질 수 있기도 하고, 상대방에게도 부탁에 대한 일말의 여지를 남기지 않을 수 있다.

원만한 관계를 위한 간단한 방법, 설득

> 《미생》의 작가 윤태호는 우리가 타인을 설득하기 위한 삶을 끊임없이 살아왔고, 또한 살아가야 한다는 것을 잘 알고 있는 인물이다. 오늘도 자신과 타인을 함께 설득해나가야 하기에 우리는 언제나 완전하지 못한 '미생'이다.
>
> - 《나는 지방대 시간강사다》 저자 김민섭

사회생활에서의 가장 큰 걱정거리는 바로 인간관계다. 그리고 이 인간관계를 잘 만들고 못 만들고의 차이는 '말하기'에서 시작한다. 말에는 사람의 생각과 성격, 감정이 담겨있기 때문에 서로 의견을 교환하고 공감하거나 반대하는 과정을 통해 사람과의 관계가 만들어진다. 하지만 말을 잘한다는 것은 매우 어려운 일이다.

역사적으로 한 획을 그은 사람들은 대부분 아주 뛰어난 달변

가였다. 종교 지도자나 사상가들도 말로 사람들의 마음을 파고들었고, 정치가들도 우수한 화술로 국민을 매료시켰다. 즉, 말을 통해 완전히 내 편으로 만들어야 누군가에게 영향력을 행사할 수 있다.

우리는 매일 그리고 매 순간 누군가를 설득하거나 누군가에게 설득당하며 살아가고 있다. 그 설득이 비즈니스를 위한 것이든, 아니면 마음을 얻는 활동이든 설득은 결국 인간관계의 원동력이자 '나' 중심의 삶을 살기 위한 에너지를 축적할 수 있도록 하는 일이다. 나아가서는 얼마나 많은 사람을 설득시켰는지가 성공의 척도이기도 하다. 많은 이들이 조직원과의 관계로 인해 워라밸 실천을 망설이고 있기에, 설득의 기법이 지금 더욱 필요한 것이다.

설득은 왜 어려울까요?

우리는 설득을 통해 상대방의 행동이나 내적인 태도, 신념을 변화시키려 한다. 하지만 뭘 어떻게 해야 하는지는 잘 몰라 어려워한다. 설득을 위해서는 설득에서의 가장 기본적인 개념인 태도 attitude 와 행동 behavior 을 구분할 필요가 있다. 설득이 어렵다고 생각하는 데는 이 2가지가 가장 크게 작용한다.

'상대방을 어느 선까지 설득할까'를 정하지 않은 상태에서 하는 설득은 목표 없이 항해하는 배와 같다. 상대방의 행동을 일시적으로 바꾸는 설득은 비교적 쉽다. 그러나 그 행동을 하도록 만드는 태도, 또는 신념 자체를 바꾸는 설득은 결코 쉽지 않다. 누군가를 설득하고 싶다면 상대방을 어느 수준까지 설득할지를 먼저 정하고, 그 수준에 맞는 설득을 해야 한다. 그래야 좀 더 수월하게 설득할 수 있다.

설득을 위한
상대 분석

의사 결정에서의 사고방식이나 중요하게 생각하는 사항 등은 사람마다 모두 제각각이다. 다양한 사람들과 다양한 상황에서 설득 커뮤니케이션을 해야 한다면, 나 역시도 다양한 스타일에 맞춰서 준비를 해야 한다. 일반적인 의사 결정 스타일과 알맞은 설득 방법 몇 가지를 소개한다.

❶ 사례가 있어야 안심하는 '안전지향 스타일'

다른 사람들은 어떻게 하고 있는지, 과거에는 어떻게 했는지 반드시 실제 사례를 보아야 하고, 다수가 안전하다고 여기는 것을 주로 결정하는 스타일이다. 회사에서의 상황을 예로 들면, 주로 '작년에는 어떻게 했지?', '옆 부서 보고 자료 좀 어떻게든 구해 봐'라고 말하는 상사가 여기에 해당한다.

사실 사기꾼은 이런한 스타일을 가장 선호한다고 한다. 방대하고 복잡한 자료를 보여주며 결국 '타인이 성공한 경험이 있다'는 사례를 제시하면 일단은 나에게 우호적인 사람이 될 수 있기 때문이다. 추가로 사례와 함께 계산기를 두드리며 숫자를 제시한다든지, 사진을 보여주며 누군가의 성공을 시각적으로 표현해준다면 아주 손쉽게 설득할 수 있다. 이런 스타일의 상사와 일을 한다면 상대적으로 워라밸에 조금 더 가까워질 수 있다.

❷ 자신을 절대적으로 신뢰하는 스타일

의사 결정에 도움이 되는 객관적인 데이터나 전문가의 자문이 있음에도 단지 참고만 할 뿐, 계속 의심하고 결국에는 자신의 경험치와 직관에 따라 결정하는 스타일을 말한다. 주로 '내가 감이 좀 괜찮은데 말이야'라든지 '내가 옛날에 해봐서 아는데'라고 말한다.

이들은 겉으로 보기에는 매우 차가워 보이고, 쉽게 접근하기 어렵다고 느껴지지만 사실은 인간관계나 의리에 매우 약하기도 하다. 그렇기 때문에 자료나 분석, 이성보다는 감성으로 접근하는 편이 좋다. 개인적인 관계를 만들거나 공통적으로 아는 사람을 만들어 함께 만나는 등의 이벤트를 통해 사적인 관계에서 공적인 문제까지도 해결할 수 있도록 만들면 된다. 물론 개인적 관계를 만들다가 너무 많은 시간을 보내 도리어 워라밸에는 실패할 수도 있다는 단점이 있다.

❸ 생각이 너무 많은 스타일

문제에 대해 끊임없이 생각하고 질문해 오류가 없는 최적 방안을 찾아내려고 노력한다. 항상 모든 문제에 대해 끊임없이 고민해 아침에는 A라고 지시했다가 오후에는 B로 하라고 지시하는 사람이 이런 스타일이다. 물론 의사 결정의 실패 확률은 상대적으로 낮지만, 함께 일을 하면 상당히 피곤하다.

이들을 설득할 때에는 자료의 깊이에 너무 신경 쓰기보다 다양한 시각의 여러 자료를 보여주는 것이 중요하다. 즉 나도 당신처럼 생각이 많은 꼼꼼한 스타일이라는 것을 어필해야 한다. 특히 상사가 생각하지 못하는 새로운 시각의 자료를 보여주는 것이 중요하다. 대개 생각이 많은 사람들은 도전을 꺼려하고 다소 고지식한 편이기 때문이다.

❹ 사실만 믿는 스타일

발생할 수 있는 부정적 상황을 매우 싫어하고, 때로는 극대화하는 성향이 있다. 그렇기 때문에 리스크를 최소화하는 근거나 사실 등을 중시한다. 이렇게 행동하는 주된 이유는 문제가 발생하더라도 자신의 책임을 최소화하기 위한 것이 가장 크다. 동료들의 의견보다는 자료에만 의존하기 때문에 독단적이라는 평을 듣기 쉽다.

이 경우에는 대화를 하기보다는 일방적으로 상대방의 의견을 들어주는 것이 중요하다. 그리고 내 의견을 말하기보다는 상대방의 질문에 효과적으로 대답할 수 있도록 사전 준비를 해야 한다. 이번 대화에서 설득되지 않을 것 같다면 과감하게 다음 기회로 넘기는 편이 효과적이다. 또한 아주 공신력 있는 전문가의 의견이 아니라면 차라리 제시하지 않는 것이 낫다.

이와 같은 대표적인 의사 결정 스타일은 언급한 순서대로 많이 나타난다. 직장에서나 가정에서 워라밸을 위해 누군가를 설득해야 한다면, 평소에 위 방법을 머리에 담아두고 사전에 내가 취할 전략과 태도를 준비하는 것이 필요하다. 불필요한 일에 쓸데없이 소비되는 시간을 줄일 수 있고, 성공적인 설득으로 워라밸에 보탬이 될 수도 있기 때문이다.

알면서도 속고 있는 '설득의 법칙'

설득의 법칙은 우리가 알면서도 속고 있는 것들이 대부분이다. 이는 기업들의 마케팅이나 홍보에 적극 활용되는데, 기업이나 상대방의 뻔한 속임수에 속아 넘어가지만 말고, 우리도 이를 적극적으로 활용해볼 필요가 있다.

❶ 한정성에 속고

홈쇼핑의 '한정 판매, 마감 임박'은 모든 사람이 알고 있는 흔하디 흔한 기법이다. 그러나 우리는 틀림없이 속아 넘어간다. 속지 않더라도 마음이 매우, 매우 동요된다. 백화점 전단에 붙어있는 '100개 한정'이라는 단어 역시 쓸데없는 물건도 쓸모 있는 물건으로 만들어준다.

인간은 경쟁 심리를 부추기는 한정성에 맹목적으로 달려든다. 이러한 상황에서는 평소보다 방어기제를 더 많이 만들어내므로, 상황 분석을 통해 득실을 냉정하게 따져보아야 한다. 그리고 이러한 전략은 반대로 상대방을 설득할 때 카운터펀치로 사용할 수도 있다. 예를 들면 '이 제안은 딱 오늘까지야'라든지 '너한테만 이렇게 말한 거야' 같은 몇 개의 레퍼토리만 잘 활용하더라도 설득의 성공률을 쉽게 높일 수 있다.

❷ 권위에 또 속고

우리는 항상 불확실한 상황을 접하기 때문에 전문가의 의견을 보다 더 신뢰하게 된다. 똑같은 말이라도 전문가의 의견이라면 사람들은 별 의심 없이 신뢰를 가진다. 그렇기 때문에 별것 아닌 통계나 의견도 '전문가'가 했다는 타이틀을 붙여 대중을 속이는 경우가 허다하다. 이는 광고에도 자주 활용된다. 예를 들어 인기리에 방영된 드라마에서 주인공이 의사 역할을 맡았다면, 그 주인공은 얼마 뒤 의약품 관련 광고를 찍을 확률이 높다. 드라마가 종영된 후라도 한동안 대중들은 무의식적으로 그 연예인을 의사처럼 받아들이기에 그 연예인이 찍은 의약품 광고의 신뢰도가 확 높아진다. 우리도 누군가를 설득할 때 상대방이 좋아하거나 신뢰하는 분야를 예로 들어 설명한다면 이 또한 좋은 방법이 된다. 응용하자면 가장 쉽게 동료를 설득할 수 있는 방법은 "이 기획안 부장님도 좋다고 하시는 것 같던데?" 같은 말이다.

❸ 상호작용에 또 속고

상호작용은 속는다기보다는 어쩔 수 없는 상황이기 때문에 설득되는 것에 가깝다. 화장품 매장 앞을 지나갈 때 자주 듣는 말이 있다. "들어오시기만 해도 화장솜 드려요." 떠밀려 화장솜을 받으러 들어가거나 진짜로 화장솜만 받고 나와야지 생각하면서 들어가도 대다수는 뭔가를 사서 나오게 된다. 사람은 뭔가를 받게 되면 돌려주어야 한다는 의무감을 갖고 있기 때문이다. 그러한 고정관념이 우리 생각 안에 입력되어있기 때문에 뭔가를 받고 쉽게 거절하기가 어렵다. 상대방이 들어줄 수 없는 큰 요구를 먼저 한 뒤, 원래 하려던 작은 요구를 내미는 것이 이 경향을 활용한 예다. 큰 요구를 거절한 후에는 상대방을 실망시켰으니 그 다음에는 기쁨을 줘야 한다는 의무감이 생기기 때문이다.

❹ 사회적 증거에 또 속고

인간은 항상 타인을 의식한다. 그렇기 때문에 일반적으로 다수가 선택한 행동이 올바르다고 인정하게 되고, 다른 사람들의 행동을 따라하면 실수할 확률이 낮다고 생각하게 된다. 그렇기 때문에 이미 많이 팔린 제품은 계속 잘 팔려 '스테디셀러'로 자리매김하는 것이다. 예능 프로그램에서도 웃음을 유발하기 위해 연출된 웃음소리를 배경음악처럼 적재적소에 튼다. 사람들이 웃는 소리를 많이 듣게 되면, 나도 웃어야 한다는 생각을 하게 되기 때문이다. 패밀리레스토랑에 가면 자리가 많더라도 의도적으로 밖에서 잠시 기다리는 시간을 갖게 하는 것 역시 사회적 증거를 활용하는 전략이다. 이는 타인을 설득할 때 자연스럽게 가장 많이 활용되는 방법이기도 하다. 그저 별말 없이 '요즘 다른 회사들은 전부 칼퇴 지키기 운동을 한다던데요'라고 말한다든지, '워라밸이 2018년도 트렌드라고 TV에서 그러더라고요'라는 말로 설득력을 아주 손쉽게 올릴 수 있다.

까다로운 사람과의
실전 대화법

"화제를 과거로 돌려버리고 새로운 논점을 끌고 오는 것은 자동차 세일즈맨들이 배우는 기술이에요. 세일즈맨들은 고객들이 '차를 살지 말지'로 고민하게 만들어서는 안 돼요. '빨간 차를 살지 파란 차를 살지'로 고민하게 만들어야 하지요. 그만큼 대화의 기법은 아주 중요한 것입니다."

- 스콧 애덤스

이유를 불문하고 유독 까다로운 사람, 까칠한 사람이 주변에 두어 명은 있기 마련이다. 그들과의 인간관계는 어떤가? 상황마다, 사람마다 다르겠지만 대체로 썩 편하지는 않을 때가 많다. 까다로운 사람이 좋다고 느낄 때는 주로 사회에서 비즈니스로 만나는 상황이다. 까다로운 사람들은 보통 자신의 일에 대해 소신을 갖고 있고, 주관이 뚜렷하다. 또한 자신만의 스타일로 일도 척척 잘 추진해낸다. 그래서 같이 일하기에는 최적의 상대다. 또한 까다로운 사람들은 관점이 남달라 보통은 잘 눈치채지 못하는 문제점들을 발견하기도 하고, 새로운 아이디어를 도출해내기도 한다.

   그럼에도 불구하고 대부분의 사람들은 까다로운 사람과 관계 맺기를 꺼린다. 하지만 안타깝게도 사회생활에서는 나와 잘 맞지 않는 사람과도 관계를 맺어야 하기 마련이다. 이런 상황에 처하면 우리는 엄청난 스트레스에 빠진다. 현대 한국인의 삶에서 직장은 매우 큰 비중을 차지한다. 그리고 직장 생활에는 결코 물질적인 요소만 있는 게 아니다. 정서적 교감과 같은 감정적인 요소도 상당 부분을 차지한다. 그렇기 때문에 직장에서 까다로운 사람을 상대한다는 것은 엄청나게 어려운 일이다.

   인간관계가 이렇게 어려운 만큼 우리는 속내를 숨기고, 가면을 쓴 채 하루를 보낸다. 까다롭고 성격이 모난 사람과 어떻게 대화하고 어떤 태도를 가질 것인가에 대해 생각해보고, 그에 걸맞은 대처법을 익혀두는 것은 나의 워라밸에 매우 큰 도움이 된다.

'눈치'라는 것이 있는 '사회적 동물'

많은 이들이 사회적 관계와 지위 때문에 어쩔 수 없이 타인의 눈치를 보게 된다. 사람마다 차이가 있지만, 본래의 성격이나 감정에 관계없이 눈치를 본다는 행위 자체는 매우 힘든 일이자 자존감을 낮추는 일이다.

사실 '눈치 보기'는 매우 고도화되고 성숙된 행동이다. 이는 뇌과학에서 말하는 '거울뉴런Mirror Neurons' 개념과도 연관이 있다. 거울뉴런은 타인의 행동을 관찰할 때 자신도 같은 행동을 하도록 만드는 세포다. 아직도 연구가 진행 중인 분야이기에 단정할 수는 없으나, 지금까지의 이론에 따르면 인간의 공감 능력이 바로 거울뉴런과 관계가 있다고 한다. 즉 남의 눈치를 잘 본다는 것은 곧 공감 능력이 뛰어난 고도화된 뇌세포를 가지고 있다고 볼 수 있다. 공감 능력은 '외부'의 시각으로 본다는 뜻이기도 하다. 자신의 시각에만 갇혀있지 않고, 객관적 시각으로 세상과 타인을 바라보는 사고방식은 오직 인간만이 가능한 고등 사고임이 확실하다.

또한 다양한 연구에서 성격이 원만하거나 의무감이 강한 사람일수록 갈등을 싫어해 그를 피하려 이리저리 노력한다는 결과가 많이 발표되기도 했으니 '왜 나는 자꾸 남의 눈치를 보는가?'에 대한 자책은 잠시 접어두도록 하자. 공감 능력이 좋다는 뜻이기도 하니 말이다. 자책보다는 사회적 동물임을 인정하고, 까다로운 사람과도 함께 살아갈 수 있는 방법을 고민하는 편이 더 생산적일 것이다.

스탠리 밀그램의
복종 실험

우리는 불필요한 갈등을 없애기 위해 매일 누군가에게 묻어갈 때가 많다. 물론 적당한 묻어가기는 사회생활을 위해 필요하지만, 자신의 가치 판단이나 기준 없이 묻어가기만 하는 것은 조직에도, 자신에게도 큰 문제가 될 수 있다. 이러한 '묻어감'이 얼마나 극단적으로 치달을 수 있는지 잘 보여주는 연구가 있다. 윤리적으로 많은 비판을 받았던 스탠리 밀그램Stanley Milgram의 복종 실험이다.[26]

밀그램은 징벌과 학습 효과라는 이름으로, 실험에 참여할 인원을 교사와 학생으로 나누어 모집했다. 다만 학생은 이미 정해져있는 배우였으며, 실제로 모집된 인원은 교사 역할을 하는 사람들뿐이었다. 그리고 교사와 학생을 각각 짝지어 실험을 실시했다. 먼저 학생을 전기 충격 장치가 연결된 의자에 앉혀 묶어둔 뒤, 교사 역할을 하는 실험자에게 문제를 내게 하여 만약 학생이 문제를 틀린다면 전기 충격을 가하게 만드는 방식이었다. 전기 충격 장치는 가짜였고, 학생 역할을 맡은 배우는 연기를 할 뿐이었다. 인간의 도덕성을 확인하려 설계된 이 실험의 연구진들은 피실험자 중 대략 3% 정도만이 치명적인 수준까지 전기 충격을 가할 것으로 예상했다. 그러나 결과는 충격적이었다. 전기 충격 장치에 생명에 위협을 줄 수 있다는 표시가 되어있는데도, 무려 65%의 피실험자가 최대치까지 전압을 올렸다. 학생 역을 맡은 배우들은 매우 고통스러워하는 연기를 했고, 후에는 마치 죽은 듯 아무런 반응을 보이지 않았다. 그럼에도 피실험자들은 연구진들이 책임을 질 테니 계속 하라는 압박을 주자 멈추지 않고 전압을 올렸다.

피실험자들이 그렇게 잔인하게 행동한 이유는 무엇일까? 그 핵심에는 내가 책임지지 않아도 되는 일에 굳이 갈등을 만들고 싶지 않다는 생각이 있었다. 이 실험은 아무리 이성적이고 윤리적인 사람일지라도 설득력 있는 상황에서는 스스로의 가치 판단 없이 남이 시키는 대로 굴복한다는 걸 보여준다. 그저 갈등을 피하기 위해 묻어가려는 성향은 매우 위험하고 극단적인 상황까지도 불러올 수 있다.

남의 눈치 보느라
내 감정을 숨기는 게 정상인가요?

갈등을 싫어하다 보니 대부분의 사람들이 문제가 있어도 그냥 묻고 넘어가려 한다. 하지만 얼핏 배려처럼 보이는 이런 회피는, 감정을 숨기는 사람의 건강은 물론 상대방과의 관계 및 건강에도 부정적인 영향을 준다고 한다. 심리학에서는 이 분야에서 아주 다양한 실험이 이뤄지고 있다. 한 실험에서는 사람들에게 분노를 일으키는 영상을 보게 한 후 다른 사람과 짝을 지어 대화를 하도록 했다. 이때 짝을 이루는 사람 중 한 명에게는 자신의 감정을 최대한 억누른 상태에서 대화를 하도록 하고, 그의 대화 상대방에게는 평상시와 똑같이 자연스러운 대화를 하도록 했다. 각각 조건의 대상자들에 대해 의학적으로 분석한 결과, 감정을 억누르고 대화한 사람들이 자연스럽게 감정을 표현한 집단보다 혈압과 스트레스 지수 모두 높게 나타났다고 한다. 주목할 만한 사실은, 자연스럽게 대화를 한 사람도 평상시에 비해 혈압 상승폭이 높았다는 것이다. 대화를 하는 상대방의 감정 회피가 좋지 않은 영향을 끼친 것이라고 볼 수 있다. 이외에 연인을 대상으로 한 연구 등에서도 감정 회피가 주는 부정적 영향을 관찰할 수 있었다.

까다로운 사람도 춤추게 하는 리프레이밍 기법

'함께 이야기하면 기분이 좋아진다'고 느껴지는 사람이 있는가? 최근 MBC 〈마이리틀텔레비전〉에 출연한 헤어 디자이너 차홍의 대화법을 본 사람들 사이에 많은 감탄이 오갔다. 차홍은 유능한 헤어 디자이너로도 유명하지만, 이 방송 이후 상대방을 기분 좋게 해주는 리프레이밍reframing 기법의 대가로도 유명세를 얻었다.

실제로 그녀는 방송에서 '산적같이 생겼다'는 말을 많이 듣는다는 고객에게 곧바로 '산적은 카리스마가 넘치는, 남성미의 결정체'라는 뜻이라고 받아쳤다. 또한 고객의 귀 옆에 큰 점이 있는 것을 보고 피어싱처럼 예쁘게 보인다는 말로 상대방을 기쁘게 해주며 대화를 이어나갔다. 바로 이것이 리프레이밍 기법이다.

상대가 단점이라 생각하는 부분을 새로운 관점으로 다시 제시하는 대화법이다. 특히 직접적으로 '이렇게 바꿔서 생각해보세요'라고 권하는 게 아니라 대화 속에서 자연스럽게 상대방이 알아채도록 말하는 것은 고도화된 리프레이밍 노하우다. 이는 그저 단순하고 막연한 긍정과는 차이가 있다.

A: 난 결정 장애가 있어서 어떤 결정도 못 하겠어.
⇨ 아니야, 그 정도면 빨리 결정하는 편이야.(단순 긍정)
⇨ 너는 선택에 완벽을 기하는 것뿐이야, 그래서 실수하는 경우가 적잖아.(리프레이밍)

단순한 긍정도 상대방의 입장을 이해하는 마음에서 하는 말이지만, 구체적으로 상황을 제시하며 상대방이 쉽게 인지할 수 있도록 관점을 바꿔주는 리프레이밍에 비해서는 상대방이 느끼는 감정적 만족도가 많이 떨어진다. 평소에 리프레이밍 기법을 잘 활용하기만 한다면, 아무리 사포처럼 까칠까칠한 사람이라도 당신의 한마디에 스르륵 비단처럼 변할지도 모른다.

까다로움에 대처하는
실전 대화법

까다로운 사람과 굳이 대화를 하지 않아도 된다면 좋겠지만 삶이 어찌 내 마음처럼 흘러가겠는가. 언젠가는 반드시 까다로운 사람을 만나게 된다. 혹은 그 사고의 흐름이 짐작조차 가지 않아 사람을 당황하게 만드는 특이한 사람들도 꽤나 존재한다. 이를 두고 직장인들은 속된 말로 '돌아이 보존의 법칙'이라고 하기도 한다. 이러한 여건에서 워라밸을 위해 고군분투하는 당신을 위해 까다로운 사람, 상황에서의 실전 대화법 2가지를 소개하고자 한다.

❶ 권위적인 그 사람 상대하기

까다로운 직장 상사들 중에는 특히 주관이 뚜렷하거나 고집이 센 사람이 많다. 그들은 대화 중 의견이 안 맞는 것을 느끼면 상대방이 나에게 도전한다는 인식을 받고, 그 이후로 공격적으로 변해 버리기도 한다. 이런 스타일의 사람들에게는 보통 그들의 권위나 논리에 대해 충분히 인정해준다면 의외로 대화가 쉽게 풀린다. 하지만 너무 과해진다면 상대방에 대한 아부처럼 보일 수 있으니 주의해야 한다. 과하게 칭찬받거나 단지 추켜세우기에 급급한 이야기를 들으면 오히려 자신을 기만한다고 느껴, 아주 큰 역효과가 일어날 수도 있다. 상대방에 대한 인정은 사실 중심으로, 그리고 상대방이 받아들일 수 있는 수준으로 하는 것이 중요하다.

이러한 사람들은 처음 관계를 맺기가 어려울 뿐, 한번 소통의 길을 뚫게 되면 향후 돈독한 관계로 발전할 가능성이 매우 높다. 칭찬은 고래도 춤추게 한다는 말이 있다. 돈이 드는 것도 아닌 작은 칭찬, 그 정도는 그냥 빨리 해주고 말자.

❷ 대화가 자주 끊기는 까다로운 상황 타개하기

종종 두서없는 대화를 하게 될 때가 있다. 어쩔 수 없이 한 공간에서 시간을 보내야 하는 워크숍 또는 회식 자리에서 말이다. 이때에는 앞으로의 상황이 잘 예측되지 않고, 대화의 타이밍이 수시로 끊기는 등 대화를 이어가기가 여간 어려운 것이 아니다. 중도에 화제가 바뀌거나 대화의 상대방이 바뀌기도 하기 때문에, 그 순간을 넘어가는 전환 능력이 중요하다. 이러한 상황에 대처하는 대표적인 3가지 방법이 있다.

첫 번째, 화제의 연결고리를 만들어보자. "나 요즘 운동하려고 배드민턴 알아보고 있어"와 같은 별 의미 없는 말에 딱히 답변할 말이 없어 대화가 끊어지거나 엉뚱한 말을 내뱉을 때가 가끔 있을 것이다. 그럴 때는 연결고리를 만들어보자. 역시나 그다지 의미 없는 말을 하나 끼워넣을 뿐인데, 그 뒤에 대화의 흐름에 맞지 않는 엉뚱한 말을 이어도 자연스러운 대화로 들리는 효과가 있다. "아 운동 중요하죠, 그런데 영화는 안 좋아하세요? 저는 최근에 ○○○라는 영화를 봤는데 꽤 재미있더라고요"처럼 조금 자연스럽게 연결고리를 찾아내 붙여보는 것이다.

두 번째, 보디랭귀지를 활용하자. 보디랭귀지는 상대방의 이야기를 잘 듣고 있고 완벽히 이해했기에 이제 이 화제를 마무리한다는 메시지를 전달할 때 매우 효과적이다. 고개를 끄덕인다거나 표정을 달리 짓는 것으로도 충분하다. 예를 들면 화제를 바꾸고 싶을 때 "아, 그렇군요"라고 하며, 상대방의 이야기에 대해 좀 더 깊이 생각한다는 표정과 함께 턱을 한 번 잡아주는 제스처를 하며 2초 정도의 시간을 보낸다. 그 후 "아, 그런데 말이죠"라는 말과 함께 화제를 전환한다면 아무런 보디랭귀지 없이 화제를 전환하는 것보다 훨씬 자연스러울 것이다.

세 번째, 상대방에게 직접적인 신호를 주자. 정말 상반된 이야기를 전개해야 한다면 대놓고 이야기를 해주는 것이 좋다. "아, 갑자기 생각이 떠올랐는데요" 라든지, "그 이야기를 들으니 생각나는 게 있는데요"처럼 말이다.

워라밸을 위해
거짓말을 대하는 자세

> 거짓말에는 3가지가 있다. 그것은 '거짓말'과 '새빨간 거짓말', 그리고 '통계'이다.
>
> - 마크 트웨인Mark Twain

누구나 자기중심적이고 자기방어적인 기제를 가지고 있다. 이는 인간 정신이 가지고 있는 대부분의 기제들이 그러하듯, 오랜 시간 진화하면서 생존을 위해 환경에 적응한 결과물이다. 본능적으로 인간은 문제가 발생하면 나에게 유리한 쪽으로 생각한다. 그래서 '자기정당화'라는 심리적 기제를 본능적으로 작동시킨다. 또한 인간은 누구나 타인에게 인정받기를 원한다. 하지만 자신이 가지고 있는 부정적인 면을 100% 드러내게 된다면 타인에게 인정받기는 어려워진다. 그래서 사람들은 자신을 있는 그대로 드러내지 않고 마음을 숨기고, 때로는 속이려 하는 것이다. 즉, 인간은 누구나 거짓말쟁이의 속성을 갖추고 세상에 태어났다고 볼 수 있다.

그런데, 거짓말과 워라밸이 무슨 관계가 있냐고? 거짓말은 여러 긍정적, 부정적 효과를 갖고 있지만 때로는 나를 보호해주는 수단이 되기도 한다. 몸이나 마음이 너무 힘든 날, 조퇴나 결근을 위해 거짓말 한 번 안 해본 사람이 있을까? 어렸을 때부터 배워왔듯이, 잦은 거짓말은 사람의 신뢰성을 떨어뜨리므로 당연히 좋지 않다. 그러나 사회생활, 특히 직장 생활에서는 지나치게 솔직한 것도 때로는 독이 된다. 잘못 쓰면 독이 되지만 잘 쓰면 약도 될 수 있는 거짓말, 워라밸을 위해 한번 알아보자.

거짓말에도 종류가 있어요

중세 신학자인 토마스 아퀴나스Thomas Aquinas는 거짓말을 악의적인 거짓말, 이타적인 거짓말, 선의의 거짓말 총 3가지로 나누었다. 악의적인 거짓말은 정말 나쁜 의도로 타인에게 해를 가하기 위해 꾸며낸 말이다. 일반적으로 생각하는 나쁜 거짓말을 말한다. 이타적인 거짓말은 어쩔 수 없이 남이나 대의를 위해 하게 되는 거짓말로, 적군에게 모진 고초를 당하면서도 아군의 위치에 대해 거짓을 말하는 경우 등이 그 예다. 선의의 거짓말은 인사치레로 관계를 원만하게 하거나, 대화의 원활한 시작을 위해 맘에도 없는 형식적인 말을 하는 것이라고 할 수 있다. 다양한 종류의 거짓말이 존재하지만 특히 선의의 거짓말은 누구나 살면서 어느 정도는 필요하다. 선의의 거짓말은 대부분 긍정적인 분위기를 만들기 위해 하게 되는데, 가장 대표적인 사례가 바로 플라시보 Placebo 효과다. 플라시보 효과란 의사가 처방한 약이 명백한 가짜이더라도 그 약효에 대해 진실한 믿음이 있는 경우에는 실질적인 약효가 나타나고, 병이 호전되는 현상을 말하는 의학 용어다. 실제로 의사들은 플라시보 효과를 자주 활용한다. 특히 정신과 의사들이 우울증 환자를 상담할 때 이 효과를 자주 사용한다. 우울증 환자들은 보통 사람들보다 현실을 더 객관적이고 냉소적으로 바라보는 경향이 있기 때문에 우울증 환자를 대하는 의사들은 다소 거짓이 포함되더라도 좀 더 희망적인 이야기를 하기 위해 노력하고, 이를 통해 우울증 환자들의 생각이 전환되도록 노력한다고 한다. 비록 거짓이더라도 의사가 희망을 줘서 치료 효과가 높아진다면 이러한 거짓말은 반드시 필요하다고 볼 수 있다.

하지만, 반대의 경우도 있다. 플라시보 효과와 반대라는 점에서 노시보 nocebo 효과라고 하는데, 무엇인가에 대해 부정적인 믿음을 갖게 되면 그 믿음이 신체에도 부정적인 영향을 미친다는 것이다. 이러한 노시보 효과에 대해서는 여러 사례들이 구전처럼 전해지고 있다. 가동되고 있지 않은 냉동 창고에 갇힌 사람이, 상온이었음에도 불구하고 단지 냉동 창고에 갇혀버렸다는 심리적 압박을 이기지 못해 저체온증으로 사망했다는 이야기가 있다. 또 정맥을 끊어 사형을 집행하기로 한 사형수에게 눈을 가리고 사형장에서 손목에 가벼운 상처를 낸 후 장치를 이용해 손목에서 피가 흐르는 느낌을 받도록 한 결과, 실제로 정맥에서 피가 흐르고 있다고 느껴 사망했다는 이야기도 있다.

 이런 이야기들은 단지 '썰'일 수도 있으나, 실제로 노시보 효과를 입증한 실험도 존재한다. 이는 노시보 효과가 가진 전염성까지 보여주었다. 연구 방법은 아주 간단했다. 밀폐된 공간에 있는 피실험자들에게 맑은 공기를 흡입하도록 한 후, 사실 이 공기에 메스꺼움을 느끼게 하는 독소가 함유돼있었다고 거짓말을 했다. 그리고 실제로 피실험자 중 몇 명은 원래 메스꺼움 증상을 갖고 있는 사람들이었다. 실험장에서 평소처럼 메스꺼움 증상을 내보인 이들이 생기자 나머지 참가자들 대부분도 갑작스럽게 메스꺼움 증상을 나타냈다. 이처럼 거짓말은 사람을 살릴 수도, 또는 죽일 수도 있다. 그리고 부정적인 거짓말은 집단 내에서 더욱 급속도로 퍼지게 되고 부정적인 감정 역시 더 빨리 전염된다. 거짓말은 잘 쓰면 나를 보호하는 좋은 무기가 될 수 있지만, 잘못하면 집단의 팀워크를 깨고 부정적인 분위기를 조성하는 독이 될 수도 있다.

누구나 거짓말을 합니다
당연합니다

미국 캘리포니아대학에서는 하루에 사람이 얼마나 거짓말을 하는지 실험했다.[28] 실험 대상자의 몸에 초소형 마이크를 부착하고 하루의 대화를 모두 분석해 얼마나 많은 거짓말을 하는지 조사해본 것이다. 그리고 조사 결과, 하루에 약 200번 정도 크고 작은 거짓말을 한다고 나타났다. 평균적으로 8분에 한 번씩 거짓말을 한다는 결과다.

우리는 일상에서 스스로도 눈치채지 못하게 사실을 왜곡하거나 축소, 조작하면서 살아가고 있다. 단지 그게 거짓말인지 몰랐던 것뿐이다. 거짓말을 무조건 나쁘게만 해석할 수는 없다. 예를 들어 어린 아이가 처음으로 거짓말을 하게 된다면, 마냥 나쁜 일일까? 아이가 거짓말을 하게 되었다는 건 진실과 거짓을 판단할 수 있는 인지 기능이 발달했다는 뜻이고, 거짓말 같은 장치를 통해 자신을 방어할 수 있게 되었다는 의미다. 뇌가 발달하고 있다는 것을 의미하므로 나쁘게만 해석되지는 않는다.

성인들의 거짓말에도 선의의 거짓말에 속하는 순기능의 거짓말이 존재한다. 하지만 거짓말에 순기능이 있다고 해서 거짓말이 미화될 수는 없다. 타인과의 관계에서 하는 거짓말은 단기적으로는 효과를 발휘할 수는 있지만, 장기적으로 봤을 때는 결국 역효과가 나타나기 때문이다. 또한 거짓말은 신체에도 부정적인 영향을 끼친다. 설사 선의의 거짓말이더라도 말이다. 거짓말을 너무 많이 해서 아예 몸에 배어있는 사람은 다를 수 있겠으나, 일반적으로 거짓말을 할 때에는 아무리 태연한 척을 하더라도 마음으로는 들킬까 봐 걱정을 하기 마련이다.

실제로 거짓말을 하면 두려움과 긴장감이 생기면서 자율신경계가 갑작스럽게 혼란에 빠지게 된다. 연쇄적으로 심장박동이 빨라지고 호흡이 불규칙해지며 식은땀까지 나게 된다. 거짓말을 할 때 나도 모르게 코를 자주 만지는 것도 일반적인 반응인데, 심장박동이 빨라지면 혈압이 오르게 되고, 혈압이 오르면 모세혈관이 많은 코가 자연스럽게 부풀어올라 나도 모르게 코에 손이 가게 되는 것이다. 심리적으로 거짓말을 하는 자신의 입을 막기 위해 손이 입 근처로 오르락내리락하기도 한다.

이처럼 거짓말은 신체적으로나 정신적으로나 매우 부담스러운 활동임에 틀림없다. 하지만 살아가면서 어쩔 수 없이 해야만 하는, 또는 하게 되는 거짓말들이 반드시 생긴다. 하지만 그럴 때마다 거짓말하는 자신을 자책하며, 긴장하고 두려워할 수는 없는 노릇이다. 답은 간단하다. 정말 필요할 때만 거짓말을 하자. 그리고 당연히 거짓말을 하게 된다면 악의적인 거짓말은 지양하되, 선의의 거짓말과 이타적인 거짓말을 지향해야 할 것이다. 좋은 거짓말을 할 때도 너무 스트레스받지 말자. 적당한 거짓말은 내 사회생활과 남들의 사회생활에, 나아가 워라밸에 좋은 영향을 주는 약이라는 점을 기억해야 한다.

거짓말쟁이가 아니라 창의적인 사람 아닐까요?

스토리텔링story telling 이란 어떤 사실을 전달할 때 '이야기'라는 옷을 입혀서 내보내는 작업이다. 똑같은 이야깃거리가 있어도 누가 이야기하느냐에 따라 재미나 몰입도가 달라진다. 지금처럼 문자로 된 책이 귀하던 시절, 서민들은 '스토리텔러storyteller'의 주변으로 모여들었다. 우리 역사 속 판소리의 소리꾼이나 변사辯士가 바로 그들이다. 그렇다면 누가 대중들에게 환영받는 스토리텔러일까? 당연히 흥미진진하고 재미있게, 또는 상대방의 기호에 맞는 양념을 적절하게 섞어 말할 수 있는 스토리텔러를 다들 좋아할 것이다. 거짓말과 사실의 경계선에서 아슬아슬하게 줄타기하며 상대방이 이야기에 몰입할 수 있도록 이야기하는 것, 결국 이는 스토리텔러의 창의성과 밀접한 관계가 있다.

이를 증명하는 다양한 연구가 있다. 재미있는 결과를 볼 수 있는데, 평소에 부정행위를 자주 저지르는 사람이 창의력 시험에서 평균보다 높은 성적을 보였다거나, 불의를 보고도 잘 참는 사람의 창의력이 그렇지 않은 사람보다 높게 나타났다는 결과다. 연구 결과를 살펴보면 창의력은 기존의 틀을 깨뜨려야 할 때도 많기 때문에, 규칙이나 법률을 무시해버리기도 한다는 것을 알 수 있다. 그리고 이러한 틀을 깨뜨리기 위한 초월을 자주 경험하다 보면 당연하게도 부정이나 불의에 대해 둔감해지고 자기에 대한 통제 수준이 낮아질 수밖에 없다. 이들은 스스로의 창의력을 주어진 상황에 대한 해석에 적용시켜, 부정행위나 거짓말에 창의적인 정당성을 부여하기도 한다. 아마 당신은 오늘도 알게 모르게 약 200번의 거짓말을 했을 것이다. 그러니 어쩔 수 없이 거짓말을 해야 할 때에는 이 점을 기억하며 자책은 잠시 넣어두는 것이 어떨까? 우리는 생존을 위해 어쩔 수 없이 창의력이 풍부해진 것일지도 모른다.

거짓말과 작업기억

한 연구에서는 거짓말과 작업기억working memory의 관계를 밝혔다.[29] 작업기억이란 단기기억이라고도 표현할 수 있는데, 일시적으로만 저장해둔 정보를 상황에 맞게 순간적으로 활용하는 것을 말한다. 연구는 다음과 같다.

먼저 연구자들이 아이들에게 질문이 적힌 카드 몇 장을 준 뒤 "카드 뒷면에 정답이 쓰여있으니 절대로 뒷면은 보지 마세요"라고 주의를 주고 방을 떠났다. 잠시 후 별도의 방에서 카메라를 통해 어떤 아이가 뒷면을 보았는지 확인한 후 다시 실험실로 돌아와 "누가 카드 뒷면을 보았는지 알고 있다"고 말했다. 그러고는 카드에 적힌 질문을 던졌다.

이때 카드 뒷면에 적혀있는 정답을 미리 봤던 아이들 중 일부는 자신의 부정행위를 숨기기 위해서 일부러 오답을 말하면서 거짓말을 이어갔다. 그리고 아이들의 지능을 비교 연구해본 결과, 거짓말을 하지 않은 아이들에 비해 거짓말을 한 아이들이 기억하는 능력, 이야기를 조작해내는 능력 등이 훨씬 뛰어난 것을 알 수 있었다. 자신이 처한 상황과 상대방과의 사회적 관계, 자신이 본 정보 등 다양한 연관성을 종합적으로 판단해 상대방의 관점으로 조작해내는 것은 매우 어렵다. 거짓말을 잘 한다는 것은 그만큼 작업기억을 활용하는 능력이 뛰어나다는 뜻이다.

일도 잘하고 잘 살고도 싶은 당신, 나를 위한 선의의 거짓말이 필요하다면 그 능력을 버려두고 있을 필요는 없다. 그것도 워라밸을 가능하게 하는 또 하나의 능력이다.

6

워라밸을 선언해도 괜찮다는 진실

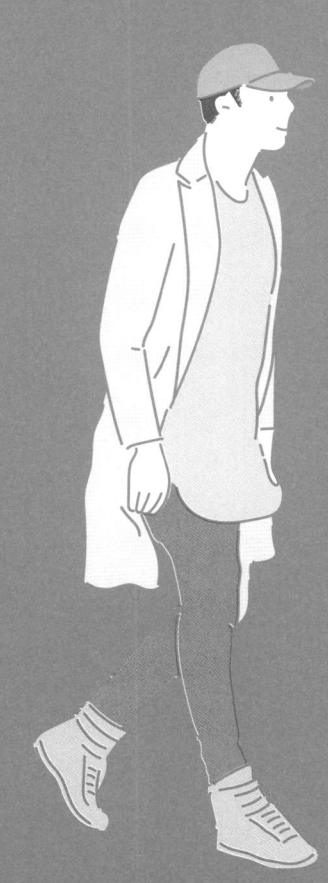

마라톤에는 항상 목적지가 있다

직장인이었을 때는 직장 생활이 아닌 삶은 염두에 두지 않았다. 직장을 그만두면 큰일 나는 줄 알았으니까……. (중략) 막상 직장을 그만두고 보니 큰일은 일어나지 않았다. 무엇이 그렇게 겁이 났을까? 내 시간을 자유롭게 원하는 곳에 쓸 수 있다는 것이 생각보다도 더 큰 만족감을 주었다. (중략) 다른 선택을 할 수 있다는 가능성을 알게 된 것만으로도 숨통이 트인다. 지금에라도 알아서 다행이다. 지금까지 하나의 답만을 보며 살아왔다.

-《나 설득하기: 해 보지 않은 것을 해 보는 연습》 저자 다현

장시간 노동, 저녁이 없는 삶. 이런 이야기가 나오면 대다수의 사람들은 방어기제가 갑자기 생겨나는 것처럼 이를 정당화하는 논리를 펼친다. 비참한 현실을 그대로 인정하기 싫기 때문이다. 인

정해버리면 결국 내 자신이 너무 초라해지기 때문이다. 그래서 '가장이기 때문에', '남들도 이렇게 사니까'와 같은 말로 자기합리화를 하곤 한다. 우리는 이미 세계적으로 인정받고 있다. 일을 많이 하는 걸로 말이다. 더 이상 자기합리화하지 않아도 된다. 일하는 시간을 줄이면 남에게 민폐를 끼칠지도 모른다고 두려워할 필요도 없다. 당신이 한 시간 일을 덜 한다고, 좀 더 여유를 찾기 위해 노력한다고 세상이 무너지거나 내 생존과 경쟁에 엄청난 영향을 주는 큰일이 발생하지는 않을 테니 말이다.

아직 우리에게는 삶의 시간이 구불구불 열두 고개나 남아있다. 인생은 장기레이스다. 그렇기에 상황을 조금 더 멀리서 볼 필요가 있다. 삶을 바라보는 범위를 넓혀야 한다는 것이다. 예술 작품을 볼 때 그저 스쳐 지나며 보면 아무것도 느낄 수도, 기억할 수도 없는 것처럼, 우리 인생도 그저 지금 순간만을 보고 살아간다면 나중에 돌아봤을 때 추억이 없을지도 모른다.

여러분의 회사 생활은 지금 어떤가? 아마 이 책을 읽는 대부분이 이런 질문을 받는다면 '회사 생활이 뭐 그냥 그렇죠, 어쩔 수 없이 먹고 살려고 다니는 거죠'라고 대답할 것이다. 이런 생각이 무조건 잘못되었다는 게 아니다. 나 역시 그렇다. 어쩔 수 없이 먹고 살려고 다닌다. 하지만 1~2년 안에 회사를 때려치울 생각이 아니라면 이왕 다니는 회사, 아주 조금만 바꿔서 생각해보자. 거창한 것도 아니다. 그냥 마음가짐 정도만 바꿔보자는 이야기다. 해보고 안 맞으면 더 이상 안 해도 된다.

운전을 할 때 다른 장치의 도움 없이 운전을 하는 것과 내비게이션을 통해 전체 경로를 확인하고 운전을 하는 것에는 큰 차이가 있다. 전체를 보지 못하고 운전을 하면, 길이 막혔을 때 한도 끝도 없이 막힐 것 같다는 부정적 생각이 들고, 예상한 시간보다 더 오래 걸릴 것 같아 스트레스를 받는다. 하지만 내비게이션의 전체 경로를 통해 조금만 더 가면 정체 구간이 곧 풀린다는 걸 알게 될 때 스트레스는 금방 줄어들고, 조금 더 기다릴 수 있는 여유마저 생긴다. 불확실과 확실의 차이다. 사람은 누구나 미래가 불확실할 때 스트레스가 높아진다.

당신의 삶에는 미래에 대한 확실한 신뢰가 있는가? 좀 더 구체적으로, 미래에 대한 슬로건이나 비전이 있는가? 그렇다면 혹시 자신이 일하고 있는 회사나 학교, 조직 등의 사훈이나 비전을 본 적이 있는가? 정말 이상한 조직이 아닌 이상, 회사의 사훈이나 비전은 누구나 인정할 만하고 바람직한 신념이다. 조금 거창할 수는 있지만 말이다. 일단 회사를 다니는 중이라면 회사의 비전과 개인의 비전을 동일시해보자. 그리고 조직의 전략과 나의 전술을 동일시해보자. 누군가에게 해를 가하기 위한 회사가 아니라면, 우리 조직의 전략을 내 삶에 반영해볼 때 꽤 그럴싸하고 기대되는 미래상이 펼쳐질 것이다. 대부분의 전략은 발전, 협동, 역량처럼 우리 삶에 필요한 가치일 테니 말이다. 내가 다니고 있는 회사의 비전은 짧게 말해 '높은 생산성'이다. 나의 비전과 동일하다. 세부 전략으로는 상생, 미래 준비, 역량 강화, 융복합, R&D, 선진화 등이 있다. 생각해보면 회사에서 하는 일의 목표는 곧 회사의 목표와 같고, 일을 훌륭하게 해내면 결국 회사에 보탬이 된다. 일에 있어서의 내 비전이 회사의 비전과 같은 건 당연하다. 이 당연한 일을 의식하니, 구체적이지는 않더라도 일을 왜 해야 하는지와 무엇을 목표로 하는지가 명확해져 일에 대한 자신감이 붙을 수 있었다. 심리적인 안정감 또한 높아졌다.

워라밸을 지킨다는 것은 내 개인적인 삶은 물론, 일도 놓칠 생각이 없다는 뜻이다. 그렇기에 일에도 나를 맞출 필요가 있다. 물론 회사에서 받는 스트레스는 당연히 존재하겠지만, 그 스트레스의 주체를 나라고 생각하면 사고의 틀은 달라진다. 회사의 비전과 목표를 나의 비전, 목표와 동일시하면 일단 업무에서 받는 스트레스는 어느 정도 감수할 수 있게 된다. 타인에게 받는 스트레스는 해롭지만, 자율적인 스트레스는 약이 된다. 자신의 향상심에서 비롯되는 적당한 스트레스는 발전의 원동력이 되기 때문이다. 회사에 무조건적으로 충성을 다하자는 이야기가 아니다. 그저 자신의 일과 삶 모두에서 윈윈Win-Win 하자는 것, 그 이상도 이하도 아니다.

한국에 워라밸이 준비되어있다는 여러 가지 증거들

지금까지 우리는 워라밸을 위해 무엇을 점검해야 할지, 그리고 평상시 나의 모습에 어떤 변화를 줄지 고민해봤다. 그런데 지금까지 일에 비해 비교적 가벼웠던 삶 쪽에 갑작스레 무거운 추가 올라간다면, 즉 갑자기 균형 잡힌 워라밸이 주어진다면 과연 나의 삶을 잘 즐길 수 있을까? 갑자기 온전한 내 삶이 주어진다면 무엇을 하고 싶을까?

일에 찌들어 살면서 자유를 갈구할 때는 뭐라도 하고 싶고, 일만 아니라면 무엇이든 엄청나게 재미있을 것 같다. 그때는 나를 이 답답함에서 구해줄 수 있는 것들이 회사 밖 세상에 온통 가득하다고 믿는다. 마치 학창 시절, 시험 기간에는 천장만 봐도 새로운 아이디어가 솟구쳐서 짜릿했던 것처럼 말이다. 하지만 막상 자유 시간이 주어지면 딱히 무얼 해야 할지 모르는 것이 슬픈 우리네 현실이다. 우리 한국인들은 내 삶을 중심으로 살아본 적이 한 번도 없기에, 그 상황이 익숙하지 않아서일 것이다. 고기도 씹어본 사람이 맛을 잘 아는 것과 같은 이치이다.

스웨덴의 글로벌 가구 기업 이케아IKEA가 한국 진출을 놓고 10년 동안이나 고민했다는 사실이 이를 잘 말해준다. 2014년 한국에 첫 매장을 오픈한 이케아는 사실 그 훨씬 이전부터 한국 진출에 대한 계획을 가지고 있었다고 한다. 2000년 즈음 한국사회에 주 5일제가 보편화되면서 이케아 본사는 한국인들이 곧 더 많은 여가 시간을 갖게 되리라 판단해, 한국 시장으로 진출하기 위한 시장조사를 벌였다. 그러나 시장조사 후 이케아는 한국 시장 진출을 잠정적으로 보류했다. 왜 그랬을까? 그들이 보기에 한국 사람들은 '여가 시간을 줘도 뭘 할지를 모르는 사람들'처럼 보였기 때문이다. 그들의 눈에 대한민국에는 쉬는 시간에 그저 TV를 보거나, 뭘 할지 몰라 시간을 허투루 낭비하는 사람들이 대부분이었기 때문이다. 실제로 주 5일 근무제가 시행됐을 때 한국 사람들은 앞으로 많은 사람의 삶의 질이 높아지고, 여행이나 건강 관련 시장이 커질 것이라고 전망했었다. 하지만 결과적으로 주 5일 근무제가 우리 삶의 질을 극적으로 높여주지는 않았다.

실제로 1999년 시행한 여가 시간 활용에 대한 조사 결과를 보면 TV시청 62%, 휴식과 수면 50.7%, 가사 잡일 33.5%, 창의적 취미활동 3.2%로 나타났다. 그렇다면 근 20년이 지난 지금의 모습은 어떨까? 문화체육관광부에서 조사한 최근의 설문조사 결과를 보면, 놀랍게도 1999년과 특별히 변한 게 없었다. 물론 새로운 항목이 생기긴 했지만, 여전히 TV 시청이 72.7%로 압도적이고 인터넷 검색이 39.1%, 산책 29.9%, 쇼핑 28.6%, 친구 만남 27%, 문자 잡담 26.7%, 음주 20.3%, 영화 보기 16.5%, 게임 15.1%로 나타났다. 여가 시간이 생기면 TV나 인터넷부터 찾는다는 것을 말해주고 있다. 2000년보다 사회적인 환경과 기술이 발전했고 예전보다 돈을 조금 더 벌며, 돈을 쓸 곳이 많아졌을 뿐 우리의 사고와 여가 시간을 즐기는 방식은 변하지 않았다는 사실이 드러난다.

다시 이케아 이야기로 돌아와 보자. 이케아가 한국 시장 진출을 포기한 후, 7년이 지나 그들은 한국 시장을 다시 찾았다. 그리고 한국을 찾은 담당자는 한 장면을 보고 한국진출에 대한 희망을 보았다고 한다. 그 장면은 바로 주말 아침 줄을 지어 산으로 올라가는 사람들의 모습이었다. 구체적으로 말하자면 스웨덴 사람이 보기에는 뒷산 수준도 안 되는 낮은 산을 올라가는데도, 비싼 등산장비를 모두 장착하고 산으로 올라가는 사람들의 행렬이었다. 1999년에는 시간이 있어도 어떻게 소비할지 몰라, 돈도 시간도 소비하지 못하던 한국인들에게 이제는 시간도, 소비력도 생겼다는 것을 알게 되었다고 한다. 하지만 1999년과 똑같이 그를 활용하는 방법과 대상을 모른다는 걸 포착한 것이다. 비싼 등산

장비를 갖추고 산을 오르는 모습은 돈도 있고, 시간도 있지만 여전히 그걸 소비할 곳을 몰라 우왕좌왕하는 한국인을 기가 막히게 압축해냈다. 직접 조립하는 가구를 판매하는 이케아에서는 돈과 시간을 한꺼번에 소비할 수 있는 자신의 비즈니스가 한국인들에게 아주 제격이라고 느꼈을 것이다.

우리는 이제 세계적인 수준의 소비력과 기술, 인프라를 갖추고 있다. 아직도 개인의 시간을 활용할 수 있는 여건은 최악이지만 말이다. 하지만 사회가 점점 워라밸의 중요성에 눈을 뜨고 있고, 정부 차원의 대책과 인식의 변화도 동시에 일어나고 있다. 워라밸의 실현을 충분히 기대해볼 만한 시점이다. 하지만 기대만 하고, 앞으로 무엇을 할지 준비하지 않는다면 당신은 앞으로도 남들의 워라밸을 멍하니 지켜보기만 할지도 모른다.

여가우선족의 등장,
여가 생활은 이제 필수입니다

우리는 워라밸을 위해, 또는 사회적인 흐름에 따라 여가 생활을 즐길 수밖에 없게 되었다. 일의 효율을 중시하는 사회 풍토와 4차 혁명의 대두로 일의 양이 줄어드는 사회에서 적절한 여가 생활은 이제 또 다른 사회이고 문화이기 때문이다. 물론 아직까지는 여가 생활을 떠올리면 취미, 여행, 체험 등 생각나는 단어는 단 몇 개로 한정되어있다. 그러나 앞으로 여기에 새로운 단어를 추가하며 색다른 여가 스타일을 제공하는 기업이 여가우선족을 사로잡고, 여가 산업에서의 진정한 승자가 될 것이다. 여가우선족의 강세를 보여주는 몇 가지 증거들이 있다.

해외여행자 수는 매년 아주 가파르게 증가 추세를 보이고 있다. 한국관광공사에 따르면 지난 8월까지 우리 국민의 누적 해외여행자 수는 1,478만 378명으로, 전년 대비 17.7%가 증가했다고 한다. 이렇듯 해외여행자 수가 급증함과 동시에 여행 관련 스타트업도 속속 생겨나고 있다. 진에어, 제주항공 등 LCClow cost carrier 항공사의 발전도 눈에 띈다. 여행 빈도수가 늘어나며 상대적으로 저렴한 저가 항공사들을 이용하는 횟수도 늘고 있는 것이다. 또한 호텔 예약 서비스 업체는 국내에서만 벌써 10개를 넘겼고, 예약 서비스의 가격을 또 한 번 비교해주는 가격 비교 서비스 업체까지 등장하고 있다. 해외에 가서 직접 신청해야 했던 스노쿨링, 번지점프 등의 레저스포츠도 '마이리얼트립myrealtrip'과 '와그waug' 등 스타트업의 새로운 서비스를 통해 국내에서도 손가락 하나로 예약할 수 있게 됐다. 이처럼 여행 관련 스타트업들은 새로운 비즈니스 모델을 제시하며 여가우선족의 성장을 돕고 있다.

서비스만 많아진 것은 아니다. 여행에 관련된 콘텐츠도 SNS를 통해 다양하게 전파되고 있다. '여행에 미치다', '여행을 떠나는 이유' 등의 페이스북 페이지는 각각 100만, 80만 구독자를 보유하며 여행에 대한 사람들의 관심을 입증하고 있다. 이처럼 여가 우선족들이 가장 시도하기 쉬운 것 중 하나는 여행이다. 홍수처럼 넘쳐흐르는 여행 관련 기업들은 워라밸을 위한 개인들의 변화에 더욱 주목하고 있다.

주말에 장을 보고, 마트를 들리던 시절도 지나간 것 같다. 장은 인터넷이나 평일에 보고, 주말엔 여가를 즐기러 집을 떠나는 사람이 많다. 이에 더해 2030세대들은 잘 알려지지 않은 예쁜 카페나 맛집을 찾고, 방문하는 과정을 하나의 놀이라고 생각한다. 그래서 주말에는 익선동이나 부암동 등 아직 입소문을 타지 않은 골목골목의 가게에 사람들이 몰리곤 한다. 이처럼 어떤 경험을 여가로 즐기는 사람들을 붙잡기 위해 유통 기업들도 변신을 거듭하고 있다. 롯데마트는 신선한 재료로 요리를 해주는 '그로서란트Grocerant'와 숲을 컨셉으로 한 휴식공간 '어반포레스트Urban 4 rest'를 도입했다. 이런 공간은 특정 매장에 속해있지 않고, 누구나 쉴 수 있고 콘센트와 와이파이도 마음껏 쓸 수 있도록 조성돼 있다. 과거처럼 가능한 많은 매장을 만들려 하기보다는 부담 없이 잠시 앉아 휴식을 취할 수 있는 공간을 더 늘려가면서 이를 통해 젊은 층을 마트로 유입시키고, 과거보다 가용시간이 많아진 고객들의 체류시간을 늘리고자 하는 것이다.

특히 최근에 가장 각광받는 '스타필드'는 단순한 쇼핑몰이 아니라 복합 체류 공간이라는 콘셉트로, 엔터테인먼트, 식음, 서비스 등 즐길 거리 콘텐츠 비중을 매장 전체 면적의 약 30%까지 확

대해 고객들이 더 오랜 시간 체류하며 즐길 수 있도록 설계했다. 사람들의 라이프스타일을 반영하여 기업의 성장 동력으로 삼는 유통 기업에서 이렇게 여가와 다양성에 초점을 맞춘다는 것은, 사람들이 삶의 중요도를 여가와 다양성 쪽으로 옮기고 있음을 증명해준다.

유행에 민감한 TV프로그램도 그 시대의 모습을 가장 잘 반영한다. 삼포세대니, N포세대니 하며 결혼조차 잊고 사는 청년들을 대상으로 〈우리 결혼했어요〉를 보여주며 가족의 모습을 다루더니, 그 이후에는 저출산 문제에 발맞추며 귀여운 아기들과 연예인 엄마, 아빠를 전면에 내세워 육아를 재미있게 그려냈다. 그 다음에는 예능프로그램이 점점 스타들의 취미에 초점을 옮기고 있다. 스타들이 연예 활동이 아닌 다른 분야에 열중하는 모습을 보고 시청자는 신선함을 느끼고, 같은 취미를 가진 이들에겐 동질감까지 느껴 열광하는 것이다.

연예계 베테랑 이덕화와 이경규, 래퍼 마이크로닷이 출연하는 〈도시어부〉는 세 사람이 전국 각지의 바다를 찾아다니며 낚시를 즐기는 내용이다. 또 〈살짝 미쳐도 좋아〉는 스타들이 평소 관심을 보이는 분야에 도전하는 과정을 관찰카메라 형태로 보여준다. 단순히 무언가를 완벽하게 잘 해내는 모습이 아니라 좋아하는 모습, 또는 잘하고자 노력하는 모습을 통해 시청자도 단지 먹고 살기 위한 생계형 삶에서 더 나아가 '좋아하는 일'에 적극적으로 도

전해보고 싶게끔 만들어준다. 취미가 주제가 아닌 프로그램에서도 스타들의 취미는 열풍을 일으킨다. 〈미운 우리 새끼〉에서 스몰카레이싱과 드론 등, 남성들이 좋아하는 취미를 섭렵한 김건모는 방영 직후 항상 인기 검색어에 이름을 올린다. 노래에만 탁월한 재능을 지닌 줄 알았던 그가 여가 시간을 즐기며 행복해 하는 모습은 시청자들까지도 각자의 여가를 돌아보고 재점검해보는 계기가 되고 있다. 이러한 콘텐츠들이 이슈가 될수록 우리는 취미, 여가를 넘어서 '더 잘 살기 위한 방법'을 고민하게 된다.

이제는 진부하기까지 한 '웰빙+힐링'

과거 2000년대 초반까지만 해도 '잘 먹고 잘 살자'를 의미하는 '웰빙well-being'에 대한 소비자들의 수요가 매우 많았다. 그러나 점점 '상처 입은 무언가를 원상태로 되돌리다'라는 의미를 가진 '힐링healing'에 대한 욕구가 커지고 있다. 웰빙이 앞으로의 건강과 행복에 주안점을 둔 미래지향적 개념이라면, 힐링은 문제점을 치유하여 균형 잡힌 상태로 복원시켜놓는 과거지향적인 개념이다. 이는 특히 최근 청년 실업, 수저계급론 등의 사회적 문제와 결부되어 사회로부터 상처받은 사회구성원들에게 더욱 각광받아 왔다.

그런데 최근 힐링은 방법론에 있어서 이전과는 다른 추세를 보인다. 과거에는 일상에서 벗어나 새로운 환경에서 시간을 보내는 이른바 '슬로우 힐링slow healing'이 주를 이루고 있었다. 그러나 최근에는 시간에 쫓길 때 간편하게 먹는 패스트푸드처럼, 한정된 시간을 쪼개 빠르게 스트레스를 해소하는 '패스트 힐링fast healing'이 각광받고 있다. 요즘 청년들은 힐링을 위해 '안마 카페'에 방문한다. 1인용으로 마련된 작은 공간 안에는 안마 의자가 있고, 그들은 여기에 앉아 커피를 마시며 힐링한다. 족욕을 하며 잠깐이나마 피로를 푸는 카페도 등장했다. 또한 불투명한 미래를 위해 지금을 희생하는 대신, 당장의 행복을 중시하는 욜로YOLO, You Only Live Once족이 새로운 트렌드다. 이와 비슷한 맥락에서 포미FORME, For health·One·Recreation·More convenient·Expensive족도 나타났다. 그들은 현재를 위한 건강과 여가, 편의를 위한 소비라면 고가일지라도 마다하지 않는다. 자신이 원하는 소비를 통해 존재 목적과 가치를 드러내고자 하는 것이다.

일코노미 시대, 나부터 생각해도 좋습니다

일코노미1conomy가 대세다. 일코노미는 1인을 뜻하는 '일'과 경제를 뜻하는 '이코노미'를 합성한 신조어로 혼자만의 삶을 즐기는 1인 가구를 말한다. 현재 1인 가구는 2015년 기준 약 520만 명으로 10년 전보다 2배 넘게 증가했다. 우리는 더 이상 혼자 지낸다는 것을 어색해 하지 않는다. 이제 막 성인이 된 20대부터 황혼을 맞이하는 60대 이상까지 혼자가 대세다. 〈나 혼자 산다〉, 〈혼술남녀〉 등 TV에서도 혼자라는 소재를 활발하게 다루고 있고, 밥 해 먹기 힘든 나홀로족들을 위한 먹거리들이 계속 출시되고 있으며 대학가에는 코인노래방이 문전성시를 이룬다. 얼마 전까지만 해도 쑥스럽고 숨기고 싶은 일이었던 '나 혼자 밥을 먹고 나 혼자 영화를 보고 나 혼자 노래하는 것'이 이제는 아무렇지도 않은 일상이 되었다.

  1인 가구는 자신이 가치 있다고 생각하는 일에 과감히 지갑을 여는 강력한 경제 세력이다. 이들은 3평짜리 자취방을 공들여 꾸미고, 수고한 자신을 위해 작지만 고급스러운 사치를 즐기며, 반려동물이나 반려식물을 가족으로 여기고 마음을 나누며 혼놀과 혼밥이 주는 자유 안에서 행복을 느낀다. 이런 1인 가구는 빠르게 증가하면서 그간 가족 또는 집단 중심이었던 경제 지도를 다시 써 내려가고 있다. 우리가 생각하는 삶, 라이프의 큰 틀이 변화하고 있는 것이다. 집단보다 '나'의 존재와 가치를 먼저 생각해도 이제 더 이상 민폐가 아닌 시대다. 내가 열정을 쏟고, 여가 시간을 쓰고 싶은 분야가 무엇인지 생각해보자. 워라밸을 선언하고 얻은 시간을 어떻게 쓰느냐에 따라 내 라이프는 보다 더 풍족해질 수 있을 것이다.

다만 경계해야 할 것은 '쏠림현상'

언젠가 우리 사회에 《아침형 인간》이라는 책이 이슈가 된 적이 있다. 새벽부터 일어나면 성공할 수 있다는 이야기를 담은 책인데, 과연 새벽부터 일어난다고 누구나 성공할 수 있을까? 굳이 아침형 인간을 예로 들지 않아도, 한 가지 분명한 사실이 있다. 누군가의 성공 비결을 따라한다 해서 모든 사람이 성공한다는 보장은 없다. 그런데도 사람들은 왜 아침형 인간에 열광하게 되었을까?

사람은 모두 어떤 방식이든 성공을 원한다. 이것은 지극히 당연하고도 기본적인 욕구이다. 그렇기에 누구나 성공을 위한 노력을 하게 되는데, 사실 그 노력은 그저 추상적일 뿐 실제로 물리적인 시간이나 노력을 들이고 무언가를 포기해가며 구체적으로, 또 체계적으로 노력하는 사람들은 많지 않다. 그래서 남들의 눈에 가장 잘 띄는 노력을 선택하고, 혹시나 성공하지 못할 때를 대비해 나에게 '내 능력이 부족해서가 아니었어'라는 면죄부를 부여하려고 최소한의 노력을 한 채 성공하길 원한다. 이런 이유로 그나마 해볼 만한 '아침에 조금 일찍 일어나기'에 사람들이 우르르 몰려간 것이다.

우리나라는 이런 쏠림현상이 모든 분야에서 매우 두드러진다. 자신의 인생을 좌우할 수 있는 대학 진학도 마찬가지다. 자신의 의지나 역량, 꿈, 재능 등을 고려하기보다는 인기 있는 학과, 남들이 좋다고 하는 학과를 우선시한다. 그래서 기초 학문에는 학생들이 부족해지고, 비인기학과의 황폐화가 더 가속화되는 것이다. 그리고 이러한 현상은 일상적인 취미나 소비에서도 많이 나타난다. 고상해보이고 뭔가 '있어 보이는' 취미가 매스컴에 소개되면 곧 이슈가 된다든지, 어떤 셀럽이 배우는 강좌를 누구나 따라하려 한다든지, 자신에게 어울리고 필요한 정보보다는 그저 좋다는 소문에 홀랑 넘어가 구매를 해버리는 현상 말이다. 그런데 이러한 쏠림의 마지막은 과연 어떤가? 얼마나 지속되던가? 쏠림현상이 있었던 것들은 결국 과다 경쟁, 난립이라는 단어와 함께 없어져버리는 경우가 허다하다.

레밍효과Lemming Effect라는 말이 있다. 레밍은 스칸디나비아 반도에 사는 설치류과 작은 동물이다. 나그네쥐라고 불리는 이 레밍은 3~4년에 한 번씩 서식지를 바꾼다고 한다. 그 기간 동안은 개체수가 계속 불기만 할 뿐 이동하지 않기 때문에 무리의 가운데 있는 레밍들은 숨 막히는 눌림을 겪게 되고, 급기야 이를 견디지 못해 밖으로 뛰쳐나가게 된다. 이런 레밍들의 행동을 보고 비슷한 스트레스를 느낀 다른 레밍들도 덩달아 우르르 뛰어나간다. 이동하는 레밍들은 직선으로 우두머리만 보고 따라가다 집단적으로 호수나 바다에 빠져 죽기도 한다. 이처럼 무분별하게 특별한 이유도 없이 남을 따라 하는 것을 레밍효과라고 한다.

  사회의 레밍효과 뒤에는 반드시 권력 구조가 숨어있다. 권력 구조는 마치 방청객 효과음과 같은 것이다. 시트콤이나 쇼 프로그램을 보면 인위적으로 만든 웃음이나 탄식을 자주 접할 수 있는데, 이 역시도 절대다수의 권력에 개인 시청자를 동조시키려는 시도 중 하나다. 재미있어서 웃는 게 아니라 많은 사람이 웃으니까 나도 재미있다는 반사작용을 의도한 것이다. 즉 다수에게 쏠려 자신의 의지와는 상관없이 복종하는 것이다. 우리 사회에는 권력에 따른 쏠림현상이 일상적으로 널리 퍼져있다. 워라밸도 내가 주도하지 않고 남을 따라가거나 누군가의 눈치를 보게 된다면, 나를 위한 워라밸이 아니라 결국 타인을 위한 워라밸이 되어버린다는 점을 반드시 기억해야 한다. 워라밸은 온전히 나를 위한 것이다.

'내가 좋아서 하는 일'이 있으세요?

'당신의 취미는 무엇인가요?'라는 질문에 속 시원하게 대답할 사람이 몇이나 될까? 'TV를 보는 것도 취미가 되나?', '내 취미는 말하기 좀 부끄러운데?' 많은 사람들이 이렇게 생각한다. 그래서 이력서나 자기소개서 한 편에 적는 취미 란에는 독서나 음악 감상 같은 고상한 예들만 가득하다. 왜 우리는 남에게 인정받을 만한 일들만 취미라고 생각할까? 나를 즐겁고 행복하게 해주는 것들이야말로 취미 아닐까? 보여주기 식 취미가 아니면 취미가 아닌 것 같고, 남에게 내가 시간을 보내는 방법이 '잉여'나 '한량'처럼 보일까 봐 그런 것일까? 많은 사람들이 대외적인 취미를 하나씩 만들고 '타자화된 나의 모습'을 자꾸 점검하려 한다.

우리는 주체할 수 없이 무수한 미디어와 채널들을 통해 매일 새로운 문화가 쏟아지는 사회에 살고 있다. 정답은 없고, 정답 비슷한 것을 찾기 위해 수많은 예상 답안을 뒤적여야 하는 복잡한 사회다. 그렇기 때문에 먼저 앞장서서 '이것이 정답입니다'라고 내 생각을 말하기가 매우 두려운 상태가 되어버렸다. 이러한 모습은 내 삶과 취미에도 나타난다. 직장 생활이나 조직에서까지 내 의견만 주장하고, 내 모습이 가장 좋다고 말하기는 어렵다. 하지만 적어도 잘 살 수 있는 기회가 주어진다면, 그 기회를 잘 활용해 나를 가장 기쁘게 만드는 시간을 보내는 건 온전히 나의 몫이다. 남의 눈치를 볼 필요가 없다. '내 취미는 아무 생각하지 않고 숨 쉬는 거야'라고 말할지라도 그 누구도 당신을 우습게 볼 수는 없다. 전 세계 사람들 거의 대부분의 취미가 바로 아무것도 안하고 숨 쉬는 것일 테니 말이다. 내가 좋아하는 일을 자신 있게 찾아야 한다. 무엇이 가장 나를 생동감 있게 해주는지, 무엇을 할 때 가장 내가 행복한지는 스스로가 제일 잘 알고 있다. 지금 바로 찾아서 실행에 옮기자. 내 행복을 남이 찾아주지는 않는다. 그리고 남의 행복이 내 행복이 될 수도 없다.

워라밸을 일에 대한 포기라고 생각한다면

누군가에게 등 떠밀려 저녁 시간을 포기하는 한국 사회, 경쟁과 생존이라는 시스템하에 우리는 내일도 오늘처럼 살아갈 가능성이 높다. 어쩌면 워라밸을 실천한다는 것은 개인의 선택뿐만이 아니라 사회의 암묵적인 합의도 함께 필요한 영역일 수도 있다. 내 어린 시절을 되돌아보면 우리 가족은 특별한 일이 없는 한 항상 가족들이 모여서 저녁을 먹었다. 아버지도 퇴근 후에 항상 집에서 저녁을 드셨고, 나 역시도 놀다가 저녁 시간이 되면 집으로 돌아와 자연스럽게 가족들과 한 식탁에 앉았다. 사실 그 식사는 음식도, 대화 내용도 딱히 새로울 것이 없었다. 그저 가족들과 일상적인 이야기를 나눴을 뿐이다. 때로는 누나와 밥상 앞에서 다투기도 했고, 부모님께 꾸중을 들은 적도 있다. 항상 영화처럼 행복하고 단란한 저녁은 아니었지만 우리 가족의 저녁 시간은 항상

'함께'였다. 현재의 내가 부모가 된 후에 나의 과거를 되돌아보고, 내 자식에게 물려줄 문화를 더듬어보니 그때 그 식탁에서의 모습이 가장 먼저 떠올랐다. 그 당시 나의 아버지나 어머니는 가족이 함께하는 식탁을 만들기 위해 또 다른 무언가를 내려놓았을 것이다. 회사에서의 승진이라든지, 돈을 더 많이 벌 기회라든지. 하지만 부모님은 그런 것들 대신 가족과의 저녁을 선택했다. 그리고 그 덕분에 수십 년이 지난 후에도 내 마음속에는 그 시절의 행복감이 여전히 자리할 수 있다.

가정을 위해 내가 직장에서의 성공을 '포기'한다고 생각해보자. 상심한 나를 걱정할 가족에게, 그리고 지금껏 달려온 나 자신에게 미안해진다. 그러나 워라밸은 누군가에게 미안해하며 하는 것이 아니다. 만약 미안해하면서 워라밸을 지킨다면 그것 또한 나를 위한 것이 아니게 된다. 그렇기 때문에 포기라는 단어는 워라밸에 적합하지 않다. 워라밸을 지킨다는 것은 포기가 아니다. 내 인생에서 가장 소중한 것을 위해 불필요한 일은 하지 않겠다는 결심일 뿐이다. 워라밸은 어떤 기회에 대한 포기와는 다르다. 그저 주도적으로 판단해 내 인생에 있어 더 중요한 것을 놓치지 않기 위해 하는 선택과 집중이다. 무엇을 선택하고, 무엇에 집중하든 그 결정은 자신의 몫이다. 그리고 그 결과를 책임지는 것도 오로지 자기 자신이다.

당신의 워라밸은
필연처럼 곧 다가올 겁니다

우리는 왜 1월 1일에 다 같이 모여서 새로운 한 해가 온 것을 축하하고, 또 기뻐할까? 시간의 구분은 우리의 삶에 휴식과 새로움을 부여하기 위해 사람이 스스로 만든 시스템이다. 시간은 무한정 흐른다. 그리고 시간에는 사실 시작도, 끝도, 어떤 변화도 없다. 그저 흐를 뿐이다. 하지만 우리는 이러한 시간을 1년으로 자르고, 한 달로 자르고, 일주일로 잘라 구분해놓았다. 인위적으로 만든 구분은 우리에게 새로운 시작을 할 수 있도록 해준다. 그리고 실패했을지라도 구분을 통해 새로 시작할 수 있는 기회를 주기도 한다.

사람이 늙었다는 신호는 새로운 것이 없을 때라고 한다. 흔히 어린 학생들을 보며 '굴러가는 낙엽만 봐도 웃는 나이'라고 말한다. 아직 때 묻지 않은 그들에게는 낙엽이 굴러가는 모습도 신기하고 새롭기 때문이다. 하지만 새해가 시작되는데도 마음먹을 새로운 목표도, 다짐도 없다면 그것은 분명 늙은 것이다. 젊고 늙음은 단순히 나이로 구분하는 것이 아니다. 마음이 젊은 사람은 계속해서 스스로 새로운 기념일이나 이벤트를 만들어내고, 이를 통해 새로운 에너지를 찾으려 한다. 즉, 새로 시작하는 것들이 사라지게 되면 개인의 삶은 나태함에 빠져 금세 생기를 잃어버린다.

과연 지금 당신의 삶에는 새로움이 존재하는가? 혹은 새로움을 찾기 위해 노력하고 있는가? 한국 직장인들이 우울한 이유는 심리적으로나 물리적으로 새로운 것이 별로 없기 때문이다. 그리고 사실 새로움을 느낄 시간조차 없다. 그렇기 때문에 우리에게는 먼저 휴식이라는 것이 필요하다.

휴식은 삶의 마디를 만드는 것이다. 태풍이 불 때 아름드리나무들은 뽑히고 부러지지만 대나무는 태풍이 오더라도 잘 부러지지 않는다고 한다. 대나무에는 마디가 존재하기 때문이다. 사람에게는 휴식이 곧 대나무의 마디와 같다.

우리는 지난 몇십 년 간 한강의 기적을 경험하면서 엄청난 속도로 성장을 이루어냈다. 하지만 지금은 전후 최초로 성장이 멈추었다. 오히려 날이 갈수록 가난해지고 있다. 아주 오랜 시간 정체기를 겪고 있고, 어쩌면 마이너스 성장을 할 수도 있다는 우려를 안고 살아가고 있다. 사실 그 이유도 휴식에서 찾을 수 있다. 우리는 다른 나라에서 유래를 찾아볼 수 없을 만큼 급속도로 압축 성장을 해냈지만, 그 성과에 휴식에 대한 철학과 경험은 전혀 없었다. 그렇게 휴식이라는 마디 없이 성장한 우리는 결코 열심히 하는 것만으로는 성장할 수 없는 한계에 다다르게 되었다.

최근 기업들은 마치 유행가의 가사처럼 '지속가능경영corporate sustainability management'을 줄곧 주창하고 있다. 어떻게 해야 지속가능경영이 가능한지는 모르겠지만 적어도 하나 확실한 건, 기업들이 원하는 지속가능경영을 위해서는 기업의 구성원인 개인들에게 지속가능한 삶이 먼저 보장되어야 한다는 것이다. 내 삶이, 내가 속한 사회가 지속가능할 것이라는 믿음이 없는데 과연 그들을 기반으로 하고 있는 기업들이 지속가능한 경영을 할 수 있을까?

워라밸은 개인이 필요에 의해 만들어나가는 것이지만, 결국에는 기업들의 정상적인 운영을 위해서도 반드시 필요하다. 그리고 기업들도 그것을 인식하고 있는 추세다. 또한 정부도 건강한 사회, 복지 중심의 사회로 나아가기 위해 워라밸이 반드시 필요하다고 여기고 있다. 어쩌면 당신이 워라밸을 얻어내려고 노력하지 않아도, 조만간 기업과 정부가 나서서 워라밸을 실천하라고 등떠미는 시대가 올지도 모른다. 하지만 워라밸의 핵심은 명확하고 불변하다. 워라밸은 나를 위한 것이라는 점이다. 누가 시켜서도 아닌, 누군가를 위해서도 아닌 내 스스로 내 삶과 나를 찾기 위해 지키는 것이 워라밸이다. 그것이 워라밸의 핵심이자, 우리 모두가 지향해야 하는 방향이다.

에필로그

워라밸을 시작해도 괜찮습니다

직장 생활을 시작한지 벌써 수년째, 이제는 적응이 될 만도 한데 아직도 적응하지 못한 내 하루의 시작과 끝은 언제나 같다. 끔찍하게 울려대는 머리맡 알람 소리에 지끈거리는 머리를 쥐어뜯으며 맞이하는 아침, '오늘이 금요일이었으면……'을 수백 번 되뇌며 휘적휘적 집으로 돌아오는 새까만 밤.

자기소개서를 백 번쯤 쓴 뒤에야 겨우 취직에 성공해, 그저 고맙기만 하던 사회 초년생 때의 그 열정과 기쁨은 삶의 고단함과 맞바꿔버린 지 오래다.

어디서부터 잘못되었을까. 나는 분명 똑바로 걷고 있었는데 어디서부터 잘못 들어섰을까. 내 삶이 더 이상 내 뜻대로 되지 않고 있다는 걸 깨닫는 순간 마음은 촛불처럼 일렁인다. 나는 분명 치열하게 살아왔다. 단 한 번도 한눈팔지 않고 앞만 보며 살아왔다.

그러면 그 끝엔 행복한 결승점이 있을 줄 알았다. 그저 남들처럼 살다보면 언젠간 행복한 미래가 저절로 올 거라고 막연히 기다렸다. 하지만 무엇을 위해 사는 걸까. 내 삶의 목표는 어디를 방황하고 있을까.

열심히 사는 것과 잘 사는 것은 분명 다르다. 열심히 살아왔다고 믿었던 삶은 목적 없이 일상을 되풀이한 나날일지도 모른다. 잠시 멈추어서 지나온 길을 훑어본다. 지금까지 멈춰본 적이 없어, 갑자기 그어진 정지선이 어색하더라도 말이다. 지나온 길을 되돌아보았을 때 저쪽 어딘가에서 일과 삶 사이를 위태로이 걷고 있는 모습을 발견한다면, 그쯤이야말로 삶의 방향을 바로잡을 때다.

이 책에서 소개한 '일과 삶의 균형'은 존재할 리 없는 전설이 아니다. 일에 지쳐 내 삶을 잃어가고 있는 모든 직장인들에게 필요한 것이 바로 워라밸이다. 일단 나를 돌아보고, 내 생활을 돌아보며 차근차근 워라밸을 시작해보자.

"이봐, 정신 차려! 그 길이 아니라고!"

그 앞이 어딘지도 모르면서 무작정 뛰고 있는 그 어깨를 흔들어 깨워보자. 지쳤다면, 내 삶이 내 것이 아니라고 느껴진다면, 방황하고 있다면 이제는 한번 멈춰보는 것이 어떨까? 나와 다르지 않을, 평범한 직장인들에게 이 책을 바친다. 아마 이제는, 워라밸을 시작해도 괜찮을 때다.

참고문헌

1. "韓 직장인 휴가일수 평균 8일… '6년 연속 전 세계 최하위'", 《중앙일보》, 2016.11.14.
2. "한국학생 '삶의 만족도' 48개국 중 47위", 《조선일보》, 2017.04.21.
3. Mika Kivimäki et al., "Long working hours and risk of coronary heart disease and stroke: a systematic review and meta-analysis of published and unpublished data for 603 838 individuals", *The Lance*, Vol.386, 2015, 1739-1746p.
4. E. Diener, "Subjective well-being: The science of happiness and a proposal for a national index", *American Psychologist*, Vol.55, 2000, 34-43p.
5. "책 안읽는 한국인… 독서 하루평균 6분, TV앞에선 2시간 이상", 《한국경제》, 2015.06.30.
6. 안성민, 《생계형 인문학: 생존 경쟁에서 살아남기 위한 마지막 비상구》, 책읽는귀족, 2017.
7. "가사 없는 클래식 음악… 혈압·스트레스 낮춰", 《SBS뉴스》, 2016.06.25.
8. "관성의 법칙", 〈시사상식사전〉, 네이버 지식백과 검색.
9. Todd Rogers, M.H.Bazerman, "Future lock-in: Future implementation increases selection of 'should' choices", *Organizational Behavior and Human Decision Processes*, Vol.106, 2008, 1-20p.
10. 미하이 칙센트미하이, 《몰입 flow: 미치도록 행복한 나를 만나다》, 최인수 옮김, 한울림, 2004.
11. M.A. Killingsworth and D.T. Gilbert, "A Wandering Mind Is an Unhappy Mind", *SCIENCE*, Vol.330, 2010, 932p.
12. "배고플땐 '통통한 여성에 호감', 배부르면 '마른 여성이 매력적'", 《중앙일보》, 2006.10.17.
13. R.P. Mehta and R.J. Zhu, "Blue or red? Exploring the effect of color on cognitive task performances", *Advances in Consumer Research*, Vol.36, 2009, 1045-1046p.

14. A.L. Alter et al., "Overcoming Intuition: Metacognitive Difficulty Activates Analytic Reasoning", *The Journal of Experimental Psychology: General*, Vol.136, 2007, 569-576p.
15. "한국인의 수면시간 OECD 국가 중 '최하위'", 《조선pub》, 2017.02.17.
16. "[커버스토리]'잠이 보약'인데 알면서도 못 먹어", 《경향신문》, 2017.02.10.
17. "수면 중 일어나는 놀라운 두뇌 활동 5가지", 《허핑턴포스트》, 2015.02.22.
18. "Insomnia Can Worsen Chronic Pain Conditions", 《LIVE SCIENCE》, 2015.05.01.
19. "[사무실 新풍속도] (6)당당히 즐기는 낮잠… NASA의 '26분' 법칙", 《KBS뉴스》, 2016.03.29.
20. "멀티태스킹은 '환상'… 그만한 대가 치러", 《The Science Times》, 2010.06.17.
21. "현대인, 스마트폰 의존 심각 "아무 이유 없이 스마트폰 본다"", 《IT동아》, 2012.11.23.
22. "컬러 테라피", 〈시사상식사전〉, 네이버 지식백과 검색.
23. Mathew White et al., "Would you be happier living in a greener urban area? A fixed-effects analysis of panel data", *Psychological Science*, Vol.24, 2013, 920-928p.
24. "'녹색 사무실'이 생산성 15% 높인다", 《한겨레》, 2014.09.12.
25. "숲치유 이야기", 《허핑턴포스트》, 2015.04.29.
26. Stanley Milgram, "Behavioral Study of Obedience", *Journal of Abnormal and Social Psychology*, Vol.67, 1963, 371-378p.
27. "없어도 있고, 있어도 없는 현상은? 오늘 하루 만난 과학 (21) 플라시보와 노시보 효과", 《The Science Times》, 2017.06.13.
28. "하루에 거짓말 200번 정도 - 미국 대학, 마이크 달아 조사", 《중앙일보》, 1997.04.07.
29. T.P. Alloway et al., "Liar, liar, Working Memory on Fire: Investigating the role of Working Memory in Childhood Verbal Deception", *Journal of Experimental Child Psychology*, Vol.137, 2015, 30-38p.

하우투 워라밸
일과 **삶**의 **적정 온도**를 찾는 법

초판 1쇄 발행 2018년 2월 19일
초판 5쇄 발행 2019년 5월 28일

지은이 안성민
펴낸이 성의현
펴낸곳 미래의창

책임편집 문주연
디자인 김다정

등록 제10-1962호(2000년 5월 3일)
주소 서울시 마포구 잔다리로 62-1 미래의창빌딩(서교동 376-15, 5층)
전화 02-338-5175 **팩스** 02-338-5140
ISBN 978-89-5989-496-3 13190

※ 책값은 뒤표지에 표기되어 있습니다. 잘못된 책은 서점에서 바꿔드립니다.

이 도서의 국립중앙도서관 출판예정도서목록(CIP)은 서지정보유통지원시스템 홈페이지(http://seoji.nl.go.kr)와 국가자료공동목록시스템(http://www.nl.go.kr/kolisnet)에서 이용하실 수 있습니다. (CIP제어번호: CIP2018002329)

미래의창은 여러분의 소중한 원고를 기다리고 있습니다. 원고 투고는 미래의창 블로그와 이메일을 이용해주세요. 책을 통해 여러분의 소중한 생각을 많은 사람들과 나누시기 바랍니다.
블로그 miraebookjoa.blog.me **이메일** mbookjoa@naver.com